Türk Göçü 2016 Seçilmiş

Türk Göçü 2016 Seçilmiş Bildiriler - 2

Yayına Hazırlayanlar
Pınar Yazgan & Fethiye Tilbe

TRANSNATIONAL PRESS LONDON
2016

Türk Göçü 2016 Seçilmiş Bildiriler - 2

Compiled by Pınar Yazgan & Fethiye Tilbe

First Published in 2016 by TRANSNATIONAL PRESS LONDON in the United Kingdom, 12 Ridgeway Gardens, London, N6 5XR, UK.

www.tplondon.com

Transnational Press London® and the logo and its affiliated brands are registered trademarks.

Paperback

ISBN: 978-1-910781-39-5

Cover Design: Gizem Çakır

Cover Photo: Erem Kansoy

Yayına Hazırlayanlar

Dr. Pınar Yazgan lisans, yüksek lisans ve doktora derecelerini Sakarya Üniversitesi Sosyoloji Bölümü'nde tamamladı ve aynı bölümde Yardımcı Doçent olarak devam etmektedir. Dr Yazgan 2007-2008 yıllarında Danimarka'nın Kopenhag Üniversitesi'nde değişim öğrencisi olarak bulundu ve 2009 yılında Tübitak Yurtdışı araştırma bursu ile Danimarka Ulusal Sosyal Bilimler Araştırma Merkezi'nde (Danish National Research Center for Social Science) 6 ay süre ile doktora tezi araştırması için misafir araştırmacı olarak bulundu. Dr Yazgan 2003 yılından bu yana görev yaptığı Sakarya Üniversitesi Sosyoloji Bölümü'nde 2011 den bu yana Genel Sosyoloji ve Metodoloji Anabilim dalında öğretim üyesi olarak çalışmaktadır. *Göç Dergisi* ve *Border Crossing* dergilerinde editörlük görevi yapmakta olan Dr Yazgan'ın ulusötecilik, kimlik, aidiyet, medya çalışmaları ve kritik söylem analizi alanlarında çalışmaları bulunmaktadır. En yeni çalışmaları arasında I. Sirkeci ve J.H. Cohen ile birlikte derlediği *Conflict, Insecurity and Mobility* (2016) adlı kitap ve *Migration Letters* dergisinde 2015 yılı Ekim ayında yayınlanmış olan Suriye Krizi ve Suriyeli Göçerler başlıklı özel sayı (Cilt 12, Sayı 3) bulunmaktadır.

Dr. Fethiye Tilbe Sakarya Üniversitesi, Çalışma Ekonomisi ve Endüstri İlişkileri Bölümünden (2002-2006) mezun oldu. Bir yıllık özel sektör deneyiminden sonra (2006-2007), Atatürk Üniversitesinde Finans alanında Yüksek Lisansını (2007-2010) tamamladı. 2016 yılında Marmara Üniversitesi, Çalışma Ekonomisi Anabilim Dalında tamamladığı "Düzensiz Göçmenlerin Göçmen Dövizi Gönderme Pratikleri: Londra'daki Türkiye Göçmenleri Örneği" başlıklı teziyle Doktor ünvanını aldı. 2011 yılından beri Namık Kemal Üniversitesi, Çalışma Ekonomisi ve Endüstri İlişkileri Bölümünde Araştırma Görevlisi olarak çalışmaktadır. Tilbe, 2014 yılında TÜBİTAK Doktora Sırası Araştırma Bursu ve Regent's University London Araştırma desteği ile Temmuz 2014-Haziran 2015 tarihleri arasında Regent's University London Centre for Transnational Studies'te Prof. Dr. İbrahim Sirkeci yönetiminde doktora tez çalışmasını sürdürmüştür.

Giriş

Pınar Yazgan[1] ve Fethiye Tilbe[2]

Uluslararası göç, Türk Göç Konferanslarının müdavimi ve alanın duayenlerinden Philip Martin'in Viyana'daki konferanstaki konuşmasında belirttiği üzere üç alandaki devrimlerle hızla artmıştır. Bunlar iletişim, ulaşım ve haklar alanındaki gelişmelerdir. Farklı seviyelerde ki eşitsizlik, beşeri güvensizlik ve çatışmanın (bkz. Sirkeci, 2006; Sirkeci vd., 2012) artması bu nüfus hareketlerinin kilit tetikleyicileridir. Göç son zamanlarda büyük ölçüde çatışma, acı, sürgün ve ölümle eşdeğer olan yaşantılarla anılmakta, düşünülmekte ve tartışılmaktadır. Bunun Türkiye açısından en önemli nedeni halen süregiden Suriye krizidir (Yazgan vd., 2015). Göç sürecine yönelik araştırmaların göçün sebeplerinin yanında bireysel süreçlere de eğildiğini görüyoruz. Ali Tilbe ve arkadaşlarının öncülüğünde oluşan edebiyat ve göç çalışmaları alanı Türkçe yazına önemli bir katkı yapmıştır (Tilbe & Bosnalı, 2016). Son iki konferansta bu alanda çok sayıda bildiri sunulmuş olması ve zengin tartışmaların yaşanmış olması bunun göstergelerindendir (Yüceşahin vd., 2016). Yazın ve kültür alanında da göçün yukarıdaki etkilerle ele alındığını görüyoruz. Bunların da deneyimlerin çeşitli düzeylerdeki yansımaları ve ifadeleri olduğunun altını çizmek gerek.

Göçmenlerin hareketleri sürecinde çeşitli hareketlilik noktaları ile olan bağlarını dikkate alarak kültürel, ekonomik, kimliksel, vatandaşlık ve duygusal nitelikteki tüm bağları biz göç araştırmacılarının eğildiği konular arasındadır. Bu anlamda gerek göç süreci gerekse yerleşme dönemi içerisinde göç bağlantılı tüm konular, başta kültür olmak üzere bir biri ile ilişkilendirilmektedir. Kültürel çalışmalarda ve yazında bugün sıkça gğndeme gelen çatışmaların artışına eş zamanlı olarak teknolojik gelişmelerin sunduğu imkânlar da göç kavramının dinamik ve süreklilik tarafına vurgu yapmayı gerekli hale getirmektedir (Sirkeci, 2009; Sirkeci vd., 2012).

Türk Göç Konferansları başından itibaren alanda çalışan düşünen herkese kapılarını açmış ve göç çalışmaları alanında önemli bir boşluğu dolduran bir okul konumuna doğru evrilmektedir. İlk uluslararası Türk Göç Konferansı İbrahim Sirkeci başkanlığında 2012 yılında Londra'da Regent Ulusötesi Çalışmalar Merkezi'nde gerçekleştirilmişti. İkinci konferans yine Londra'da gerçekleştirildi. 2015 yılındaki üçüncü Türk Göç Konferansı, Charles Üniversitesi ev sahipliğinde Prag'da gerçekleştirildi. Son olarak 4. Türk Göç Konferansı Viyana Üniversitesi'nde farklı ülkelerden, kuramsal ve metodolojik çeşitliliğin yanısıra ampirik çalışmalarla da dikkat çeken bir katılımla 2016 yılı 12-15 Temmuz tarihlerinde gerçekleştirildi. Her yıl bir öncekine oranla daha çok başvuru ve katılımcı çeken Türk Göç Konferansları iyi niyetli ve olumlu eleştiri ortamı ile ve giderek zenginleşen içeriğiyle olumlu bir akademik gelenek yarattı. Konferans

---

[1] Dr. Pınar Yazgan, Sakarya Üniversitesi, Sosyoloji Bölümü'nde Yardımcı Doçent olarak görev yapmaktadır. E-mail: pyazgan@gmail.com.
[2] Dr. Fethiye Tilbe, Namık Kemal Üniversitesi, Çalışma Ekonomisi ve Endüstri İlişkileri Bölümü'nde Araştırma Görevlisidir. E-mail: fthytilbe@gmail.com.

Yazgan, P. & Tilbe, F. (der.) (2016).
Türk Göçü 2016 Seçilmiş Bildiriler 2.
London: Transnational Press London.

başkanları İbrahim Sirkeci, Jeffrey Cohen ve Philip Martin'in açılış konuşmalarıyla başlayan Viyana Türk Göç Konferansı sürekli ve dinamik bir eğitim platformuna da dönüşme yolunda 400 dolayında katılımcının yüzlerce araştırmayı paylaşmasına imkan sağladı. 23-26 Ağustos 2017'de Atina'da beşincisi gerçekleşecek olan Göç Konferansında (www.migrationcenter.org) kapsam ve katılım olarak daha geniş bir toplantı öngörülüyor.

Toplamda 76 oturum, panel ve çalıştay ile dört gün süren Viyana'daki dördüncü konferansta 350 dolayında bildiri, 400 dolayında katılımcı tarafından sunulmuştur. 20'den fazla ülkeden, ekonomiden antropolojiye, sosyolojiden tıbba çok çeşitli disiplinlerden Türk göçüne ilişkin çok sayıda çalışma dört gün boyunca tartışılmıştır. Göç ve güvenlik, toplumsal cinsiyet, kamu yönetimi, geri dönüş göçü, hukuk, siyasi katılım, diyaspora, medya gibi konular yanında çok zengin bir yelpazede kültür ve yazın üzerine de çok sayıda bildiri sunuldu. Bu bildirilerin bir kısmı çeşitli ulusal ve uluslararası dergi ve kitaplarda yayınlanırken bu derlemede de okuyuculara özellikle yazın ve kültür alanındaki bildirilerden oluşan bir seçki sunuyoruz.

Bu çapta uluslararası bir konferansın çok sayıda kurum ve kişinin katkısı olmadan gerçekleştirilmesi mümkün değildir. Dolayısıyla konferansın gerçekleşmesine katkısı olan tüm arkadaşlarımıza sonsuz teşekkür ediyoruz. Gerek yazar olarak araştırmalarını paylaştıkları için gerekse hakemlik ve moderatörlük görevlerini üstlenerek çalışmaların kalitesini geliştirmeye destek oldukları için kendilerine teşekkür ediyoruz. Konferans sırasında herşeyin mümkün ölçüde aksamadan yürümesini sağlayan gönüllü öğrenci arkadaşlarımıza ve lojistik çalışmaları özverili bir şekilde destekleyen Deniz Özalpman ve Denise Tan'a çok teşekkür ederiz. Ev sahibi Viyana Üniversitesi ve konferansı destekleyen California Davis Üniversitesi Nüfus çalışmaları Gifford Merkezi, Manisa Celal Bayar Üniversitesi Nüfus ve Göç Araştırmaları Merkezi, Londra Regent's Üniversitesi Ulusötesi Araştırmalar Merkezi, Ankara'dan Küresel Politika ve Strateji, Hornig Coffee, Viyana Kongre Merkezi, Danube Üniversitesi Krems ve Transnational Press London'a da destekleri için teşekkür ederiz. TMC 2017'de 23-26 Ağustos 2017 tarihlerinde Harokopio Üniversitesi Atina kampüsünde buluşmak dileğiyle (Detaylı bilgi için: www.migrationcenter.org).

Kaynakça

Sirkeci, I. (2006). *The environment of insecurity in Turkey and the emigration of Turkish Kurds to Germany*. New York & Lampeter: Edwin Mellen Press.

Sirkeci, I. (2009). Transnational mobility and conflict. *Migration Letters*, 6(1): 3-14.

Sirkeci, I., Cohen, J. H., & Yazgan, P. (2012). Turkish culture of migration: Flows between Turkey and Germany, socio-economic development and conflict. *Migration Letters*, 9(1), pp.33-46.

Tilbe, A. & Bosnalı, S. (2016). *Göç Üzerine Yazın ve Kültür İncelemeleri*. London: Transnational Press London.

Yazgan, P., Utku, D.E. & Sirkeci, I. (2015). Syrian Crisis and Migration. *Migration Letters*, 12(3): 181-192.

Yücesahin, M., Tilbe, A., & Sirkeci, İ. (2016). Editörden: Göç Dergisi ve Göç Konferansı. *Göç Dergisi, 3*(2), 139-142.

Göçmen Rus Kadın Yazarların Algısında İstanbul

Sevinç Üçgül [3]

Giriş

Ekim 1917 Bolşevik Devriminden sonra Çar yanlıları, rejim muhalifi olanlar ve Beyaz Ordu mensupları Rusya'yı kısa süre içerisinde terk etmeye başladılar. Ekim 1917 Devrimi sonrasında Bolşeviklerin hâkimiyeti ele alması, Birinci Dünya Savaşı ardından ülkede iç savaşın başlaması, Rus İmparatoru ve aile üyelerinin 16/17 Temmuz 1918 gecesi Bolşevikler tarafından infaz edilmeleri, ülkedeki siyasi ve tarihi şartların da etkileriyle 20. yy. tarihinde sayı itibariyle en büyük göç olarak bilinen "Beyaz Göç" başlar. Ülkeden asker ve sivil insanların göçü Rusya'nın batısından Almanya ağırlıklı olmakla Avrupa ülkelerine, doğusundan Mançurya'ya ve güneyinden ise İstanbul'a başlar. Ruslar göç anlamında, göçmen konumunda İstanbul'a gelip yerleşmeyi amaç edinmediler. İlk zamanın geri dönme umudu, bu umut kaybolduğunda yerini planlı olmasa da ağırlıklı olarak Avrupa'nın çeşitli ülkelerine gitmeye bıraktı. İstanbul, Rusları, bir göçmen kimliğiyle kabul eden ve bir süre barındıran bir şehir olarak onların zorunlu göçle birlikte özlem, keder, acı ve ıstıraplarını ilk tattıkları bir şehir olarak belleklerinde yer etti. Bunu vurgulayan yazar Zinaida Şahovskaya *"Önce yüzlerce, sonra binlerce, daha sonra ise on ve yüz binlerce Rus dünyanın dört bir yayına dağılmıştı. Bizlerden çoğumuz için Dante ve Ovidius'un kaderlerini yaşamak Konstantinopol'da başlar."* (Şahovskaya, 2008, s. 208) der. Bu yaşamın izlerinin uzun yıllara yayılarak çok sayıda eserde kendine yer bulması aslında söz konusu etkinin çok derin ve önemli boyutta olduğunun kanıtıdır.

Metinde 20. yy başlarında göç dolayısıyla İstanbul'da bir süre bulunup buradan Avrupa'nın çeşitli ülkelerine giden Lyubov Belozerskaya-Bulgakova (1895-1987), Zinaida Şahovskaya (1906-2001) ve Anastasia Şirinskaya (1912-2009) gibi tanınmış Rus kadın göçmen yazarların anı türündeki eserleri incelenecektir. Seçtiğimiz her yazarın kendine özgü geleneksel ve bireysel özgün yazım tarzı, donanımlı birikimi ve akıcı dil özelliği önemli hususlar olarak tercih kıstaslarımız oldu.

Yöntem

20. yy. başlarında yaşanan Rus göçünün manevi algısal boyutunun nitel gelişimi aşamalarının halen yeterince araştırılmadığını söyleyebiliriz. Bu durum, günümüz sorunlarıyla bu ilişkileri yeniden gözden geçirmek, dönemle ilgili yazının tarihi inceleme yöntemiyle okunarak incelemek ve anlamak ihtiyacını doğurmaktadır. Seçtiğimiz kadın yazarların anıları ana kaynak konumunda olacaktır. Ayrıca konuyla ilgili çeşitli kitaplara da başvurulacaktır. Anı yazılarına bir taraftan belgesel ve tarihi, diğer taraftan kurgusal sanatsal bir yazın türü gibi bakılırsa

---

[3] Prof. Dr., Erciyes Üniversitesi, Rus Dili ve Edebiyatı Bölümü, E-posta: sevinc@erciyes.edu.tr

Yazgan, P. & Tilbe, F. (der.) (2016).
Türk Göçü 2016 Seçilmiş Bildiriler 2.
London: Transnational Press London.

kapsamlı bir veri kaynağı olarak görünür. Bu yaklaşımda çoğulcu yaklaşımla tarihi gidişatın gelişimi, olayların değerlendirilmesi, tarih, edebiyat, sosyoloji, psikoloji, siyaset bilimi vs. disiplinler arası sentez kaçınılmaz görülür. Rus göçmen yazarların anılarının araştırma yöntemi, analitik-çözümlemeli, bütüncül sistemli, biyografik ve karşılaştırmalı-tipoloji ilkeler kombinasyonuna dayalı yapılacaktır. Betimlenilen ve genelleştirilen çok sayıda durum, anı yazarının kendine özgü anlatı mahareti, türün özellikleri, olayların ben odaklı aktarımındaki inanılırlık, çeşitli yorumlar öznellikle karışmış olsa da önemli değere sahiptir.

Araştırmanın amacı, tarihi, felsefi ve edebi açılardan incelenen bu eserlerde İstanbul'un yazarların belleklerinde yer eden konumunu tespit etmek ve genellemek olacaktır. Ayrıca Rus göçmenine özgü olan aidiyet duygularını koruma çabası, milli değerleri ve gelenekleriyle sahip oldukları kimlikten taviz vermeme gayreti, dili, kültürü koruma, uzayan zaman diliminde asimilasyon ve yok olma tehlikesini ciddi bir kaygı ve endişe olarak yaşamaları gibi hususlar üzerinde durulacaktır.

Metinde Rus göçmen edebiyatının tanınmış isimlerinden Anastasia Şirinskaya'nın *Bizerte. Son Durak.* (1998), Lyubov Belozerskaya-Bulgakova'nın *Ellerin Eşiğinde* (1969) ve Zinaida Şahovskaya'nın *Böyleydi Benim Çağım* (1964-67) eserleri ana kaynak olarak incelenecektir. Rus edebiyat tarihçisi A.G. Tartakovski toplumsal hafıza ve anı türü ilişkisini şöyle anlatır: *"Maddeleştirilen tarihi belleğin özü sayılan anı türü: kelimenin geniş anlamında, kuşakların manevi tutarlılığını aktarma aracı ve toplumun uygarlığının bir göstergesi olma yönüyle toplumun kendi geçmişine, dahası genel olarak kendi varlığına bilinçli yaklaşımıdır."* (Tartakovski, 1991, s.3)

Bu anı kitaplarının kronolojik çerçevesi hayli ilginçtir. Eserlerini inceleyeceğimiz yazarların İstanbul'da farklı yaşlarda 1919-1921 yılları arasında bulunduklarını, fakat eserlerini 1964-1998 tarihleri aralığında yazdıklarını görüyoruz. Bu da yıllar geçse dahi ilk mekân olarak göçü tattıkları ve geri dönüş umutlarını kaybettikleri bir mekân olarak İstanbul'un hafızalarında derin yer edindiğinin kanıtıdır.

Göçmen Rus Kadın Yazarların Kısa Tanıtımları

Nabokov Araştırmaları adlı monografisinin önsözünde Z. Şahovskaya şöyle der: *"Ben yazarın hayatının sanatından ayrılmaz olduğunu, onların mutlaka birlikte şekillendiğini (...) yazarın biyografisini arka plana iterek onun eserinin anlaşılmasının mümkün olmayacağını düşünenlerdenim."* (Şahovskaya, 1979, parag. 31) Bildiride bahsedeceğimiz Rus göçmen kadın yazarlar hakkında kısa bilgi bu anlamda isabetli olacaktır.

Ünlü Rus yazar Mihail Bulgakov'un ikinci eşi Lyubov Belozerskaya, Beyaz *Muhafız, Köpek Kalbi* ve *Molyer veya Yalancı Kabala Sofusu* eserlerinin ithaf edildiği ve *Usta ve Margarita* romanındaki Margarita karakterinin prototiplerinden birisidir. V. Bulgakov'un "edebî ilham perisi" diye bahsettiği Belozerskaya 1895 yılında Polonya'nın Lomja şehrinde diplomat bir baba ve iyi bir müzik eğitimi almış olan annenin kızıydı. Belozerskaya Petersburg'da bale eğitimi alır, fakat I. Dünya Savaşı'nın başlamasıyla 1914 yılında hemşirelik kurslarına katılır ve askerî hastanelerde gönüllü olarak çalışır. L. Belozerskaya Ekim Devrimi sonrasında edebî çevrelerde Ne-Bukva takma ismiyle tanınan gazeteci yazar İlya Vasilevski

4

(1883–1938) ile evlenir. Dönemin çoğu aydını gibi Bolşevik rejimini kabul etmeyen çift Şubat 1920 yılında Odessa'dan İstanbul'a göç eder. İstanbul'dan Marsilya'ya ve oradan da Paris'e geçen aile maddi sıkıntılarla dolu bir göçmen hayatı yaşar, iş umuduyla kısa bir süreliğine Almanya'ya yerleşse de Belozerskaya eşinden ayrılarak Haziran 1923 yılında yazar Aleksey Tolstoy ile birlikte Rusya'ya geri döner. A. Tolstoy adına düzenlenen bir edebiyat gecesinde Mihail Bulgakov'la tanışır ve kısa süre sonra evlenirler. Belozerskaya'nın donanımlı eğitimi, Fransız diline hâkimiyeti, birçok kaynağı okuyup yazara aktarımı, edebî zevki ve sanat ruhu Mihail Bulgakov'un sanatını etkilemiş, birlikte yaşadıkları sürece edebî açıdan verimli yıllar geçirmişti. 1932 yılında Bulgakov'un başka bir kadınla aşk yaşaması yüzünden evlilik sona erer. Belozerskaya maddi ve manevi sıkıntılar yaşar. Belozerskaya her şeye rağmen tüm sıkıntıları yenerek edebi çevrelerce önemli sayılan konumlarda görev yapar, *Ünlü İnsanların Hayatı* (JZL) gibi çok önemli bir edebî yayın dizisinde editör ve *Büyük Sovyet Ansiklopedisi* (Bolşaya Sovyetskaya Entsiklopediya) yayınının bilimsel kurulunda üye, *Edebiyat Gazetesi'nde* (Literaturnaya Gazeta) genel yayın yönetmeni olarak çalışmalarını sürdürür. Belozerskaya tanınmış tarihçi Ye. Tarle'nin yıllarca sekreterliğini yapmakla birlikte özel yaşamında da önemli birisi olmasıyla bilinmektedir. Belozerskaya'nın sağlıklı ve verimli yaşamı 27 Ocak 1987 yılında sona ermiştir.

Zinaida Şahovskaya (Milevskaya-Maleviç, Jacques Croise, takma ismi –Zinaida Sarana) yazar, şair, eleştirmen, sanat tarihçisidir. Rurik Hanedanlığına kadar giden eski bir prens soyundan gelen ailede doğdu. Babası Danıştay üyesi, devlet danışmanı Knyaz Aleksi Nikolayeviç'tir. Şahovskaya Peterburg'da Yekaterinski Enstitüsü'nde eğitim görür. 1921 yılında babasını kaybeden Şahovskaya annesi ve iki kız kardeşiyle Novorossiysk'ten İstanbul'a gider. İstanbul'da Amerikan Koleji'nde (1921-1922), daha sonra Brüksel Berleymen Katolik Manastırı'nda (1923-1924), Paris'te Protestan Okulu'nda (1925-1926) eğitim görür. Rus İmparatorunun Japonya sefirinin yeğeni S.S. Malevski-Maleviç'le 1926 yılında evlenir. Çeşitli yayın organlarında yazar ve editör, savaş muhabiri olarak görev yapar. 2. Dünya Savaşında gönüllü olarak hemşirelik yapar. 1957-1958 yıllarında diplomat eşiyle Moskova'da yaşar. Uzun yıllar *Russkaya Mısl'* gazetesinin genel yayın yönetmenliğini yapar. Fransızca eserlerini Jacques Croise takma adıyla yayınlar. Şahovskaya'nın Nabokov *Araştırmaları* kitabı da kıymetli bir eser olarak bilinmektedir. 1910-1950 yılları arasındaki yaşamını konu alan Fransızca yazdığı *Böyleydi Benim Çağım* («Таков мой век», «Tel est mon siecle») bütün edebiyat ve sanat çevresinin en değer verdiği eseridir.

Şahovskaya 1949 yılında Europe et Valerius Paris edebiyat ödülünü, Moskova ve Petersburg'da günlük yaşamla ilgili çalışmaları dolayısıyla Paris Bilimler Akademisi ödülünü alır. 1987 yılında Fransa Kültür Bakanlığı tarafından Edebiyat ve Sanat alanındaki çalışmalarından dolayı "Commandeur" ünvanıyla "Ordre des Arts et des Lettres" ödülü, Fransa'nın en yüksek sivil nişanı "Légion d'honneur" nişanı ve Paris altın madalyasına layık görülür.

Anastia Şirinskaya (*Manstein*) Rus subayı bir baba ve öğretmen annenin kızıydı. Çocukluğunu büyük annesinin Lisiçanski Çiftliği'nin bulunduğu şimdiki Ukrayna sınırları içerisindeki Lugansk vilayetinin Rubejnoye köyünde geçirdi. Sekiz yaşındayken anne ve babasıyla birlikte Rusya'yı terk edip İstanbul'a, oradan ise Tunus'un Bizerte şehrine gider. Başarılı bir öğrenci olan Anastasia Bizerte'de

Lyakor okulunu tamamlayıp başarılı performansı dolayısıyla Fransa'da Stéphen Pichon Koleji'ne devam eder. Bir süre Almanya'da da eğitim gören Şirinskaya 1934 yılında Bizerte'ye geri döner. 1935 yılında Kırım Tatarlarının tanınan bir soyu olan Şirinskilerin oğlu Mirza Server Murtaza ile evlenir, bu evlilikten bir oğlu ve iki kızı olur. Ömrünün sonuna dek burada yaşayan ve eserlerini Fransızca yazan Şirinskaya, vatansız vatandaşlar için düzenlenen Nansen pasaportuyla Bizerte'de 70 yıl yaşar. 1997 yılında Rusya Federasyonu vatandaşlığı ve pasaportu alır. Bizerte'de yaptığı kültür ve sanat hizmetleri dolayısıyla Aziz A. Nevski'nin mabedi bulunan meydana 2006 yılında şehir yönetimi Anastia Şirinskaya'nın adını verir.

Algısal ve Kavramsal Açıdan İstanbul

İstanbul'un Rus toplumunun algısına girişinin Ekim Devrimi ile başlamadığını belirtmek isteriz. Onlarca yüzyıl Hristiyanlığın başkenti olan İstanbul, kendilerini Bizans İmparatorluğunun varisi olarak gören Rusların algısında çok eski ve sağlam köke sahiptir. Dr. Erdem Erinç mekân ve algıyla ilgili, *"Şehrin algısal hafızadaki yeri, bu şehirle kurulmuş ilişkinin ne kadar önceye gittiğiyle, bu ilişkinin ne kadar güncel olduğuyla ve ilişkinin önemiyle yakından ilgilidir."* der. (Erinç, 2013, s.16) Böyle bir zemin üzerinde 20. yy başlarındaki Rus göçmen kadın yazarların mekâna dayalı izlerin algısal ve kavramsal hususlarından bahsetmeye çalışacağız.

Bir Son ve Bir Başlangıç Olarak İstanbul

"Geride aşağılanmış Rusya, sıra sıra dost mezarları, yıkık umutlar... İleride belirsizlik. Ancak Tanrı adil ve merhametlidir..." (Rayevski, 2011, parag. 11-13) sözleriyle dönemin Rus göçmenlerinin ruh halini aktaran Beyaz Rus Ordusunun Başkomutanı General Pyotr Vrangel'in ifade ettiği ilerideki "belirsizlik"lerin başlangıcı anlamında ilk şehir İstanbul'dur. Bu anlamda onları bekleyen belirsizlikler içinde İstanbul'la ilgili ilk izlenimlerden başlıyoruz.

Rus göçmen kadın yazarların eserlerinde İstanbul'la ilk karşılaşma farklı betimlemelerle dikkati çeker. Obje aynı olsa da bakış açıları, algılama ve olayları yorumlamalar nesnelliğiyle farklılık arz eder. Kasım 1920'de İstanbul'a gelip 4 ay kadar burada kalan Anastasya Şirinskaya 8 yaşında olmasına rağmen şehri çok net detaylarıyla anımsar. *"Konstantinopol, İstanbul, masalımsı, renkli, çiçeklerle kaplı bir anı! Karadeniz'in fırtınalı gecesinden sonra Marmara'ya girişte görünen Moda Koy'u güneşe boğulmuş sakin derin sularıyla umulmadık bir tablo gibiydi."* diyerek şehri her türden ve ölçüden gemilerle dolu bir yuvaya benzeterek onu *"sahici yüzen bir şehir"* adlandırır. (Şirinskaya, 2012, s. 158). Belozerskaya Şubat 1920 tarihinde Odessa'dan ayrılıştaki hüznünü İstanbul'a yaklaşmadaki heyecan ve hayranlığıyla bastırmaktadır. O, İstanbul'a varışın ayrıntıları şöyle aktarmaktadır. *"Boğazı geçtik. Seyrine doyulmayan mermer saraylar, palamarla neredeyse balkonlara bağlanmış sandallar, bahçelerin arasından boğazın sularına sarkıveren çekici, girift merdivenler. Ve nihayet vapur sahile yanaştı. Galata iskelesi."* (Belozerskaya, 1990, s. 6) Bu hayranlık uzun sürmez ve Belozerskaya'nın yabancı, anlaşılmaz ve kibirli bir yaklaşımı ilk olarak somut nesnelere bakışıyla son bulur. İstanbul'da onu karşılayan güzellik bir anda suyun üzerindeki portakal kabuklarıyla "suya düşer". Sonra tasvir edilen kalabalık, çarşı, pazar, kişiler, seyyar satıcılar, meyhane ve kulüpler, sefalet, kir, bakımsız caddeler, ine benzettiği evler... İstanbul'daki yaşantıda zamanla bir taraftan ilk gördüğünde itici bulduğu şeylerin sıradanlaşmasını diğer taraftan ise metinde "Konstantinopol"un "İstanbul"la yer değiştiğini de izlemekteyiz. Şahovskaya Novorossiysk'ten 5 günlük gemi yolculuğuyla ilk olarak şehre değil, Büyükada'ya (Prinkipo'ya) varır. Yine de sabahın erken saatlerinde dumanların içerisinden İstanbul'un uzaktan görünen yüksek minarelerinin ışıltısı dikkatinden kaçmamaktadır. (Şahovskaya, 2008, s. 208) Elbette tüm bu betimlemelerde İstanbul'un kendine özgü güzelliği, zenginliği, çehresinin özelliği, aynı zamanda da şehrin içerisinde kol gezen yokluk, sefalet, çirkinlik ve üzücü durumlar da vardır. Göçmen Ruslar İstanbul'u, kaybettikleri Rusya'nın sonu olarak görür, yok olmaktan kurtulma, ama aynı zamanda belirsizliklerle dolu da olsa yeni bir hayatın başlangıcı olarak düşünürler.

Biz ve Ötekinin İstanbul Yaşamındaki İzdüşümü

Göçün içerisinde çevredeki her şeye karşı aidiyet kavramının yani "benim, bizim" olmayışı açık bir biçimde görünmektedir. Belki de bu yüzden insanların kendilerine ait olan kimlikleri, benlikleri, düşünceleri, dilleri, yaşantıları, kültür, sanat ve edebiyatları, yaşam tarzları onlarda aidiyet duygusunu temin eden faktör olarak önem kazanır ve tarihi köklerin arayışı, vatanseverlik ile ulusal-kültürel değerlerine düşkünlük göç sırasında bir göçmen kişi için bireysel gündem oluşturur. Bu yüzden Rus göçmenler kendilerinde olan ruhsal, düşünsel ve bilgisel birikimleriyle bir var olma içerisindedirler.

Rus göçmen yazarların incelediğimiz eserlerinde dikkatleri çeken önemli hususlardan birisi de İstanbul'da yaşadıkları dönemde "biz ve öteki" kavramıdır. Herhangi iki ya da daha fazla kültür arasında, "ben" ve "öteki" karşılaşması, çatışması, ilişkisi ya da ayrımı olması; kültürel ilişkiler bağlamında doğal karşılanabilir. Göç psikolojisine özgü olan "ben"den "biz"e geçiş önemli husustur. Vatanlarını kaybedişlerinin travmatik etkisi, mental ve psikolojik sorunlar, düne özlem, Rusya'daki sosyokültürel yaşamın geride bırakılması, kendi dil ve kültürlerinin asimile olma endişesi gibi sorunları farklı kültür ve inanç farklılığı ortamında Rus milli kimliğini koruyup saklama çabası genelde entelektüel seviyesi yüksek oranda olan Rus göçünün gündemini oluşturuyordu. Çevredekilerle birlikte yaşama ve paylaşma kaçınılmazlığı "biz ve öteki" düşüncesini günlük yaşamın içerisine alır. Burada Redfield, Linton ve Herskovits tarafından kültürel temasta öne sürülen alıcı ve verici tarafların ve bunlar arasındaki etkileşimin üç türü üzerinden değil, sadece üçüncüsü üzerinden konuya yaklaşmaya çalışacağız. Redfield, Linton ve Herskovits'in ileri sürdükleri birinci tür etkileşim, kabul etme, yani eski kültür modelinin verici tarafa özgü donör modelin yerine geçmesidir. İkincisi, adaptasyon sağlama, yani donör tarafın etkisiyle geleneksel modelin kısmen yeni modele uyarlanması, üçüncü ise tepkisel yaklaşımdır. Burada donör gruba özgü kültür modeli kabul edilmez, geleneksel kendi modelleri korunup saklanır. (Redfield, Linton, Herskovits, 1967, s.182) Bu modellerden Rus göçmenleri için üçüncü etkiyi ağırlıkta görmekteyiz. Bunun sebepleri arasında sürenin etkili olması, İstanbul'un kalıcı değil, geçici mekân olarak düşünülmesi, en önemli unsurlardan dil ve din farkı, Türkiye'nin o dönemdeki durumu vs. dikkate alınmalıdır.

"Biz ve öteki" kavramında farklı kültürler, ulusal değerler, dini inanç, ahlaki geleneklerin birbiriyle karşılaşması söz konusudur. İncelediğimiz eserlerde kimi zaman bu karşılaştırmalar mutlak değerlerle ölçülürken, kimi zaman ise yerini anlamaya, ilgiye ve saygıya vermektedir.

Şehrin genel çehresine sinmiş karmaşanın içinde aynı konularda kader ortağı olan yüzlerce insanın birbirlerine yaklaşımı, paylaşımı ve eşitlenmesi gibi bir konu da ayrıca çok ilgi çekicidir. Rusya'da farklı sınıf ve sosyal kesime ait olan insanların hepsi İstanbul'da bir sıfatla tanımlanıyordu: Göçmen. Belki de bu yüzden yaşam için verdikleri mücadelede eski sosyal konumlarını gözetmeksizin her türlü işe talip olmaları ve çalışmaları kimseye ilginç gelmiyordu. Restoranlarda yemek pişirmek, garsonluk yapmak, temizlik işleri, manikür ve pedikür yapmaları, çamaşır vs işleri ile uğraşan çok sayıda "soylu hanımefendi" görmek mümkündü.

Türklerin Rus göçmenlere yaklaşımında Z. Şahovskaya'nın izlenimleri ilginçtir. Örneğin, Büyükada'da Şahovskaya ailesinin kaldığı yazlığın bekçisinin evinde zoraki yerleştirilmeleri dolayısıyla onlara bakıp sürekli burnundan bir şeyler mırıldandığı, tifüs hastalığı salgını dolayısıyla kızların kısa saç kesimini yanlış anlayıp onlara kötü, ahlaksız kızlar olarak baktığına dair anıları yer almaktadır. *"Kız kardeşim Nataşa'nın postiş tutturduğu şapkamı rüzgârın alıp başımdan attığı günden bu yana o benim küçük fahişe olduğuma kanaat getirmişti. Çünkü Türkiye'de sadece böyle günah işlemiş kızların saçı öyle kısaca kesilirdi."* (Şahovskaya, 2008, s.209)

İstanbul, Doğu'ya özgü havası ve kendi renkliliğiyle Rusların ilgisini çekmektedir. Onlar bir mimari anıtı ve Müslüman şehri olarak İstanbul'u incelemek, tanımak hevesindeydiler. Bu hevesin en bariz örneği Müslümanlar için önemli olan yerleri, örneğin Eyüp Camisini ziyaret etmeleri, Ayasofya'ya girerken ritüellere saygı duymaları, Ramazan ayının önemine dikkat etmeleri vs. gibi hususlardı. A. Şirinskaya anne babasının Ayasofya'yı ziyaretlerinde ziyaretçilere verilen galoşun tekini babasının kaybetmesiyle ilgili anısını şöyle aktarır: *"Gemiye heyecanlı ve neşeli bir halde döndüler. Annem gülerek Ayasofya'yı ziyaret için verilen yumuşak ayakkabının bir eşini babamın nasıl kaybettiğini anlattı. Babam tek ayağı üzerinde durarak çıplak ayağını yere vurmamak, böylece Müslüman geleneğine saygısızlık yapmama endişesiyle bir hayli çabalayıp durmuş."* (Şirinskaya, 2012, s. 158)

Anastasya Şirinskaya, bir taraftan *"İstanbul'un Ruslar için her zaman masallar içindeki bir Bizans"* olduğunu söyler, diğer taraftan ise *"...şimdiyse tamamen o, Türkler üzerinde zaferlerini katı yüreklilikle hissettirmeye çalışan İttifak Devletlerinin yönetiminde"* olduğunu yazar. Türkler hakkında *"bizim dünkü düşmanlarımız, bugünkü kader dostlarımız, bizi acımızı paylaşarak ve yardıma hazır olduklarını göstererek karşıladılar."* der (Şirinskaya, 2012, s. 158). Belozerskaya ezan sesine ve bu sesin günlük uğraşların arasında inananları ibadete çağırmasına hayranlığını bildirir. Bir caminin güllerle çevrilmiş avlusundan kopardığı bir gülün yerine orada yaşlı bir hocanın bir demet gül vermesi onu etkilemekte, mahcubiyetinin bu kadar hoşgörüyle giderilmesini hoş bir anı gibi anlatmaktadır. Belozerskaya, *"Dünyanın hiçbir yerinde ihtiyarlar Türkiye'deki kadar berrak, eli yüzü nurlu değildirler"* diyerek de bu sempatiyi bir kez daha vurgular. Belozerskaya, avludan gül koparma çabasındayken yaşlı adamın ona kızmak yerine hoş ve anlayışlı yaklaşımından çok etkilendiğini bildirir. (Belozerskaya, 1990, s.15)

İncelediğimiz anılarda kadın yazarlar sadece Ruslar ve Türkleri değil, o dönem İstanbul'unun mozaik yapısında yer alan diğer uluslardan da bahsederler. Aslında bu eserlerde sabahın erkenden başlayarak gecenin geç saatlerine kadar devam eden satışları, seyyar satıcıların bağırışlarını, çarşı, pazar, esnaf, dişçi, berber, meşrubatçı, simitçi, ayrıca çok uluslu yapısı: Türk'ü, Yunan'ı, Ermeni'si, İngiliz'i, Fransız'ı, askeri, sivili kısacası her şeyiyle bir İstanbul silueti çizilmeye çalışılmaktadırlar. Z. Şahovskaya Yunanlılarla Türkleri şöyle karşılaştırır: *"Yunan kahvehanelerinde lakırdıcı Yunanlılar el kol oynatarak uzo içerlerdi. ... Aynı zamanda Türk kahvehanelerinde diğer insanlar tam bir Müslüman ayrıcalığıyla, kokulu sudan geçip giden soğumuş tütsüyü soluyarak nargile içiyorlardı."*

Benzeri bir kıyaslamaya Belozerskaya'da da rastlıyoruz. Eyüp Camisi'ni ziyaret eden Belozerskaya Hazreti Muhammed'in kılıcının burada olmasıyla daha yüce bir konuma sahip olan bu kutsal yeri ve çevresini, yüce çınarları, tespih satıcılarını ve temkinli ve sabırlı tavırlarıyla sultan sarayının emeklilerini ufak bardaklarda usul usul keyifle içtikleri demli çaylarıyla tasvir eder. Belozerskaya koşturmaca içindeki yabancıları tasvir etmekle, aslında Türklerle onları karşılaştırmaktadır. Mütareke dönemi İstanbul'unda kendisinin de yabancı olmasına rağmen İngilizleri, Fransızları anlatan cümlelerde yazarın onlara gizli bir negatif yaklaşımı izlenmektedir.

İstanbulluların Rusları kader ortağı gibi karşılaması en fazla Şahovskya'nın anılarında yer almaktadır. Durumun siyasi panoramasını tarihsel açılardan analiz edebilen altyapıya sahip Şahovskaya Rusya ve Türkiye'nin o dönem tarihi süreç içerisinde ortak yönlerinin olduğuna vurgu yaparak vatanları ellerinden alınan Rusların da ülkelerinde yabancıların yönetimindeki Türklerin de zor dönemlerden geçtiklerini yazar. *"Savaşta yenilen Türkiye muzaffer uluslar tarafından işgal edilmiştir."* (Şahovskaya, 2008, s. 208) Rusların da kaderi Fransız ve İngilizlere bağlı koşullardaydı. Bu yüzden *"...yenilmiş Rusların en iyi dostları yine de yenilmiş Türklerdi. Konstantinopol'e tahliye edilen Rusların büyük çoğunluğu sonralar Türkleri samimiyetle anacaklar."* (Şahovskaya, 2008, s. 226).

İstanbul'un siluetini çizen anılar canlı, derin, içten bir ilgiyle tasvir edilmekte, bu eşsiz şehre yaklaşımda onun kültürel, millî-dinî, insani değerleri ve doğal zenginliklerine hayranlık izlenmektedir. Gerçek İstanbul'un iç içe geçmiş eski ile yenisi, kimi zaman anlaşılmaz, yabancı, yine de ilgi çekici yönü onu algılamada çelişkiye sebep olmaktadır. Bu çelişki ve tek bir şekilde ifade edilemeyen algılama yazarları da zorlamaktadır. Onlar bir taraftan İstanbul'a kendileri için yeni bir yaşam olarak bakmakta, ama yine de bu algılamada acıyı tatma ve bu büyüleyici şehrin çekiciliğini karşısında anlaşılmaz bir duygu arasındaki ikilemde kalmaktadırlar.

Sonuç

Rus göçmen kadın yazarlarının eserlerinde İstanbul, önemli konulardan biri olarak temel sorunlarıyla samimi bir anlatımla ele alınmıştır. Metinlerde ilk gelen göçmenlerin yaşamlarında "biz ve onlar", "burası ve orası", "şimdi ve önce" arasında zikzaklar izlenmektedir. Göçmen Rus kadın yazarlarının anlatımını gözden geçirirken onların sosyal ve eğitimsel donanımları vurgulamamız gerekir.

İlk mekân etkisi sadece ideolojik ve psikolojik nedenlerle değil daha derin manevi boyutlardaki etkisiyle yıllara yayılarak uzun sürmüş, çeşitli edebiyat eserlerinde yer almıştır. Bu eserlerde bir siyasi ve ideolojik düşünceden tamamıyla arınmışlık olduğunu söyleyemesek de ağırlıklı olarak yazarların kişisel izlenimleri, derin etkilendikleri durumlar ağırlıkta olup, 20. yy. başlarındaki büyük tarihi olaylara tanıklık etmeleri açısından önemlidir.

Her ne kadar kurgusal ve öznel olduğu yönünde tartışmalar sürse de günlük ve anı türlerinin tarihe tanıklık eden kişilerin izlenimlerinde dönem hakkında içerdikleri bilgiler daha detaylıdır. Özellikle kadın yazarların anılarında ilgilendikleri konuların bir hayli teferruatları anlatılmaktadır. Anlatıcının ve kahramanın aynı olduğu anı türü eserlerde tarihi, kültürel, edebi ve diğer bilgiler daha yansız bir anlatımla iletilmektedir.

Diğer taraftan İstanbul göçmen Ruslar için Rusya'dan ayrılan sınırın ta kendisidir. Burada bulunduğu kısa süre içinde gözlemlenen kültür katmanları, dini ve geleneksel yaşam tarzı, hepsi onlara yabancı ve uzak şeylerdir. Geçmişi, öz olanı, alışılageleni kaybetme hissinin keskinleşmesiyle hırçın bir yapıya bürünme, her şeyin geçmişte kaldığını anlama, idrak etme sonucu yakınmalar bu eserlerde de vardır. Bu yüzden İstanbul onlar için hem güzel hem korkunç, hem kurtuluş, hem yok oluş, hem başlangıç, hem son, hem öz, hem yabancı, hem Avrupa, hem Asya, hem anlık, hem ebedi, hem somut bugün, hem de zamansızlıkların bağlandığı bir sığınak, bir iskele gibi görülmektedir.

Kaynakça

Erinç, E. (2013) *Rus Göçmen Edebiyatında İstanbul İmgesi (1917-1940).* Yayınlanmamış Doktora Tezi, Erciyes Üniversitesi Sosyal Bilimler Enstitüsü.

Redfield, R., Linton, R., Herskovits, M.J. (1936/1967) Memorandum for the Study of Acculturation. İn P. Bohannan and F. Plog (eds), Beyond the Frontier: Social Process and Cultural Change. NY: The Natural History Press, pp.181-186

Белозерская-Булгакова, Л. Е., (1990). *Воспоминания.* Москва, Художественная литература. [Belozerskaya-Bulgakova, L. Ye., *Anılar.* (Rusça)].

Раевский, Н. А., (2011) Дневник галлиполийца. http://mreadz.com/new/index.php?id=106976&pages=62# E.t.: 31.03.2016 [Rayevski, N.A., Gelibolulu'nun Günlüğü.]. (Rusça)

Тартаковский, А. Г., (1991). Русская мемуаристика XVIII – первой половины XIX вв. От рукописи к книге. Наука, Москва. [Tartakovski, A.G., *18 yy ve 19. Yy'ın İlk Yarısında Rus Anı Edebiyatı. El Yazmasından Kitaba Doğru.*]. (Rusça)

Шаховская, З., (1979). В поисках Набокова. [Şahovskaya, Z., Nabokov Araştırmaları.] (Rusça) http://nabokovandko.narod.ru/shahovskaya.html E.t.:31.03.2016

Шаховская, З., (2008). *Таков мой век.* Москва, Русский путь. [Şahovskaya, Z. *Böyleydi Benim Çağım.*] (Rusça)

Ширинская, А., (2012) *Бизерта. Последняя стоянка. Воспоминания.* Москва. Библтотека Фонда им. А.А Майнштейна-Ширинской. [Şirinskaya,A., Bizerte. *Son Durak. Anılar.*] (Rusça)

Kentleşmede Göçün Rolü[*]

Azize Serap Tunçer[4], Albeniz Tuğçe Ezme[5]

İstanbul deyince aklıma
Tophane'de küçücük bir sokak gelir
Her Allahın günü kahvelerine
Anadolu'dan bir sürü fakir fukara gelir
Kimi dilenecek dilenmesine utanır
Kiminin elinde bir süpürge peyda olur uzun
Dudaklarında kirli paslı bir tebessüm
Çöpçü olmuştur bugüne bugün
Kiminin sırtında perişan bir küfe
Kiminin sırtında nakışlı semer
Şehrin cümbüşüne katılır gider...
Sonra gecekondular gelir ardısıra
İsli paslı yetim
Eyy benim dev memesinde cüceler emziren
acayip memleketim
Bedri Rahmi Eyüboğlu

Giriş

Hardt ve Negri'ye göre, "dünyanın üzerinde bir hayalet dolaşmaktadır ve bu göç hayaletidir" (2001: 226). Minc'e göre ise, Avrupa'da gerçekleşen göç dalgası açıkça bir "domino oyunu"dur (2003: 17-18). Minc'in "domino" kurmacasında, önce ülke içinde kırsal alandan kentsel alanlara yönelen göç akımı, daha sonra ülkelerin sınırlarına ulaşmakta; bu sınırlar da birer domino taşı işleviyle, her taş bir diğer taşı/sınırı yıkarak sürmektedir.

Bu çalışma genel olarak "göç" olgusunun "kentleşmedeki rolünü irdelemekte ve dayanak olarak da Türk edebiyatında bu sorunu ele alan romanları almaktadır. Çalışmayı esinlendiren edebi eser, Orhan Pamuk'un "Kafamda Bir Tuhaflık" isimli romanı olmuştur. Romanda, İstanbul'un gecekondulaşma ve yoz bir kentsellik üretme aşamalarına dair naif bir öykü anlatılmaktadır. Bu anlamda asıl olarak bir "iç göç" olgusu ele alınmaktadır. Konu daha pek çok romanda irdelenmiş ise de Pamuk'un çalışması daha güncel olduğundan onun romanı odağa alınarak diğer eserlere de değinilecektir.

Pamuk, eserlerinde İstanbul'u bir temel fon olarak kullanmakla kalmamakta, anıları ile birleştirdiği bir çalışmasında da doğrudan İstanbul'u irdelemektedir. Ülkedeki "kentleşme" öyküsünün en iyi temsilcisi olan kentin, bugün dünya

[4] *Doç. Dr.* Ahi Evran Üniversitesi, İİBF Siyaset Bilimi ve Kamu Yönetimi Bölümü Başkanı
[5] *Arş.Gör.* Ahi Evran Üniversitesi, İİBF Siyaset Bilimi ve Kamu Yönetimi Bölümü
[*] Bu çalışma Ahi Evran Üniversitesi Bilimsel araştırma Projeleri Birimi tarafından IIB.A3.16.001 no.lu proje ile desteklenmektedir.

metropolleri ile yarışan noktaya gelmesinde, "göç" olgusunun büyük rolü vardır elbette.

Kentleşmenin Marjinal Alanı

Kafamda Bir Tuhaflık'da anlatılan öykünün odağında, 1960 darbesinden 3 yıl sonra -darbeye yapılan atıfın özel bir amaç taşıdığına ilişkin bir ifadeye rastlanamamıştır- köylerinden çıkıp İstanbul'a göçen kardeşler ve onlarla ilişkideki birçok göçmen kesimi bulunmakta; tarafların, kentsel sisteme uyumlarına göre kentte varoluşlarındaki farklılıkları vurgulanmaktadır. Göçmen kardeşlerin, yazarın "Kültepe" ve "Duttepe" olarak adlandırdığı bölgelerde arsa çevirmeleri, dönemin popüler söylemi olan "imar affı" uygulamaları üzerinden kurulan siyasi nüfuz ilişkileri ve mafyatik ögeleri, zenginleşen ve fakir kalan grupların sosyo-politik çözümlemeleri yapılmaktadır.

Önce romanın kahramanın kafasındaki "tuhaflık"ın ne olduğu arandığında, bu tuhaflığın "kent" ile son derece ilişkili olduğunu buluyoruz. Romanın kahramanı Mevlut, değinilen hızlı kentleşme sürecinin aktif bir aktörü olmayı bir türlü başaramadığından, kendisini sürekli "tuhaf" hissetmektedir. Ama romanın sonuna doğru bu tuhaflığın nedenini keşfeder ve kentle kurduğu ilişkiyi açıkça sergiler. Şöyle ifade edilir bu uyanış anı: "Mevlut, kafasının içindeki ışık ile karanlığın, şehrin gece manzarasına benzediğini hissetti. Belki de bu yüzden, getirdiği para ne olursa olsun, 40 yıldır geceleri şehrin sokaklarına boza satmak için çıkıyordu. Mevlut 40 yıldır bildiği ama açıkça farkında olmadığı gerçeği şimdi açıkça anladı: Şehrin sokaklarında geceleri gezmek Mevlut'a kendi kafasının içinde geziniyormuş duygusu veriyordu. Bu yüzden duvarlarla, reklamlarla, gölgelerle, karanlıkta seçemediği tuhaf ve esrarlı şeylerle konuşmak kendi kendine konuşmak gibi geliyordu ona." (Pamuk, 2014: 462)

Mevlut bu öykünün, kentleşme sürecinin –çoğu kez ahlak ve yasa dışı- kimi gerekliliklerine ayak uyduramayan göçmenidir. Oysa bu sürece kolay uyum sağlayan diğer kardeşleri ve akrabaları, yazarın "Kültepe" ve "Duttepe" olarak adlandırdığı bölgelerde arsa çevirmeyi, dönemin popüler söylemi olan "imar affı" uygulamaları üzerinden kurulan siyasi nüfuz ilişkileri ve mafyatik ögeleri yönetmeyi başarabilmektedirler. Anılan "uyum" süreci, daha çok "yasa-dışı" alanda kurulmakta ve kent mekanına hakimiyetle birlikte, "zenginleşme" sağlamaktadır. Uyumu başaramayan Mevlut gibiler ise fakir kalmakta ve "boza/pilav satıcılığı" gibi "marjinal" sektörler olan seyyar satıcılıkla ayakta kalmaya çalışmaktadırlar.

Esasen Pamuk bu kurgusunda son derece tutarlı bir çıkış noktası yakalamaktadır. Çünkü "marjinal sektörler" popülist politikalarla yürüyen hızlı ve çarpık kentleşmenin, önemli sübapları olarak işlev görmektedirler. Az gelişmiş ülkelerin yarı-işsiz veya işsiz kesim oranları yüksek olmasına karşın, benzer mertebedeki oranların gelişmiş ülkelerde doğuracağı sosyal krizleri doğurmaması, bunun yerine marjinal sektörlerin artmasını sağlaması, Tekeli'ye göre, "batılı terminoloji ile açıklanamayan" bir önemli gelişmedir: "Tarımda modernleşen kesim ile geleneksel kesim şeklindeki düalist yapı, geleneksel kesimi parçalamış ve marjinal duruma getirmiştir. Çünkü tarım dışı sektörlerde, ithal teknoloji ile gerçekleşen modernite, kapital yoğun olmuş ve fazla emeğin emilmesini de garanti

12

edememiştir. Sonuç olarak hem kırda hem de şehirde marjinal bir kesim oluşmuştur." (1977: 45-55) İşte Mevlut, bu sürecin bir prototipidir.

Bu açıdan bakıldığında, aklımıza hemen Haldun Taner'in ünlü "Keşanlı Ali Destanı" gelmektedir. Bu eserde de "Sineklidağ" isimli bir gecekondu alanı ve orada yaşananlar müzikal bir dille anlatılır: "Sineklidağ burası... Her cins insan var burada/ Çalışkanı tembeli/ Dört bucaktan gelmişler/ Hırlı hırsız serseri... Lazı Kürdü Pomağı/ Maraşlısı Vanlısı/ Erzincanlı Kemahlı/ Hepsi kader yoldaşı... Biri hamal kalaycı/ Biri süfli dilenci/ Biri Kıpti macuncu/ Helvacı ya köfteci... Kızlar çoğu hizmetçi/ Ya giderler tütüne/ Yoldan çıkan da olur/ Günahları boynuna... İşsiz çoğu erkekler/Kahvelerde pinekler/ Irgat olur bazısı/ Amelelik ederler" (Taner, 2005: 34-35)

Nitekim bu sonradan İstanbullular, anılan marjinal alanlarda zamanla belli bir tekel bile oluştururlar. Yine Pamuk'un anılan romanında bu gelişim şöyle anlatılır: "İstanbul'daki, Türkiye'deki bütün midye dolmacılar Mardinliydi. Mardin'de deniz olmamasına rağmen midye dolması işini herkesten kapmış olmalarını sürekli tekrarlar, bunu Mardinlilerin uyanık ve zeki olmalarıyla açıklarlardı. "Ne var oğlum, İstanbul'daki simitçilerin hepsi tokatlıdır ama ben bunu Tokatlıların uyanıklığının kanıtı olarak anlatanı hiç görmedim daha!" derdi Ferhat... "Midye dolmayla simit aynı şey değil" diye karşılık verirlerdi çocuklar. "Bütün fırıncılar Rizeli ve onlar da övünüyorlar" diye bir başka örnek verirdi Mevlut." (Pamuk, 2014: 144)

Kentin bu "kenar" yerleşimleri ve asıl merkezi değil de "kenarda kalmış" işleri sahiplenenlerin çeşitliliği böylece anılan eserlerde sergilenmiş olur. Kentin kenarları ülkenin dört köşesinden gelenlerin yerleşim alanı olmaktadır.

Kentleşmenin Hukuk-Dışı Alanı

İç göçle beslenen bu kentleşme modelinin ürettiği bir diğer sorun ise gecekondulaşma olgusudur. Marjinal sektörlerde çalışanların gelirlerinin ancak yetebileceği barınma modeli gecekondu olabilmekte; gecekondu yapımı ise siyasi popülizmin araçlarının devreye alınmasını gerektirmektedir.

Pamuk'un "gecekondu" olgusuna değindiği bir başka romanı ise son eseri "Kırmızı Saçlı Kadın"dır. Yazar, kuyu kazarak hayatını kazanan bir usta ile babası tarafından terk edilmiş çırağı üzerinden anlattığı "oedipus kompleksi" odaklı eserinde yine köyden kente göçe değinir ve şöyle der: "İşlerin çok iyi olduğu 1970'lerde, Sarıyer, Büyükdere ve Tarabya sırtlarındaki gecekondu mahallerinde pek çok kuyu kazdığını, pek çok çırak yetiştirdiğini bazen aynı anda iki üç kuyu ile meşgul olduğunu özlemle hatırlardı. O yıllarda herkes Anadolu'dan İstanbul'a geliyor; Boğazın yukarısındaki tepelere suyu, elektriği hiçbir şeyi olmayan gecekondular yapıyordu. Üç dört komşu aralarında birleşir, para toplar, kuyu kazsın diye Mahmut Usta'yı ararlardı." (Pamuk, 2016: 34)

"Kafamda Bir Tuhaflık" romanında ise siyasi popülizme özel vurgu yapılmakta; "1965 seçimleri sırasında hazine arazisi çevirenlerin" muhtarlık, uyanık inşaat malzemesi satıcıları, polis ve iktidar partisi ilişkileri çerçevesinde bu popülizm unsurları detaylandırılmakta; Gazi mahallesi örneği ile çerçevelenmektedir. Buna göre, 1965 darbesinden 3 yıl sonra köylerinden İstanbul'a gelen kardeşlerin "Kültepe"ye diktikleri gecekonduya 1965 yılında yerleştikleri ve biri Kültepe'de diğeri de karşıdaki Duttepe'de iki arsa çevirdikleri ve 1965 seçimlerindeki hoşgörü havasının "seçimden sonra Adalet Partisi imar affı çıkaracak" söylentilerinin etkisiyle, Duttepe'deki arsaya bir de ev yapmaya girişmeleri anlatılır. (Pamuk, 2014: 60)

"Tepe" olgusu diğer bir önemli simgedir; çünkü kentin doğal yerleşim alanları yasal oturuma konu olsa da tepeler, kentlilerin pek de istemeyecekleri, çeperdeki güç ulaşılabilen alanlardır. Bu nedenle Pamuk, "Kültepe" ve "Duttepe"den söz eder. Yine "Keşanlı Ali Destanı"na bakacak olursak, bu eserde de "Sineklidağ" isimli bir gecekondu alanını görürüz. "Sineklidağ burası/ Şehre tepeden bakar/ Ama şehir ırakta/ Masallardaki kadar." (Taner, 2005: 34) Peki ya yaşam mekanları nasıldır? Onu da şöyle anlatır yazar: "Te şurası bizim ev/ Kontrplak dört duvar/ Bir kapı üç pencere/ Tenekeden damı var... Bir yanımız mezbele/ Bir yanımız yokuş yar/ Önümüzden sel gibi/ Şır şır akar lağımlar... Devlet bizlen uğraşır/ Polis bizlen hırlaşır/ Ağalar leş kargası/ Sus parası sızdırır" (Taner, 2005: 34)

İşte hukuksuz alan tam da burada oluşur. Keşanlı'nın dert yandığı gibi "devlet, polis ve ağalar" dört yandan gecekonducuyu sarar. Sözkonusu işlemlerin yasal çerçevenin dışında gerçekleşmesi ise kamusal görev yürütenlerin keyfi uygulamalarına kapı aralamaktadır. Bu görevlilerden biri muhtarlardır. Pamuk, "1965 seçimleri sırasında arsa çevirenlerin muhtara gidip bu arazideki ev ve ağaçları kendi diktiğine ilişkin kağıt aldıklarını; muhtarın bu belgelerde Tapu Kadastro Müdürlüğü'nden alınmışa benzer cetvelle ve elle çizilmiş krokiler hazırladığını, eline fazladan para verilirse bu sınırları daha da büyük gösterdiğini; hazine arazisi olan bu yerlere ilişkin belgelerin hukuki geçerliği bulunmamasına karşın; 10 yılda bir gerçekleşen af yasaları nedeniyle beklentinin yüksek olduğu bu belgelerin satışının da yapılabildiğini" belirtir ve şu cümleyi ekler: "Göçün hızına göre muhtemelen siyasi gücü de artardı." (Pamuk, 2014: 61) İşte bu nedenle "Keşanlı Ali" de gecekondulu dostlarını "mahallenin belalıları"ndan koruyabilmek için "muhtarlık" seçimlerine girer ve kazanarak bu yetkin gücü ele geçirir. (Taner, 2005: 48-65)

Bu tür hukuksuz alanlarda siyasi güç artışının ekonomik bir karşılığı da mutlaka olur. Pamuk bu güçlenme sürecini şöyle anlatır: "Gazi Mahallesi'nde 6 yıl önce buraya solcuların, Alevilerin ve Kürtlerin egemen olmasıyla başlamıştı. Onlardan önce Gazi Mahallesi Laz Nazmi'nin egemenliği altındaydı. Laz Nazmi, 1972'de fundalıklarla kaplı bu boş tepenin başında kendi gibi Rizeli iki adamıyla bir dükkan açmıştı. Anadolu'dan gelip hazine arazisine gecekondu dikmek isteyen evsiz barksızlara yüksek fiyatla tuğla, briket, çimento ve başka inşaat malzemeleri satardı. İlk başlarda, misafirlerine arkadaşlık edip akıl verdiği için, çay sunduğu ...dükkanı Anadolu'nun her yerinden, özellikle Sivas, Kars ve Tokat'tan İstanbul'a göç edip kendilerine dört duvar bir dam bir sığınak olarak gecekondu dikmek isteyenlerin bir buluşma yeri olmuştu... İstediği arsa çevirme parasını vermeyen, "inşaat malzemesini de ben kendim daha ucuza bulurum" diyen pinti ve uyanıkların gecekonduları ya bir gece etrafta kimsecikler yokken tahrip edilir ya da Gaziosmanpaşa Karakolu'ndan gelen polislerin de desteğiyle yıkılırdı... Laz Nazmi'nin, ucu polise ve iktidardaki milliyetçi partiye açıldığı için önemli olan ilişkileri, çayhanesine gelenlerin sayısını artırmıştı... 1978'den sonra Laz Nazmi artık ...tıpkı tapu müdürleri gibi bir defter tutmaya başladı." (Pamuk, 2014: 231)

Yine Keşanlı'nın Sineklidağ'ına gitmek gerekirse, bu konuda şu şarkı çalınır kulaklarımıza: "Bize derler kondu ağası pöh/ Oysa herkeslerden önce gelmişiz/ Para sarfetmişiz, torik işletmişiz/ Hazinenin arsasını parselleyip satmışız... Beşer onar dam kondurup/ Ona buna kiralamışız/ N'olmuş yani ne bu gürültü/ Her yerde bu değil mi işin kanunu... Üç-beş uyuz kalkmış/ Bizden habarsız ev yapmış/ Pöh Elbet yıkarız... İki bin kağıt sus parası koymuşuz/ Veremezse, ana avrat düz gideriz/ Olmazsa, belediyeye fitleriz/ Daha olmazsa ibreti alem şişleriz... Arada bir kahvelerden mano toplarmışız pöh toplarız toplarız/ Haraç alan bir biz miyiz dünyada/ Şunun şurasında geçinip gideriz/ N'olmuş yani ne bu gürültü/ Her yerde bu değil mi işin kanunu" (Taner, 2005: 42)

Son olarak bu hukuksuz alan sakinlerinin marjinal sektörlerde çalışmasının gerçekten "istenmeyen" bir sonuç mu olduğu; yoksa bilinçli olarak bu sistematiğin sürmesine izin mi verildiği sorusunu da kaydetmek gerekmektedir. "Dünya ekonomisindeki muazzam büyümeyi mümkün kılan şeyin, ...görülmemiş sayıda göçmenin büyük kentlerin sözde gri ekonomisi içinde yaşamasına olanak sağlanması" (Sennett, 2009: 25) olduğunu belirten görüşleri de dikkate almak gerekmektedir.

Beton Ormanlar

Kentlere akan iç göçün kentin fizik mekanında yarattığı bir diğer dönüşüm ise hızla yayılan kişiliksiz yüksek beton bloklardan oluşan konut dokusudur. Bugün göç olgusu, yalnızca kente dışarıdan gelen göçmenler bağlamında değerlendirilmemekte; kent içinde artan devinim hızı da bir "kent içi göç" olgusundan söz etmeye değecek denli yoğun ve çok boyutlu gelişimler yaratmaktadır. Kentin sunduğu rant vb. olanaklardan yararlanabilenler, gelir artışlarına paralel olarak kent içerisinde kendi arzularıyla yer değiştirdikleri gibi yenilenemeyen yoksul bölgelerin zamanla büyüyen kentin merkezinde kalmalarıyla, kentsel dönüşüm uygulamasının mağdurları haline gelmeleri ve istemsiz şekilde kent içinde göçe tabi tutulmaları da mümkün olabilmektedir.

Sonuç itibariyle de her koşulda kent, enine yayılma hızından daha fazla olarak yukarı doğru yükselmek şeklinde gelişmektedir. Pamuk'un kentleşme ile gelen sorunlara vurgu yaptığı bir diğer romanı da "Kara Kitap"tır. Yazar bu eserde, kentleri saran yapıları, "beton minare ormanları" ve hatta "saldırgan bir mızrak ormanı" olarak tanımlayarak şöyle der: "1957 sonbaharında şehirlerimizi, şehirlerimizin kıyılarında kurulan yeni şehirciklerimizi saldırgan bir mızrak ormanı gibi kuşatan o acıklı beton minare (taşla örülmüş minarelere itirazın yoktu çok) ormanları üzerine dikkatli, öfkeli ve hüzünlü bir yazı yazdın." (Pamuk, 1997: 355) "Orman" motifi, Pamuk için, kenti anlatmada kullanılabilecek en elverişli araçtır. Yazarın, "Kırmızı Saçlı Kadın" romanında da "Modern kişi şehrin ormanında kaybolan kişidir." denilir. (2016: 167)

Kentleşme ve Çevre Sorunları

"Kafamda Bir Tuhaflık "romanında, ayrıca göçün çevresel baskıları, "1950lerde Ortaköy'den Boğaz'a dikilen yapıların ürettiği kirlilikle, Buzludere adındaki nehrin, 15 yılda civar tepelere yerleşen 80.000 nüfus ve irili ufaklı sanayi tesislerinin kiri yüzünden adının Bokludere'ye dönüşmesi ve akabinde de üzerinin betonla kapatılması" örneğiyle somutlanmaktadır.

Kara Kitap'ın ilerleyen satırlarında ise kentin büyümesine paralel olarak çoğalan işsizlikten yakınılırken, artan yaşam hızı karşısında nostaljik uygulamalar hüzünle anılmakta; doğa kirlenmesine ise özel vurgu yapılmaktadır: "O zamanlar, yüz yıl önce- şehrimiz, sokaklarında milyonlarca işsizin şaşkın tavuklar gibi gezdiği; yokuşlarından çöplerin, köprü altlarından lağımların aktığı, bacalarından zift renginde kara dumanların fışkırdığı ve otobüs duraklarında bekleyenlerin acımasızca dirsekleştiği bir yer değildi daha. O zamanlar, atlı tramvaylar o kadar yavaş giderdi ki, hareket ederken inip binebilirdiniz." diye hayıflanılmaktadır. (Pamuk, 1997: 422)

Ancak zamanla kentin sınırsızca büyümesi, göçün durdurulamaması sonucunda kent içinde kentler oluşmuş ve aynı kentin içinde birbirlerinden tamamen farklı yaşam tarzları olan kent parçacıkları ortaya çıkmıştır. Pamuk'un değindiği "yokuşlarından çöplerin, köprü altlarından lağımların aktığı, bacalarından zift renginde kara dumanların fışkırdığı" bölgelerin yanı sıra son derece "şık ve temiz" bölgeler de gelişmektedir. Bu bölgeleri birbirine bağlayan gerçek ise bir başka edebiyatçımızın, Latife Tekin'in belirttiği gibi "şehri seyreden bir insan nasıl sadece görünür güzelliklere odaklansa ve şehrin altını doldurmuş lağımı gözünün önüne getirmese" (2003: 81) de biteviye büyüyen bu kentlerde "borulardan akan pislik" de her daim büyümektedir.

Nitekim yine Tekin'in bir başka romanında büyüyen bu İstanbul için şöyle denir: "Yerini genişletmeyen her şey yok oluyor. Büyüyen yalan geliyor bana, küçülüp yiten gerçek, Aslı Başka Yerde Şehir, İstanbul o işte. Durup orada neye baksam, bu onu son görüşümmüş gibi bir duyguya kapılıyorum. Trafik üst katta oturuyor, İstanbul halkı alt katta... Gitmek istiyorsun da, Kulüp-Şehir olmuş İstanbul, parolayı bilmiyoruz, büyüme kulübüne üye değiliz." (Tekin, 2006: 239)

Bütün bu büyümeyle oluşan çevre sorunları için de romanın kahramanı Elime'nin yaşlı ve bilge iç sesi ona şöyle der: "Dünyanın ne gücüne gidiyor biliyor musun Elime... Senin ırmaklarının, dağlarının yeri yanlış demek istiyor bu insanlar bana, kesiyoruz ormanlarını, doldurup düzlüyoruz kıyılarını, kırıyoruz tepelerinin burnunu... İşi doğrusuna getiriyoruz biz, beğenmiyoruz aldığın biçimi, acele soğumuşa benziyorsun, güzel olmamış kabuğun... Uçaklarına pist yapacak yer bulamadılar, havalimanıymış!" (Tekin, 2006: 260)

Tekin'in bir edebiyatçı duyarlığıyla itiraz ettiği bu müdahaleler, kentler büyüdükçe artmakta ve doğanın tüm "doğallıkları" da bu süreçte katledilmektedir. Bütün bu gelişim, bir kenti, kent olmaktan çıkarmakta ve doğal güzelliğini de beton ve taşla bozmaktadır.

İstanbul sözkonusu olduğunda değerlendirmeleri önem taşıyan bir başka yazar da 1874'de İstanbul'u gezen Edmondo De Amıcıs'tir. Daha o tarihlerde, İstanbul'un bu halini hayal eden yazar, şöyle hayıflanmıştır: "Bu şehir bir veya iki asır içinde ne olacak? Ne yazık! Güzellik medeniyete kurban gitmiş olacak. Gelecekteki İstanbul'u, korkunç ve gamlı haşmetiyle dünyanın en güler yüzlü şehrinin harabeleri üzerinde yükselecek Şark'ın Londrası'nı görür gibi oluyorum. Tepeler düzleştirilecek, korular yerle bir edilecek, rengarenk küçük evler yıkılacak; ufuk, koynundan binlerce kocaman fabrika bacasının ve ehram şeklindeki kule çatısının yükseldiği, saray, işyeri, imalathane dizileriyle her taraftan kesilecek; uzun, dümdüz, birbirine benzer sokaklar İstanbul'u, birbirine muvazi kocaman yollara ayıracak; telgraf telleri gürültülü şehrin damlarının üzerinde büyük bir örümcek ağı gibi iç içe geçecek… Bu manzara gözümün önüne gelince kalbim sıkışıyordu." (De Amicis, 1981: 140-141) Bugün dünyanın en kozmopolit kentlerinden biri olan kentimizin karşılaştığı en önemli sorunlardan biri de yapı dokusunun da aynı şekilde kozmopolit şekillendiği ama bu kozmopolitizmin uyumlu bir birliktelik üretmek yerine; daha çok paçal gelişmiş bir karmaşa ortamı ürettiği gerçeğidir.

Göçmenlerin Kentliliği

Göçle dönüşen kentin sosyo-kültürel dokusu, "kentli" davranışları da kente hakim güç odaklarını da değiştirecektir elbette. Yukarıda değinilen hukuksuz-alanlarda ayakta kalan, hatta daha da yükselmeyi başaran kesim, kentin kaderinde, önceki kentlilerden daha fazla pay sahibi olmaya başlayacaktır.

Kafamda Bir Tuhaflık'ın Mevlut'u başarılarını imrenerek izlediği yakınlarının hangi alanlarda başarılı olduğunu şöyle anlatır: "Ben sana bu ikinci köprünün de bu birincisi gibi en sonunda yapılıp açılacağından nasıl adım gibi emin oldum, söyleyeyim mi? …Vurallar Kültepe ve Duttepe'deki bütün arsaları aldıktan sonra şimdi de köprünün çevre yolunda arsalar alıyorlar da ondan. Daha çevre yolları için istimlaklar bile başlamadı. Ama Vurallar'ın Ümraniye'nin arkalarındaki, Saray ve Çakmak mahallelerindeki arsaları şimdiden ona katlandı." (Pamuk, 2014: 252) Bu "başarı", kentsoylu eski kent sakinlerinin kullanabileceği bir yol olmaktan uzaktır. Onlar öğrenilmiş "itibar ve ün"lerini, bu tür riskli alanlarda sınayamazlar.

Kentsel mekanda gerçekleşen bu değişim, aslında kentsel biriktirim sistematiğinin değişimiyle erkin el değişimini de su yüzüne çıkarmaktadır. Pamuk, kentsoylu sınıfın, "gelenler karşısında gerilemesini", bir başka çalışmasında şöyle anlatır: "Son kuşak Batılılaşmacı Osmanlı zenginlerinin, paşalarının soyundan geldikleri için hem geleneksel kültürle, hem de Batı kültürü ile az çok haşır neşir olan bu insanların; babalarından, ailelerinden kalan mülkleri sermayeye çeviremememelerinin, zenginliklerini, İstanbul'un hızla büyümekte olan vahşi ticari ve sanayi sermayesinin bir parçası yapamamalarının nedeni; bu eski insanların, acımasız bir kazıklama ve aldatma alışkanlığıyla aynı derecede "hakiki ve içten" bir arkadaşlık ve cemaat kültürü paylaşan "kaba saba tüccarlar" ile birlikte, değil üretim ve ticaret yapmak, bir masaya oturup çay bile içemeyeceklerini bilmeleriydi. (Pamuk, 2013: 183).

Bu satırlar bizi, Türk edebiyatından kısa bir an için uzaklaştırır ve "soylu" kesimin gelişen "burjuvazi" karşısındaki tutumunu en güzel anlatan dünya edebiyatı eseri olan Buddenbrooklar'a götürür: "Johann Buddenbrook, doğduğu şehrin sivri çatılı evlerinden daha başka yerleri tümüyle kötü saymayacak kadar aydın kişiydi. Fakat iş ilişkileri dışında insanlarla ilinti kurmaktan, konsolos olan oğlundan daha çok kaçınır, tanımadıklarına hiç yaklaşmazdı." (Mann, 1969: 26) Babasının bu tavrını benimseyen kızı da bu tavrın nedenini şöyle açıklar: "Soylulardan olduğumuzu hissediyoruz ve halkla aramızda bir mesafe bulunduğunu da... Bizleri tanımayan ve değerimizi anlayamayanlar arasında yaşamaya kalkışmamalıyız... Zira o durumda sadece küçük düşebiliriz... Başkaları da bizi kendini beğenmiş gülünç kişiler sayar." (Mann, 1970: 89)

Bütün bu nedenlerle kentlilik davranış kalıpları da farklılaşır ve göçmen kesim kente "uyum" sorununu aşarak, zamanla kenti kendine uydurur. Kentin yeni sakinleri olan göçmenlerin bu alandaki "başarı"sı, esas itibariyle "göçmenin doğal gücü"nde yatmaktadır. Göçmen daha mücadeleci, daha sabırlıdır. Tıpkı tarihte de öncülleri olan göçmenlerin savaş durumunda yerleşiklere olan üstünlüğü gibi.

Bloch'un aktardığı üzere: "Arap tarihçisi İbn Haldun'un gözlemine göre, "eğer iki taraf sayıca ve kuvvetçe eşitlerse, göçebe yaşama daha alışkın olan zaferi elde eder" Bu gözlem, eski dünya'da hemen hemen evrensel bir geçerliğe sahip olmuştur. En azından, yerleşiklerin geliştirilmiş bir siyasal örgütlenme ile gerçekten bilimsel bir silah donanımını hizmete sokmalarına kadar. Göçebe, "asker doğmuş" bir kimsedir. Gündelik olanaklarıyla, yani atı, teçhizatı ve yedek yiyeceğiyle sefere çıkmaya her zaman hazırdır. Aynı zamanda yerleşiklerin tamamen yabancısı oldukları, son derece stratejik bir mekan duygusu, onun hizmetindedir." (Bloch, 2005: 95) İşte anılan "stratejik mekan" duygusu sayesindedir ki, günümüzde de mekana hakimiyet kurmayı, mekansal değişimi izlemeyi, "koklamayı" çok daha başarıyla gerçekleştirebilmektedir.

Nitekim Pamuk'un İstanbul'un eski sakinlerinin, "ailelerinden kalan mülkleri sermayeye çeviremedikleri" tespitinin bir somut örneği, eski yalı ve konakların, hızla yükselen beton blokların getirdiği ranta direnmelerinde açığa çıkar. Onların direnişini Vedat Türkali şöyle aktarır: "Varsıl, yoksul Osmanlı efendileri gibi, ara sokaklardaki kimisi onarılıp tahiniye, aşıya, kiremit rengine boyanmış, kimi yıkıldı yıkılacak, eski tahta evler, konak artıkları, bu eski sokakların şimdi asıl egemeni kesilmiş, kent ortasında üstlerinden kalın kafalı köylülük akan beton, çimento yığını apartmanlara dikelip kabadayılığa özeniyor gibiydiler." (2004: 35) Ama bu direniş artık mümkün değildir ve "üstlerinden kalın kafalı köylülük akan beton, çimento yığını apartmanlar" tüm metropol kentleri istila etmiş durumdadır.

Kent yoksullarının kent topraklarıyla ilişkisine verilebilecek bir son güncel örnek ise İran'daki "sokak siyaseti" uygulamaları ve Bayat'ın tanımlamasıyla, "sıradanın sessiz tecavüzü"dür. Burada vurgulanan olay, İran'ın kırsal alanlarından kente akan yoksullarının, "kullanılmayan kent arazilerine" , "yasadışı biçimde kondurdukları" evlerine, "bürokratlara rüşvet vererek yerleşmeleri" örneğidir. Devrim ortamında daha da cesur adamlarla ilerleyen bu hareketlerin, sonuçta "Kahire'de mezarlıklarda, çatıların üstünde ve kent dışında kalan kamu arazilerinde sessizce hak iddia eden 7 milyondan fazla insanı barındıran 100'den fazla "kendiliğinden" topluluk" oluşturduğu anlatılmaktadır. (Bayat, 2008: 29)

Sonuç

Bu çalışmada, çağdaş edebiyatımızın önemli kalemlerinden Orhan Pamuk'un, 'Kafamda Bir Tuhaflık' eserinde ele alınan 'Türkiye kentleşmesi'ne dair anlatının, iç göçmenlerin durumu açısından okuması gerçekleştirilmiştir. Eser, bu sürecin aksayan yönlerini İstanbul örneği üzerinden, net tespitlerle ve hemen tüm boyutları ile değerlendirmektedir. Bu anlamda kentleşme yazınına katkısı olduğu belirtilmelidir. Kuşkusuz kendisi de bir kentsoylu olan ve daha önceki tüm eserleri de bu duruşuyla kaleme alınmış olan Pamuk'un; bu eserde 'kırsal insan gözüyle' değerlendirme yapma çabası, kişisel yazın macerasında önemli bir değişimin/perspektif çeşitliliğinin göstergesidir –her ne kadar yazarın bir kırsal dil kuramadığı iddiası ileri sürülebilirse de bu çalışma bir edebiyat incelemesi olmadığından o yöne ilişkin tespitler verilmemiştir-.

Türk edebiyatının bir diğer önemli kalemi Haldun Taner'in 'Keşanlı Ali Destanı' da 'Türkiye kentleşmesi'ni çok benzer ögelerle değerlendirmektedir. Bu katkılara Latife Tekin ve Vedat Türkali'nin yine ülkemiz kentleşmesine ve çevre sorunlarına dair eleştirel yorumlarını da eklediğimizde; edebiyat dünyamızın, kentleşme sorunlarını kısmen de olsa ele aldıkları ve somut eleştirel bir duruşla değerlendirdikleri söylenmelidir. Bu durum, gerçekçi edebiyat alanı için olduğu kadar kentleşme yazını için de önemli bir katkıdır.

Sonuç itibariyle kentleşme maceramızda, Keşanlı Ali Destanı'nda varolan ögelerin 60'lardan günümüze olan süreçte de devam ettiğini sergilemesi açısından Pamuk'un katkısı vurgulanmakla birlikte; 80'lerden sonraki sürecin kimi değişimlerini ele alan edebi çalışmaların izini sürmeye de devam edilmesi gerekmektedir. Özellikle iç göçün geçirdiği dönüşüm ve göçmenlerin katkısı ile yeniden şekillenen kentsel mekan algısı ve kentlilik kültürü ögeleri; kent sosyolojisi çalışmaları için olduğu kadar edebiyat dünyamız için de zengin bir malzeme içermektedir.

Kaynakça

De Amıcıs, E. (1981). *İstanbul (1874).* (Çev. Beynun Akyavaş). Ankara: Kültür Bakanlığı Yay.

Bayat, A. (2008). *Sokak Siyaseti.* (Çev. Soner Torlak). Ankara: Phoenix.

Bloch, Marc (2005). *Feodal Toplum.* (Çev. M. Ali Kılıçbay). 4. Baskı. Ankara: Doğu Batı Yay.

Hardt, M. A. N. (2001). *İmparatorluk.* (Çev. Abdullah Yılmaz). 3.Basım. İstanbul: Ayrıntı Yay.

Mann, T. (1969). *Buddenbrook Ailesi.* I.Cilt, (Çev. Burhan Arpad). İstanbul: Altın Kitaplar Yayınevi.

Mann, T. (1970). *Buddenbrook Ailesi.* II.Cilt, (Çev. Burhan Arpad). İstanbul: Altın Kitaplar Yayınevi.

Minc, A. (2003). *Yeni Orta çağ.* (Çev. M. Ali Ağaoğulları). Ankara: İmge Kitabevi.

Pamuk, O. (2014). *Kafamda Bir Tuhaflık.* İstanbul: YKY.

Pamuk, O. (2016). *Kırmızı Saçlı Kadın.* İstanbul: Yapı Kredi Yayınları.

Pamuk, O. (2013). *İstanbul (Hatıralar ve Şehirler).* 11. Baskı. İstanbul: YKY.

Pamuk, O. (1997). *Kara Kitap.* 24. Basım. İstanbul: İletişim Yay.

Sennett, R. (2009). *Yeni Kapitalizmin Kültürü.* (Çev. Aylin Onacak). İstanbul: Ayrıntı Yayınları.

Taner, H. (2005). *Keşanlı Ali Destanı.* 9. Basım. Ankara: Bilgi Yayınevi.

Tekeli, İ. (1977). *Bağımlı Kentleşme (Kırda ve Kentte Dönüşüm Süreci).* Nu.18. Ankara: Mimarlar Odası Yayınları.

Tekin, L. (2003). *Buzdan Kılıçlar.* İstanbul: Everest Yayınları.

Tekin, L. (2006). *Muinar.* Everest: İstanbul.

Türkali, V. (2004). *Kayıp Romanlar.* İstanbul: Everest.

Amin Maalouf: *"Ölümcül Kimlikler"*in Düşündürdükleri

Tuğrul İnal[6]

Düşüncelerini duru bir zihinle, yalın, açık ve sorgulayıcı biçimde yürüten A. Maalouf, en basit, en bilindik sözcüklerin ve kavramların kimi zaman en karmaşık, en yanıltıcı ve en tehlikeli olduğunu söylerken odak noktası olarak "kimlik" kavramını sorguluyor. Gerçekten de *en az kuvvet yasası* sonucu bu sözcüğün ne anlama geldiğini, gündelik yaşamımızda ne ifade ettiğini bildiğimizi sanırız. Dahası, dinsel, etnik ve ulusal ya da başka kimlikler adına, türlü çatışmalara neden olduğunu düşünmeden geçmişi ve sürmekte olan anlaşmazlıkları kişisel bilgi ve tanılarımıza güvendiğimizden, göz ardı ederiz. Kimlik mekanizmasının karmaşıklığını gösteren onca acılı örneği görmezden geliriz. Birbirinden farklı insanları, tek bir aidiyet içerisinde düşünürüz. Maalouf "kimlik" olgusunu özellikle göçmen statüsü dolayında içtenlikle ve çok boyutlu biçimde sorgularken kimliği tek bir aidiyete indirgeyen düşünce yanlışlığına dikkatimizi çekiyor. İvmesi giderek artan ve küreselleşen yeni zamanlarda yeni ve çoğul bir kimlik anlayışının zorunlu olduğunu belirtiyor. Önerisini de şu şekilde açıklıyor: Çoğul aidiyetlere saygılı olmak, çeşitlilikleri önemsemek, farklı inanç ve kültürlerle uzlaşmak, kalıpçı dar düşüncelerden ve komplekslerden sıyrılmak.

Maalouf *"ölümcül kimlik"* anlayışına karşı öneri ve düşüncelerini ifade ederken, göçmen statüsü kavramına da açıklık getiriyor. Göçmen statüsünün ülke değiştirme kategorisiyle sınırlı olmadığını, geniş anlamda güçler dengesinin göçmenin aleyhinde olduğunu, bu nedenle de ruhsal, toplumsal, kültürel vb. alanlarda kimlik gerilimlerinin başka alanlarda olduğundan çok daha ölümcül sapmalara yol açabildiğini belirtiyor. Bu anlamda göçmen, azınlık mensubu olarak yel değirmeni karşısında karikatürleştirilen, Octavio Paz'ın o sihirli tanımıyla bir "Don Hiç Kimse"dir. Ruhsal dönüşümlerle, baskıcı dış etkiler arasında savaş veren korunaksız bir Don Kişot konumundadır. Bir hal ve gidiş kodu bulmak ve onu uygulamak durumundadır. Maalouf'un kimlik konusundaki sorgulamaları ve önerileri, Afrika ve Orta Doğu başta olmak üzere Avrupa ve Amerika'da yaşanmakta olan *"ölümcül kimlikler"* sorunsalı günümüzde her zamankinden daha önemli ve anlamlı.

O kadar ki, din, renk, kültür, dil ve milliyetleri itibariyle birbirlerinden farklı olan, birbirleriyle çelişen aidiyetler taşıyan, birbirine karşı iki toplum arasındaki sınırda yaşayan, sayıları günümüzde giderek artan, göçmen ya da azınlık olarak tanımlanan ve köklerinden koparılarak yabancı bir topografyada yaşamaya zorlanan bu insanlar, kimliklerinin tehdit altında olduğu kuşkusuyla başka diller, başka işaretler öğrenmek zorunda kalıyorlar. Amin Maalouf'un sözleriyle söylüyorum: "Bu yüzden, göçmen statüsü sadece doğup büyüdükleri yerden koparılan insanlar kategorisiyle sınırlı değildir, bir örnek değeri kazanmıştır. "Kabilesel" kimlik

---

[6] Hacettepe Üniversitesi, Fransız Dili ve Edebiyatı Bölümü, Emekli Öğretim Üyesi, Eposta: tinal@hacettepe.edu.tr

Yazgan, P. & Tilbe, F. (der.) (2016).
Türk Göçü 2016 Seçilmiş Bildiriler 2.
London: Transnational Press London.

kavramının ilk kurbanı onlardır. Eğer geçerli tek bir kimlik söz konusuysa, mutlaka bir seçim yapması gerekiyorsa, göçmen, kendini parçalanmış, bölünmüş ya doğduğu ülkeye ya da onu kabul eden ülkeye ihanete mahkûm bir halde bulur; kaçınılmaz olarak bir buruklukla, öfkeyle yaşayacağı bir ihanet." *(s.35)* Sonradan kabul edilme durumunda sığınmacı da olsa, reddediliş ve yalnızlık duygusuyla at başı giden bir ihanet. Bunun yanı sıra onları lütfedip kabul eden ülkeye karşı duyguların olanca karmaşıklığı... Ve karmaşaların doğurduğu bir dolu anlamlı anlamsız, yerli yersiz tepki ve davranış bozuklukları. Göçmen kendini ne kadar saklarsa saklasın, maskeler taksın, yeni maskeler denesin, utanç ve eziklik duygularıyla bir dolambaca dönüşen yalnızlık labirentinden kolay kurtulamayan bir "Don Hiç Kimse"dir. Sorunları tomar tomardır. Dil sorununun üstesinden şöyle böyle gelse de aksanı bozuktur, rengi, algı ve davranışları farklı ya da uygun değildir. Gerekli belge ve izinlere de sahip değildir. Buruktur; burukluğu kimi zaman şiddetli tepkilere, gülünç durumlara da yol açabilir. Adalet Ağaoğlu'nun beyaz mintanlı, takım elbiseli, sarı Mercedes'li, iki arada bir derede kalmış Bayram'ı gibi kendi ülkesinde bile bir arayış içinde olsa da kendisiyle ve çevresinin acımasız çıplaklığıyla yapayalnız kalması kaçınılmazdır. Ne ki giderek artan yalnızlık duygusu bellir belirsiz bir karşı bilinç de oluşturur. Yalnızlığı aşmak, gelinen ülkede kendisini yaşama bağlayan ilişkileri kurmak zorunda olduğu bilinci. Bu, aynı zamanda dolambacın çıkış kapısında mutluluğa erişme umududur. "Don Hiç Kimse" kendini, konuk olduğu ülkeye yeni maskelerle kabul ettirmeye çalışan bir insandır. Taktığı yeni maskesini koşullara uyarlamak ve bireyselliğini kabul ettirmek için doğal olarak zorlanır. Güvensizdir; kuşkular içindedir. Durumunu tartıp dursa da yalnızlığa yazgılıdır. Gerçekle düşlenen ayrı şeylerdir çünkü.

Umut, maskeler ve olaylar birbirine bağlı gelişip giden diyalektiğin parçalarıdır. Bu diyalektikten uzanıp çıkan gerçeklik de düş kırıklıkları, denge bozuklukları, kararsızlık ve yalnızlıktır. "Don Hiç Kimse"nin kimlik gerilimi ölümcül sapmalara yol açabilir. Ölümcül sapmaların gerçekliğinden söz ederken sağduyunun varlığını ve gerçekliğini de unutmamalıyız. Ne ki, Amin Maalouf'un sözleriyle;

"Sağduyu bıçak sırtı gibi bir yoldur, iki uç kavram arasındaki dar geçittir. Göçmenlik konusunda, bu uç kavramlardan ilki sizi kabul eden ülkeyi herkesin canının istediği gibi yazıp çizeceği boş bir sayfa, daha da kötüsü, herkesin hareket ve alışkanlıklarında hiçbir değişiklik yapmadan, silahı ve pılı pırtısıyla gelip yerleşeceği boş bir arazi gibi görendir. Öteki uç kavramsa, gelinen ülkeyi çoktan yazılıp basılmış bir kâğıt, yasaları, değerleri, inançları, kültürel ve insani özellikleri bir kereliğine sonsuza kadar sabitlendiğinden, göçmenlerin buna uymaktan başka çareleri olmadığı bir toprak gibi gören kavramdır" (Ağaoğlu, 1976, s. 37).

Bu iki uç kavram yanlışlıklarla dolu ve sakıncalıdır. Bu konuda Amin Maalouf'un uzlaşmadan çok bir çözüm kodu olan iki uçlu bir *"karşılıklılık"* talebi var. Bir, gelinen ülkenin kültürüyle yakınlaşarak kendi kültürünüzü de o ülkenin kültürüne yakınlaştırmak. İki, bir göçmen kendi kültürünün gelinen ülkede saygı gördüğünü ne kadar hissederse, geldiği ülke kültürüne de o kadar açılacaktır. (s. 38)

Nereden bakarsanız bakın, enine boyuna ölçüp biçin, Amin Maalouf'un bu iki maddede topladığı çıkarımlar bütünü baştan başa evrensel çizgide "karşılıklılık" ilkesine dayanan bir değer sorunudur. Daha açık bir saptamayla, değerlerin, yani insanın değerinin evrensel olduğudur. Karşılıklılık ilkesine ve öngerçeğine dayanan bir evrensellik. İnsana verilen değerler, insan onuruna ilişkin haklar, din, renk, ulus, cinsiyet ve benzeri gibi insana dair değerleri ayrıştırmayan, koşulsuz, her türlü insan hakkı. Özel, bölgesel, dinsel yasaları kategorik biçimde dışlayan, evrensel insan hakları bildirgesinde vazedilen uygar, çağdaş ve çağcıl insan hakları. Buna karşılık saygılı olma iddiasında olan kimi batılı ülkelerde yazık ki ara ara ayrımcı yasalar uygulayarak, gereğinde şu ya da bu konuda kısıtlayıcı kotalar koyarak, göçmenleri aşağı görmek, insan onuruyla bağdaşmayan davranışlar sergilemek ve politikalar uygulamak, ne kadar geri kalmışlığın izlerini taşısalar da onların aynı insanlığa ait olduklarını kabul etmemek, hem evrenselliğe hem insan haklarına ne kadar da aykırı, ne kadar da aşağılayıcı, "karşılıklılık" ilkesine ne kadar da ters bir tutum. Tek bir insanlık vardır çünkü yeryüzünde.

"Değerlerin evrenselliği'nin yanı sıra yoksullaştırıcı tektipliliğe karşı, ideolojik, politik, ekonomik ya da medyatik hegemonyaya karşı, aptallaştırıcı uzlaşmalara ve tektip düşünceye karşı çeşitli dilbilimsel, sanatsal, entelektüel ifade biçimlerinin yolunu tıkayan her şeye karşı mücadele etmek de bir zorunluluktur." (s. 90)

Bunun için Amin Maalouf vazgeçilmez, belki de en geçerli ilke olan "karşılıklılık" ilkesine sıklıkla gönderme yaparken Doğulu Batılı herkesin "kurulmakta olan küresel uygarlığın (...) içinde kendini bir parça özdeşleştirebilmesi, hiç kimsenin onu kendine iflah olmaz biçimde yabancı, dolayısıyla da düşman görmeye itilmemesi gerek"tiğini belirtiyor. (s. 99)

Gerçekten de bugün herkesin, "en güçlü kültürlerden gelen sayılmayacak kadar çok unsuru zorunlu olarak benimsemek" durumunda olduğu bir gerçek. (S. 100) Her şeyde bir *"yabancı eli"* olduğu da tartışmasız bir gerçek. Kozmopolit yaşam biçimlerinin yaygınlaşması, moda, müzik, mutfak kültürü, gündelik yaşam biçimi, davranışlar, sözcükler, kendiliğinden ve de hızla oluşan benzerlikler, alışkanlıklar, öz kültür, evrensel kültür arasında karşılıklı kurulan bağlayıcı, benzerleştirici ve de pratik öğeler değil midir? Sıraladığım bu pratik öğeler birer simge ve benzerlikler olarak aidiyet zincirinin zayıf ya da güçlü halkalarıdır. Bu halkalar aynı zamanda kimlik işaretleridir. Bireyi sosyal bir gruba, ulusal ya da küresel bir topluma bağlayan ortaklık işaretleridir. Nerede ve hangi koşulda olursa olsun herkesin bu kimlik işaretlerine ihtiyacı vardır. Bu işaretler karşılıklılık ve saygı kuralları çerçevesinde algılanıp kullanıldığında bireysel ve toplumsal düzeyde iç gerilimler elbette azaltılabilir. Bazı koşullarda da iyimser bir yaklaşımla en aza indirgenebilir. Bunlar, doğrusu, dengeleyici yaklaşım ve uygulamalardır. Neden dersiniz, bunlar önyargıların gerilemesine, komplekslerin frenlenmesine katkıda bulunabilirler.

Burada çokuluslu, çok kozmopolit yapısıyla ABD'yi düşünelim. Afrika, Asya, İtalya, Anglosakson, İspanya, Kızılderili kökenlilerden oluşan devasa bir topluluk. Bir de aynı şekilde kozmopolit kıta Avrupasını düşünelim. Vahşi kapitalizmin, ara ara hortlayan ırkçılığın yaşandığı, karşılıklılık ilkesinin ara ara uygulanmadığı, aidiyetler zincirinin kimi zaman koptuğu, sapmaların yaşandığı bir kozmos. Bu kozmos'da farklı kültürlerle ilişkiler söz konusu olduğunda vericiler ve alıcılar arasında olması gereken bir dengeye daha az dikkat edildiği durumlarda yazık ki bireyler ya da azınlıklar "utançla dinini ya da rengini ya da dilini ya da ismini ya da kimliğini oluşturan herhangi bir öğeyi saklamak zorunda kalacak derecede, kendini hakarete uğramış, alaya alınmış, değer verilmemiş "umacı" gibi gösterilmiş hissetmemesi gerekirdi. Herkesin başı yukarda, korkusuzca ve hınç duymadan aidiyetlerinin her birini içine sindirmesi gerekirdi." (s. 101)

Burada göçmen kimliği taşıyanların fotoğraflarını mercek altına alalım. Kendilerini biraz azınlık, biraz sürgün gibi hisseden, "küsme eğilimi" *(s. 102)* gösteren, kurban rolüne sığınan, kendilerini haksızlığa uğramış hisseden ve bu yüzden acı çeken, içlerine kapanan, yetersizlik ve çaresizlik duygusuna kapılan, bu yüzden etrafına korunaklar yapan, aramaktan, keşfetmekten, karşı koymaktan, gelecekten vazgeçen, korkan göçmenler. Böylesi tragedya dolu bir gerçek, dünyaylılaşmanın tek yönlü işlemesi ve tektipliliğin sapması, insan onuruna aykırı kabul ediliyorsa, Amin Maalouf'un yazdığı gibi "*içinde yaşadığımız dünyanın çirkinliklerini bir tesettür peçesiyle de örtmeye çalış*" mamalıyız. (s. 103)

Yine Amin Maalouf'un sözleriyle "dünyalılaşmanın kültürdeki çeşitliliği, özellikle de dillerin ve yaşam biçimlerinin çeşitliliğini tehdit ettiğinden kuşku duy"sak da (...) "bugünün dünyası tehdit altındaki kültürleri korumak isteyenlere kendilerini koruma fırsatlarını da sağlıyor". (s. 103).

Evrensellikten, özgürlük ve eşitlikten söz ediyorsak, bugünün dünyası herkesin mücadele hakkına ve olanağına sahip olduğu bir açık alandır. Aidiyetleri canlı tutacak, ortak yaşam ve kültür için gereken koşulların oluşturulmasına katkıda bulunacak, öz kültürleri tanıtacak, saygı duyulmasını sağlayacak ve sevindirecek bir açık alandır.

Dillerin, kültürlerin ölmemesini sağlayacak, aidiyet duygusunu güçlendirecek, inançların, düşüncenin ve fikirlerin çoğalacağı bir alan. Ve işte bunun için Amin Maalouf'un peygamberce sözleri: "Bir şeylere inanıyorsanız, içinizde yeterli enerji, yeterince tutku, yeterince yaşama iştahı taşıyorsanız, bugünün dünyasının sunduğu kaynaklarda düşlerinizden birkaçını gerçekleştirme olanağını bulabilirsiniz." (ss.104-105) Bunun anlamı; uygarlığın sağladığı olanakların onarıcı olduğudur. Uygarlığın zararlarını, konu dışı, bir kenara bırakırsanız, uygarlığın sonsuz yararlarını konu gereği iki temel noktada sınırlarsanız, sözlerim daha iyi anlaşılabilir.

"Ahtapot kollarını bütün dünyaya uzat"an "sanal bir gezegen canavarı" (s.104) internet, gerçekten de dillerinin ölmesini engellemek isteyen herkes için eşitlikçi bir alan. Yine Amin Maalouf'un sözleriyle, "ortak bilgi ve etkinlikler mirasımızı, olanca çeşitliliği içinde ve Provence'dan Borneo'ya, Louisiana'dan Amazon'a kadar bütün gökler altında korumak söz konusu; bütün insanlara bugünün dünyasında dolu dolu yaşama, ne kendi özel belleklerini ne de onurlarını yitirmeden teknik, sosyal, entelektüel gelişmelerden dolu dolu yararlanabilme olanağının verilmesi söz konusu." (s. 107).

Kültürü ve kimliği tanımlayan aidiyetler arasında en belirleyici olanı da kuşkusuz her şeyden önce dil konusu. Din duygusundan da baskın. Ortak dinleri, farklı diller konuşsan toplumları bir araya getirmeye yetmez. Gerçi ortak diller konuşan pek çok devletin de din faktörü nedeniyle parçalandığı bir gerçek. Orantısal bir güç olarak burada öncelik ya da rekabet söz konusu. Ne var ki, dinsiz yaşanabilir, ama "herhangi bir dil olmadan yaşanamaz". (S. 108) Yeryüzünde bunun örneği yok. Bu kıyaslamayı yaparken dilin hem kimlik hem de iletişim aracı olduğunu söylemeye çalışıyorum. Burada yine Amin Maalouf'a dönüyorum: "(...) Dili kimlik bütünlüğünden ayırmak, (...) ne mümkün ne de doğru bir iş (...). Dil

24

kültürel kimliğin ekseni olarak kalma eğiliminde, dilde çeşitlilikse, bütün çeşitliliklerin ekseni" (s.109). Nereden bakarsanız bakın gerçekten de dil belirleyici ve ön sırada vazgeçilmez bir bağ. O kadar da kutsal. Cezayir'de yaşanan fanatizm, "dinden çok daha fazla dille ilgili bir hoşnutsuzlukla açıklanabilir." (s. 109) İnanç özgürlüğünden daha duyarlı, daha patetik ve daha belirleyici bir olgu. Yine peygamberce bir söz: "Söz konusu olan (...) herkese kimliğinin içerisinde birden fazla dilsel aidiyeti yan yana yaşatması hakkını tanıyarak, sağduyuyla bir özgürlük ve huzur dolu çeşitlilik çağına girmek." (s. 110)

Burada önemli olan dillerin eşitsizliği karşısında küresel bir dil haline gelen İngilizcenin önlenemez yükselişi açık bir geçek olduğuna göre, kimlik ihtiyacına cevap veren dilde çeşitliliğe önem vermek: "Bugünün dünyasında bir insanın kendini rahat hissetmesi ve dünyaya nüfuz edebilmesi için kendi kimlik dilinden vazgeçmek zorunda kalmaması da çok önemli". (s. 112) Amin Maalouf'un belirttiği gibi günümüzde kimlik dili ve küresel dil de kimi alanlarda artık yetersiz kalabildiğinden arayı doldurarak çok dilliliği savunarak üçüncü bir ara dili ortaya çıkarmak. Ana dil ve küresel dil arasında özgürce seçilmiş bir üçüncü dil. Hem kendi dillerini konuşan ulusların günümüz uygarlığının önerdiklerine erişebilmeleri, hem de uluslararası güç ilişkilerinde yer alabilmeleri için dilde çeşitliliği teşvik etmek, bunun için de Avrupa dillerinden Doğu dillerine kadar ara dilleri önemsemek. Bunun sonucunda da her insanın hem kendi ülkesiyle hem de dünyayla bütünleşmesini sağlamak ve aidiyetler toplamı olarak dünyayla ortaklık kurmak.

Konuşmamı aidiyetlerden her birini yüksek sesle talep eden Amin Maalouf'un en başta göçmenleri ilgilendiren, kabileler çağını, kutsal savaşlar çağını, ölümcül kimlikler çağını geride bırakan bağlayıcı şu sözleriyle sonlandırıyorum:

"(...) İçinde yaşadıkları toplumun kültürüyle, içinden çıktıkları kültür örtüşmeyen herkesin, bu çifte aidiyeti fazla yara almadan üstlenebilmesi, kökenlerindeki kültürlerine bağlılıklarını koruyabilmeleri, onu utanç verici bir hastalık gibi gizlemek zorunda kalmamaları ve yanı sıra, onları kabul eden ülkeye kendilerini açabilmeleri gerekir." (s.129)

Amin Maalouf'un görüşleri bir miktar düşsel de olsa, göçmen statüsü, kimlik tanımı ve çoğul aidiyetler üzerine büyüleyici bir tanıklık getiren, sorgulayıcı, yapıcı, çözümleyici, çoğul aidiyetlere saygılı ve çeşitlilikleri önemseyen, yeni yüzyıla ve binyıla yol gösterecek önerilerdir.

Kaynakça:

Ağaoğlu, A. (1976). *Fikrimin İnce Gülü.* İstanbul: Remzi Kitabevi.

Maalouf, A. (2011). *Ölümcül Kimlikler.* (Çev. Aysel Bora). 32. Baskı. İstanbul: YKY.

Maalouf, A. (2009). *Çivisi Çıkmış Dünya.* (Çev. Orçan Türkay). 3. Baskı. İstanbul: YKY

Büyük Dönüş'ün Dayanılmaz Acısı

Tanju İnal[7]

Çek asıllı Fransız uyruklu Milan Kundera'nın ve yurttaşlarının 1968 Rus Komünist işgali sırasında göç ettikleri ülkelerde ve Çekoslovakya'da yaşadıkları türlü sıkıntıları, sorunları, olumsuzlukları, bunalım ve kırgınlıkları öyküleyen anlatı-roman türünde bir yapıt. Rus işgalinden sonra sığınmak zorunda kaldığı Paris'te uzun süre yaşadıktan sonra ülkesine dönen romancı, olumsuz anlamda karşılaştığı değişiklikler karşısında acısıyla bir "düşüş" ortamı yaşar. Geriye dönüş tam bir ruhsal yıkım olmuştur Kundera için. "Büyük Dönüş" diye adlandırdığı eve dönüş, kırgınlık ve pişmanlıkla sonlanmıştır çünkü. Bu anlamda da roman Truva savaşı nedeniyle ülkesinden uzak düşen ilk sıla kurbanı Odysseus'un yirmi yıl ayrılıktan sonra ülkesi "İthak" yarımadasına dönüşüne bir gönderme yapar. Odysseus, çok büyük özlem duyduğu, acılar çektiği ülkesine dönüş sürecinde büyük uğraşlar vermiş, türlü acılar çekmiş ve çetin işkenceler görmüştür.

Kundera, Prag-Paris-Prag üçgeninde, Prag'a dönüşünde, düş kırıklığına uğramış, ötekileştirilmiş, tutunamamış, acı çekmiş ve belleğini ara ara da olsa yitirme durumunda kalmıştır. Bu bağlamda roman kişileri Paris'te mülteci İrina, Danimarka'da mülteci Joseph, Kundera'nın sözcülüğünü yapan birer protagonist durumundadırlar. Odysseus'un tersine ülkelerine, Prag'a, büyük bir özlem de duymazlar.Geçmişleri bulanıklaşmıştır. Kendi topraklarına ulaşmak için büyük bir mücadele bile vermezler. İrina Fransız arkadaşının zoru ile, Joseph ise ölmüş olan karısına verdiği söz nedeniyle geçici bir süreliğine de olsa geri dönmüştür.

Kundera "dolce vita" Paris yaşamı ile Prag'da bulduğu yaşam biçimini karşılaştırırken bir tür iç hesaplaşmaya koyulur. Bunu yaparken duygusallığın ağır bastığı geçmiş yaşamı ile şimdiki zamanın bir karşılaştırmasını yapar.

Milan Kundera'nın önce Çekçe, Fransa'ya yerleştikten sonra doğrudan Fransızca kaleme aldığı romanlarının arka fonunda Çekoslovakya'dan göç ve 20. yüzyılın tuhaf olgusu olarak nitelediği "sığınma" ile başlayan, yeni yaşamın olumlu ve olumsuz yönlerini özetleyen bilgiler var (Kundera, 2015, s.17).

Bu kısa ve ön bilgileri anımsattıktan sonra şimdi sizlere çok değişik boyutta ele alınan göç olgusunu temellendiren siyasal nedenlerin nerdeyse tüm romanlarının satırları arasında okunduğunu söylemeliyim. Öncelikle arka fonunu biraz aydınlatarak Milan Kundera'nın onuncu romanı olan *Bilmemek'i* göç olgusu bağlamında irdeleyelim.

1929 yılında Çekoslovakya'da doğan Milan Kundera, yazınsal yaşamını şiir, tiyatro, roman, denemeler ve caz müziği ile süsleyip, taçlandıran bir yazar. Siyasal yaşamdan kendini hiçbir zaman soyutlamayan, siyasal olaylara ışık tutacak yazılar ve romanlar yazan Kundera, Prag'da gerek Alexandre Dubçek'in devlet başkanlığıyla birlikte başlayan "insancıl-komünizm" Prag baharı olarak

---

[7] Prof. Dr. Bilkent Üniversitesi- İnsani Bilimler ve Edebiyat Fakültesi- Mütercim-Tercümanlık Bölümü, El-mek: inal@bilkent.edu.tr

Yazgan, P. & Tilbe, F. (der.) (2016).
Türk Göçü 2016 Seçilmiş Bildiriler 2.
London: Transnational Press London.

adlandırılan ve tüm ülkede siyasal özgürlük havasının estiği dönemde Çekoslovakya'daki çok önemli değişikliklere ve ardından gelen trajik döneme tanık olmuş bir kişi.

Yazarın ülkesindeki mutluluğu ne yazık ki uzun sürmeyecek, ülkedeki tüm özgürlükler 1968 Ağustos'unda Varşova paktı ordularının Prag'ı işgaliyle sona erecek, geleceklerinin yok olduğunu düşünen yazarın da içlerinde olduğu üç yüz bin kişinin ülkeyi terketmesine neden olacaktır. Bu dönemde Batıya sığınmayıp ülkelerinde katı Sovyet rejimine karşı mücadelelerini sürdüren kimi yazarları da anımsamakta yarar görüyorum. Daha sonra cumhurbaşkanlığı yapacak olan Vaclav Havel, şair Kolar ve Hrabal gibi.

Kundera da önceleri rejim aleyhinde yazılar yazmış, komünist partisinden ihraç edilmiş (1970) ve kitapları ülkesinde yasaklanmış. Çekoslovakya'dan ayrılarak Fransa'da Rennes Üniversitesinde "Karşılaştırmalı Edebiyatlar Bölümünde" dersler vermiş, zaman zaman ülke özlemiyle oturduğu gökdelenin otuzuncu katına çıkarak Çekoslovakya'yı uçsuz bucaksız topraklar arasından gözleriyle aramıştır. 1979'da Çek hükümeti yazara karşı tutumunu daha da sertleştirmiş ve onu Çek vatandaşlığından çıkartmış. İki yıl sonra da Fransa cumhurbaşkanı Mitterand Fransız vatandaşı olmasını onaylamış (1981). Bu tarihten sonra Kundera yeni kimliğiyle romanlarını Fransızca yazmaya başlamış ve daha önce Fransızca çevirisi yapılan romanlarını bizzat kendisi Fransızca'ya çevirmiş. Yazarın da açık açık ifade ettiği gibi o, artık tek bir dilin ve ülkenin yazarı olarak anılmayacaktır tıpkı André Makine, Vassilis Alexakis, Nancy Houston, Ionesco, Beckett, Adamov, Joyce gibi. Romancı göç ettiği ülkede artık mutlu, özgür ve üretkendir. Burada bir parantez ve bir soru: Sıklıkla göçmen yazarlarda okumaya alıştığımız dayanılmaz sıla özlemi, isteği ve iradesi, sıla özleminin öncüsü Odysseus gibi Kundera'nın roman kişilerince güçlü olarak ayrımlanabilecek midir?

Bu sorunun yanıtının en iyi örneği *Bilmemek* adlı romanıdı diye düşünüyorum. Kitapta kurgulanmış göç, eve dönüş, sıla özlemi, sığınmacı konumunun yarattığı sıkıntılar, geri dönüş tutkusu, geçmişi anımsamak - anımsamamak, unutuş izleklerinin yanı sıra, özlemin ve özlem duygusunun etimolojik kökenlerine de değinilmiştir. Diğer önemli bir izlek de, göç edilen ülkede göçmenlerin algılanış biçimleri, ötekileştirilme korku ve kaygısı, göç edilen ülkeyi benimseme, yeni topluma uyum sağlama-sağlayamama ikilemi ve belki de "Büyük Dönüşün" – geri dönüşün acısına okuru da ortak ve tanık etmesi. Bu izleklerin yazarı değişik bir konuma getirdiğini düşünüyorum. Romandan edindiğim ilk izlenim şu: Herakliotos'un özdeyişini benimsemiş kişilerin karşımıza çıkması. "Aynı nehirde iki kez yıkanılmaz" özdeyişini yeniden değerlendirdiğimizde karşımıza şöyle bir gerçek çıkmıyor mu? Kararlarını vermişler, ülkelerini terk etmişler. Dönüşü olmayan bir karar. Yeni bir dili, ortamı, göç edilen ülkenin geleneklerini benimsemişler ve yeni ülkede yuva kurmuşlar. Bu anlamda Prag ve Paris iki ayrı duygunun ortak kenti durumundadır. Önceleri sürgün kenti olarak algılanan Paris, şimdi sığınmacı İrina ve Joseph için özgürlük kenti olarak benimsenmiştir.

Bilmemek ilginç bir diyalogla başlıyor: İrena Fransa'ya göç etmiş olan bir Çek. Diyalog şöyle: Fransız iş arkadaşı "burada (Paris'te) ne işin var?" (s. 9) diye soru sorarak ona siyasi ortamın değiştiği Çekoslovakya'ya dönüş zamanının geldiğini anımsatmak isteyen Sylvie'ye "burada bir işim, evim, çocuklarım olduğunu unuttun mu?" (...) Ama Sylvie! Söz konusu olan sadece iş gibi, ev gibi pratik şeyler değil ki. Ben yirmi yıldan beri burda yaşıyorum. Benim hayatım burda!" (s. 9). İrena sığınmacı konumundan rahatsızlık duymayan bir ruh halindedir. Eşi Martin'i kaybetmiş olmasına karşın çocukları Fransa'ya tam bir uyum sağlamıştır. İşi vardır, Fransa'da, Fransız'larla, Fransızca'yla mutludur. Ne tarihsel, ne coğrafi, ne de toplumsal bir yabancılaşma yaşar.

Batı edebiyatında Homeros'la başlayan "geri dönüş" öyküleri, sıla özlemi, göç ülkesinde yaşanan düş kırıklıkları, yabancılaşma ve ötekileştirilme acısı okurun göç yazılarında okumaya, algılamaya alıştığı izlekler, Kundera'nın romanında bütünüyle ters yönde gelişme gösterir ve "geri dönüşün dayanılmaz acısı" olarak özetlediğimiz "yepyeni bir olgu ve izlek" anlatının temelini oluşturur. Aslında bu acıyı Kundera, kendi mutlu Fransa günlerinin bir yansıması olarak roman kişilerinde yaşatmaz. *Gülüş ve Unutuluş'un Kitabı* (1988) olarak dilimize çevrilmiş olan (*L'Histoire de Rire et de L'Oubli*) adlı kitabının baş kişisi kahvede çalışan göçmen kızı Tamina, eşinin de ölümünden sonra gittikçe bulanıklaşan geçmişine, ülkesine dönmek istemez. Geçmişinden ve geçmişteki dostluklardan tamamen koptuğunu, birçok şeyin karşılıklı olarak unutulduğunu vurgulayarak ülkesine kayıtsız kalır. Geçmişi ve çevresi onun için anlamdan yoksundur. Birçok şey ve anı belleğinden silinip gitmiştir.

Bir diğer romanında (*Şaka-La Plaisanterie.* Gallimard, 1985) bu kez Moldovyalı Ludvig, kendisini, yaptığı bir şaka yüzünden ülkesinden uzaklaştıran Sosyalist Çekoslovakya'ya aynı gerekçelerle dönmek istemez.

Bellek, unutma, özlem, acı, bilinmezlik sözcüklerinin içerdiği anlamları Kundera kitabının başında açıklıyor. Avrupa dillerinde "nostalgie" sözcüğünün içerdiği anlamlar üzerinde duruyor. Özlem, "doyurulmamış dönüş arzusundan kaynaklanan bir keder", memleket özlemi, geçmişi ve çocukluğu unutulup daha da ötesi ülkesinde olup bitenlerden uzak kalmak, kendi ülkesinde bilinmez olmak, çoğul bir bilinmezlik:Geleceği ve yaşanılan zamanı, ne olacağını bilememek, dolayısıyla tüm bilinmezliklerin acısı olarak verilmiş" nostalgie "kavramı." Uzaksın, ve ben senin ne olduğunu bilmiyorum. Ülkem uzaklarda ve ben orada ne olup, bittiğini bilmiyorum". Kundera nostaljiyi "ülkeye dönüşün olanaksızlığının neden olduğu hüzün" (s. 11) olarak da tanımlıyor. Nostalgie – özlem, Yunanca nostos'dan, acı, algos'dan geliyor. Bu iki sözcük herşeyden önce bir ruh halini betimliyor. Izdırap, üzüntü, ülkeye dönememenin, ülke özleminin yarattığı patolojik, çelişki içeren bir durum. Antik Yunan düşüncesinden farklı olarak Kundera'ya göre bu, dönüş isteğinin yarattığı bir acıdır. Oysa sıla özlemi Odysseus'un tutkusu ve özlemidir. O kadar ki, dönüş mitosu bu önemli yapıtın ana izleğini oluşturur. Anımsayalım: Azra Erhat ve A. Kadir'in nefis çevirisinden dinleyelim: "Truva savaşı sonrası sayısız tehlikelere, dalgalar, kasırga, deniz kazası, canavarlarla savaşarak: "tüketir tatlı ömrünü dönüşünü özleye özleye (...) Gözyaşları, hıçkırıklar, iniltilerle bakardı, (..) engine bakardı gözleri iki çeşme" (*Homeros*, 1976, s. 133). Odysseus yedi yıl birlikte yaşadığı Kalipso'ya rağmen sevdiklerine, sevgili ülkesi İthaka'ya dek acılarla, korkularla "denizlerde çileler içinde" kavuşana dek bin bir güçlüğü özlemin gücü ile yener. Karısına, oğluna ve ülkesine kavuşur. Odysseus büyük dönüşün sarhoşluğu ve coşkusunu yaşayan ilk sıla kahramanıdır. Ülkesini bıraktığı gibi bulur. Yirmi yıllık özlemini "hergün ettiğim tek dua oraya dönmek, gün doğumunu evimde görmek!" sözleriyle dışa vurur. Odysseus geçirdiği yıllara ilişkin hiçbir soruya muhatap olmaz. Kundera'nın romanına anlatı boyunca eşlik eden, Odysseus'tan çok farklı bir ikili olan İrina ve Joseph artık bu mitosun yıkıldığının habercisidirler sanki. Kundera İrina'nın göç ettiği yıllarda (1950-1960) Fransa'nın Orta Avrupa'dan göç eden sığınmacılara dostlukla kucak açmamış olduğu tarihsel perspektivi, kayıtsızca davranışlarını sık sık dile getirir. "Fransızlar o dönemde tek felaket olarak faşizmi görüyorlardı." (s.14) Göçmenler ilk günlerinde terk ettikleri Bohemya'yı sık sık anmışlar, evlerini yurtlarını çok aramışlardır. İrina Fransa'ya yerleştikten bir süre sonra eşini kaybetmiş, iki kız çocuğuyla zor günler günler geçirmiş, temizlikçilik, çevirmenlik, zengin felçli bir hastaya bakıcılık yaparak hayata tutunmaya çalışmıştır. Sıla özleminin tutsağı olmamaya çabalamıştır. Güçlü sıla özlemin "belleğin etkinliğini hızlandırmadığını bilir. Zamanla İrina sığındığı ülkede mutlu olduğuna dahası özgür ve bağımsız olduğuna inanmıştır. Sığınmacı mutsuzdur sanısının anlamsız olduğuna kendisini inandırmıştır. Martin'den sonra evlendiği eşi İsveçli Gustaf'ın "kayıp ülkesi" (s. 23) olarak gördüğü Fransa'da İrina'yı mutlu etmek amacıyla iş kurma önerisine karşı çıkmıştır. Birlikte üç günlüğüne gittiği ülkesinde alışkanlıklarını, dostlarını yitirdiğinin ayrımına varmıştır. Danimarka'ya yerleşen Joseph "ülkesini boyun eğmiş ve alçalmış olarak görmeye katlanamadığı" (s. 55) için ilk günlerin özlemine dayanmış, kaybettiği Danimarka'lı eşine verdiği söz üzerine kısa da olsa ülkesine, ağabeyine, yengesine dönmüş ne ki onların eleştirilerinden kurtulamamıştır.

İrina önce annesinin sonra arkadaşlarının geçmiş günlerini hiçe sayan kayıtsız tutumları ile karşılaşmıştır. Fransa'ya kızını ziyarete gelen anne, İrina'nın Fransa günlerine, değerlerine ve özelliklerine hiç ilgi duymamıştır. Fransa'ya, Fransız mutfağına, edebiyatına, peynirlerine, şaraplarına, tiyatrolarına, filimlerine, piyanistlerine, viyolonistlerine ilişkin hiçbir soru yöneltmemiştir. İrina'nın Fransa'da karşılaştıkları arkadaşlarına jest olsun diye getirdiği Bordeaux şarabına arkadaşları ilgi duymayarak yerel içkileri olan birayı içmeyi yeğlemişlerdir. Yirmi yıldır uzak düşmüş olmalarına karşın arkadaşlarının şaraba, Fransa günlerine karşı olumsuz tavırları İrina'yı içten yaralamış; bu kayıtsızlığı kendisinin yadsınması olarak değerlendirmiş ve algılamıştır.

Sıla yılları İrina ve Joseph'in yakın çevresinin ilgi odağı olmadığı gibi, Prag'ın değişen ve ürküten "kitch "görünümü, değişen dil -Çekler Okulda öğrendikleri Rusça'yı da unutmuşlardır. İngilizce tabelelar, afişler: skateboarding, snowboarding, streetwear, publishing house, National Gallery, cars for hire, pomonamarket gibi; yakınlarının kaybolan mezarları, Kafka'nın bile turistik bir araca döndüğünü kanıtlayan, kapitalistleşmiş toplum eğilimi ile satışa sunulmuş İngilice yazılı tişörtler (Kafka is born in Prague), ailedeki miras tartışmaları, seçtikleri mesleklerin, yaşam biçimlerinin eleştirilmesi, "nostalji yetersizlikler"ni bir kat daha güçlendirmiştir. İki göçmen için görünmez bir güç, "yokluk (ları) sırasında, görünmez bir süpürge, gençlik (lerinin) manzaralarının üzerinden geçmiş ve (ona) onlara tanıdık olan her şeyi silip yoketmiş (tir) ve bekle (dikleri) yüzleşme gerçekleşme (miştir)." (s. 41) İrina da bu silinmişliğe Prag'da komünist dönemden kalan çok taşralı, şıklıktan uzak bulduğu kıyafeti giymeyi reddederek tepki vermiştir (s. 27). Çünkü o elbiseler, geçmişini, "gençliğinin asık yüzlü kıyafetlerini hatırlatıyordu" (s. 27).

Milan Kundera başta bu romanda olmak üzere roman kişilerinin geri dönüşte duydukları acı izleğini geliştirerek dönüş acısının çağımızda da aynı yoğunlukta algılanıp algılanmıyacağı sorusuna yanıt arıyor. Anlamlı bir soru ve anlamlı bir zamanlama. Neden dersiniz? Ülkeler günümüzde nerdeyse coğrafi sınırları, siyasal sınırları ortadan kaldırarak değişik kimlikler "dünyasallıklar" sunuyorlar yurttaşlarına. Kundera belki de seçimini- Fransa'da yaşamak, Fransızca yazmak biçiminde ve düşüncesiyle romanlarını yazıyor.

Milan Kundera da katı Rus yönetiminden sonra ülkelerine dönmeyen şair Vera Linhartova, Gombrowiez, ve Nabokov gibi "evini" ülkesinin dışında bir uzamda Fransa'da ve diğer Batı ülkelerinde kurmuş bir yazar, dansçı Brandys, Bulgaristan kökenli göstergebilimci Julia Kristeva, Almanya-Münih'e yerleşen bilim adamı ve yazar Zinoviev, Fransa'ya sığınan Rus Yazar Andrei Siniavski, ünlü yönetmen Milos Forman, Krakov kökenli Polanski, Polonya kökenli yapımcı Agnieszka Holland,Rus-Tatar kökenli dansçı Rudolph Nuriyev gibi sanatçıların seçimlerine benzer bir tutumla yaşamını ülke dışında bir yerde de devam edebileceğine inandığından, "geri dönüşü" çok katı bir biçimde "ölüm dansına" benzeterek Fransa'da kalmayı yeğlemiş. Ayrıca Kundera "Fransız romancı" kimliğine de çok sıcak bakan biri değil. Kitaplarına eklediği yaşamöyküsel bilgileri şöyle özetlemek doğru olur. "Prag'da doğdu, 1975 'te Fransa'ya yerleşti" (Kundera, 1967, s. 10) Artık o evrensel bir kimlikle yazarlık yaşamını sürdürüyor, yazının evrensel (Weltliteratur) olabileceğini kanıtlamak istiyor. Bu anlamda da öncü bir yazar konumunda.

Sözlerimi konumuz olan *Büyük Dönüş* heyecanını yoksayan sözleri ile bitirmek isterim. "Eğer bir göçmen yirmi yıl yabancı bir ülkede yaşadıktan sonra, önünde daha yüz yıllık bir hayatla doğduğu ülkeye geri dönse, bir Büyük Dönüş'ün heyecanını hiç duyumsamayacaktır, büyük olasılıkla bu, onun için hiç de bir dönüş olmayacak, sadece uzun hayat yolundaki sayısız dönemeçlerden biri olacaktır" (Kundera, 2015, s. 85).

Kundera'yı okurken ister istemez sıla özlemini sık sık dile getiren Nazım'ı anımsadım. "Özlemin azı, çoğu olmaz; ağırdır işte" derken (o) memleketten uzak, "hasretten delik deşik" yaşamıştı Kundera'nın tersine.

Kaynakça

Kundera, M. (2015). *Bilmemek*. (Çev: Aysel Bora). İstanbul: Can Yayınları.
Kundera, M. (1967). *La Plaisanterie*. Paris: Zert.
Homeros. (1976). *Odysseia*. (Çev: Azra Erhat-A. Kadir). İstanbul: Cem yayınevi.

Fakir Baykurt'un Almanya Öykülerinde Türkiye Göçmenlerinin Yaşamı ve Sorunları

Efnan Dervişoğlu[8]

Giriş

İkinci Dünya Savaşı sonrasında hızlı bir gelişme dönemine giren ve işgücüne gerek duyan diğer Batı Avrupa ülkeleri gibi Almanya da işgücü ihtiyacını yabancı işçilerle karşılama yoluna gitmiş; 1961'de imzalanan anlaşmayla Türkiye'den de işçi almaya yönelmiştir. 1961-1973 yılları arasında İş ve İşçi Bulma Kurumu (İİBK) aracılığıyla yurtdışına gönderilen 790.289 işçinin 648.029'u Almanya'ya gitmiştir (Gitmez, 1983, s. 20). İlerleyen yıllarda da Almanya, Türkiye'den işçi göçünün en yoğun yaşandığı ülke olma konumunu sürdürür; 1999'da, işçi sayısı 739.446'ya, ülkede yaşayan Türkiye göçmenlerinin sayısı da 2.107.426'ya ulaşır (Göksu, 2000, s. 34).

Toplumsal yaşamdaki her türlü sorunun yansıdığı bir alan olan edebiyat, işçi göçünden de büyük oranda etkilenir; Türkiye'den en çok göç alan ülkenin Almanya oluşu, edebiyat ürünlerinde de kendini gösterir. Siyasal nedenlerle ya da çalışma amacıyla uzun yıllarını Almanya'da geçiren ya da Almanya gerçeğini Türkiye'de yaşayan pek çok yazarın romanlarında, şiir ve öykülerinde göçmen işçilerin Almanya yaşamını ele aldıkları; 1960'lı yılların ikinci yarısından itibaren, daha çok da 70'li, 80'li yıllarda ve devamındaki süreçte göçün sosyal ve psikolojik yönlerini yazdıklarıyla ortaya koydukları görülür. Bekir Yıldız, Fethi Savaşçı, Yüksel Pazarkaya, Aras Ören, Güney Dal, Habib Bektaş, Yücel Feyzioğlu, Füruzan, bu isimlerden yalnızca birkaçıdır. Almanya'da yazdığı öykü ve romanlarla, konunun anlaşılmasına, üzerinde düşünülüp tartışılmasına katkısı olanlardan biri de Fakir Baykurt'tur.

1929'da Burdur'un Yeşilova ilçesine bağlı Akçaköy'de doğan Fakir Baykurt, Gazi Eğitim Enstitüsü Edebiyat Bölümü'nden 1955'te mezun olur. Türkçe öğretmenliği, ilköğretim müfettişliği yapar; ardı ardına öyküleri, romanları yayımlanır. *Yılanların Öcü* ile Yunus Nadi Roman Ödülü'nü (1958), *Tırpan*'la (1970) TRT (1970) ve Türk Dil Kurumu Roman Ödülü'nü (1971), *Can Parası* (1973) ile Sait Faik Hikâye Armağanı'nı (1974), *Kara Ahmet Destanı* ile de 1978'de Orhan Kemal Roman Ödülü'nü kazanır. 1965'te Türkiye Öğretmenler Sendikası TÖS'ün kuruluşuna katılan ve genel başkan seçilen yazar, 1971'de iki kez gözaltına alındıktan sonra tutuklanır; 1975'te TÖS Davası'ndan beraat etse de güvende olmadığını hissettirecek durumlarla karşılaşır (Andaç, 2000, ss. 11-16; Özkırımlı, 1990, ss. 201-202).

Fakir Baykurt, Feridun Andaç'ın kendisiyle yaptığı söyleşide Almanya'ya göç etmesinin görünen ve görünmeyen iki nedeni olduğunu belirterek şöyle der: "Birincisi can güvenliğimin yok olması. İkincisi, 1963'te Amerika'dan dönerken bir hafta aralarında kaldığım işçilerimizin yaşamını daha yakından gözleme isteği"

---
[8] Yrd. Doç. Dr., Kocaeli Üniversitesi Kandıra MYO, Kocaeli, Türkiye. El-mek: efdervisoglu@gmail.com

(Andaç, 2000, s. 35). Bu düşüncelerle 1977'de geldiği Duisburg'da üç ay kalır Baykurt; ancak bir yazar olarak yapmak istedikleri için bu süreyi yeterli bulmaz. Anılarında, o günlerinden söz ederken şunu söyleyecektir: "Çoluk çocuk Alman mahallelerini dolduran insanlarımız arasında yitip gitmeliydim. Fabrikalara girmeli, ocaklara inmeli, gecelerimi 'Heim' denilen yurtlarda terleyerek, yellenerek, özlemlerden inleyerek uyumaya çalışanların arasında geçirmeliydim" (Baykurt, 2002, s. 121).

1999'daki ölümüne dek yaşayacağı Almanya'ya bu kez Nisan 1979'da gelir yazar. Sahnelenmiş, sinemaya uyarlanmış, ödüller almış yapıtlarıyla ülkesinin tanınmış bir yazarı olarak Duisburg'a yerleştiğinde 50 yaşındadır. Kuzey Ren Vestfalya eyaletinin çeşitli şehirlerinde "Göçmen Ailelerin Çocuk ve Gençlerini Destekleme Bölge Bürosu" olarak faaliyet gösteren RAA'nın Türk çocuklarına yönelik programında görev alır. 1984'te Berlin Senatosu Çocuk Yazın Ödülü'nü, *Gece Vardiyası* ile de Alman Endüstri Birliği Yazın Ödülü'nü (1985) kazanır. 1986'da öğretmenliğe başlar, 1990-1995 yılları arasında Pestalozzi Okulu'nda dersler verir (Andaç, 2000, s. 24-26). İşçilerle olmak, onları ve ailelerini gözleyip yazabilmek, öncelikli amacıdır. "Bizim İnce Kızlar" adlı öyküsündeki deyişiyle "öykü avlama"yı (Baykurt, 1993, s. 5) ve asıl uğraşı olan yazmayı aralıksız sürdürür.

İlk öyküler *Gece Vardiyası*'nda ve *Barış Çöreği*'nde (1982) toplanır; ardından *Yüksek Fırınlar* (1983) gelir; bu romanla *Koca Ren* (1986) ve Sedat Simavi Roman Ödülü'nü kazanan *Yarım Ekmek* (1997) romanı, "Duisburg Üçlemesi"ni oluşturur. *Gece Vardiyası* ile *Barış Çöreği*'nde toplam 45 öykü vardır; 1986 tarihli *Duisburg Treni*'ninde 22, 1993'te Almanya'da yayımlanan *Bizim İnce Kızlar*'da 25 öykü yer alır; yazarın ölümünden bir yıl önce basılan *Telli Yol*'sa 22 öyküden oluşur. Fakir Baykurt gerek "Duisburg Üçlemesi"nde gerekse de Almanya öykülerinde; tanıklığında yaşananları, Türklerin çalışma ve barınma sorunlarını, ilişkilerini, eğitim yaşantılarını, sosyal ve kültürel sorunlarını gerçekçi bir bakışla yansıtır. Şunu da belirtmek gerekir ki bu öykülerde anlatılanlar, öykülerin yazıldığı tarihlerde yaşananlar üzerinedir; bu bakımdan 1979-1997 yılları arasını kapsayan bir dönemin koşullarını, çalışma ilişkilerini, göç ve uyum sürecini yansıttıkları söylenebilir.

Çalışma ve Barınma Koşulları

Türkiye'den Almanya'ya gelen işçilerin ilk düşündükleri şey, çalışıp para kazanmaktır; ama işe başladıktan sonra bunun yalnızca bir başlangıç olduğunu, asıl sorunların yeni başladığını fark ederler; çalıştıkları alanlar, fiziksel güç gerektirir; koşullar ağırdır, tehlike barındırır. Sözgelimi 1972'de, Almanya'daki Türk işçilerinin %41'i metal sanayinde, %24'ü imalat sanayinde çalışırken %15'i inşaat sektöründe, %7'si de kömür ve elektrik işlerindedir (Gökmen, 1972, s. 293).

Öykü kişilerinin de büyük oranda maden ocaklarında, demir-çelik sanayinde, imalat ve inşaat sektöründe, emek yoğun işlerde çalıştıkları görülür. "Sarı Saçlı" öyküsündeki Murat Özdemir, "Takas"taki Mustafa, çelik işçisidir mesela; "Suya Kim Yakın"daki Mahmut, yazarın deyişiyle Duisburg'da "dünyanın en büyük demir-çelik fabrikasında" (Baykurt, 1993, s. 13) çalışır. Baykurt'un "Duisburg Üçlemesi"nin ilk romanına adını veren "yüksek fırınlar", "Gitmez Olaydım İzne" öyküsündeki Emine'nin deyişiyle "cehennem fırını"dır.

"1700-1800 derecede demir eritip çelik yapıyorlar. (…) Yüksek fırınlarda eriyen demiri oluklardan akıtıyorlar, kendi gözlerimle gördüm. Sonra açıyorlar, kapısını, deliğini, bir gün, iki gün, soğutabildikleri kadar soğutup, 'Haydin girin, taşları sökün!..' diyorlar babamgile. (…) On, on beş adam arka arkaya diziliyor. Sırtlarından tulumlarını çıkarıp don atlet dalıyorlar. Dalıp, 80 derecede tak tak tak, birer taş söküp çıkıyorlar. Süre bir dakika. Kimileri taşı sökeceğim diye uğraşırken ölü gibi düşüyor yere," (Baykurt, 1982, s. 181).

Öykülerdeki işçilerin büyük bir kısmı da maden ocaklarında çalışır. "Sevgi Yandı"daki Yusuf, "Hatice'nin Mahkemesi"ndeki Hamit, "Frau Duman" öyküsünün Mehmet Ali'si bu işçilerden yalnızca birkaçıdır. "Mezar" öyküsünde; biri Alman, üçü Türk dört kişinin öldüğü göçükten yaralı olarak çıkan Bektaş Koca da onlardan biridir; yaşamını yitirdiği hastanenin doktorlarından Selim Özmen'in deyişiyle "kömür işçilerinin deposu Türkiye"dir (Baykurt, 1986b, s. 180); bu nedenle öykülerdeki pek çok işçi, ekmeğini yeraltından kazanır.

Baykurt'un öykülerinde ayrıntılarıyla yansıtılan daha çok erkeklerin işleri, çalışma koşullarıdır; ancak fabrikalarda, fabrikaların akar bantlarında çalışan kadın işçilerin yaşamlarından da kesitler buluruz. "Dokuztaş" öyküsünün Nargüzel'i Kars'ın Damal ilçesinden, kocasını da orada bırakıp Duisburg'a gelmiştir mesela. Başlangıçta burnunu tıkayarak, öğürerek çalıştığı balık fabrikasına alışması uzun sürmez; çalışkan, neşeli, becerikli bir kadındır; onun mücadelesi, Almanya'da tek başına var olabilme çabası veren kadın işçilere örnektir. "Bizim İnce Kızlar" öyküsünün, "Kardeşçiğim, bu Almanya'da okumak zordan da zor! Ben de ne yapayım? Başladım çalışmaya.." (Baykurt, 1993, s. 6) deyişinden ikinci kuşak göçmenlerden olduğu anlaşılan kadın kahramanı ise tramvay sürücüsüdür. Öykülerde, fabrikalarda çalışan bazı kadınların "yedek iş" denilen temizlik işlerine de gittiği görülür.

"Gruplar halinde gelen emek göçmenleri, genelde çalıştıkları şirketlerin işçi yurtlarına (Arbeiterheim)" yerleştirilirler. "Türkler arasında 'haym' olarak tabir edilen bu toplu barınaklar, eski idare binaları, depolar, savaştan kalma prefabrik konutlar ve barakalar"dan dönüştürülmüştür (Özbek, 2012, s. 15). "Girilmez", "Mektupçu", "Makarna" adlı öyküler, "heim"ların koşullarından duyulan rahatsızlığı yansıtması bakımından dikkat çekicidir. "Girilmez"de, Bochum'daki Opel işçilerinin "Bizi bu cehennemden alın, uykusuzluktan ölüyoruz! Başağrılarımız dinmiyor! Bedavaya veriyor değilsiniz. Her ay 180'er markımızı kesiyorsunuz! Bize gürültüsüz Heim bulun!.." (Baykurt, 1986a, s. 134) şeklindeki isyanı genel bir hoşnutsuzluğun ifadesidir. Kentlerin en gürültülü ve çevre kirliliğinin en yoğun olduğu bölgelerinde bulunan bu işçi yurtları, kadın-erkek, ailesini Türkiye'de bırakmış işçiler için, özellikle de kalabalık olmaları nedeniyle gerginlik yaratan mekânlardır.

Bütün üyeleri bir arada olsun ya da olmasın göçmen işçi aileleri; bakım ve onarım gerektiren, eski evlerde otururlar. Almanlara kiralanması pek de mümkün olmayan bu apartman dairelerinin çoğunun müstakil bir banyosu yoktur; tuvalet, birkaç dairenin ortak kullanabileceği şekilde yerleştirilmiştir; işçiler de ancak bu evlerin kirasını karşılayabilirler. "Ardımızda Meşeler Yeşersin" öyküsünün Habil'i, yıllarca oturduğu evi şöyle anlatır:

"Bu Hüttenheim denilen mahallenin yarısını Mannesmann yapmıştı. Evlerin çoğu ikişer odalıydı. Mutfaklar yoktu ayrı ayrı. Oturma odaları, yatak odaları yoktu. İki odadan birinin köşesine fırını, bulaşıklığı, onun da yanına buzdolabını dizdin mi, hemen mutfak oluyordu. Banyoyu büyük plastik leğenlerde yapıyordun. Helâ iki katın arasındaydı. Komşularla ortak kullanıyordun. Eh, işçi evi denilen zıkkım da tam bu kadar olur. Ama kirası 350, 400 mark!" (Baykurt, 1986a, s. 178)

Ev koşullarının yetersizliği, öykülerde vurgulanan bir husustur. Eski, küçük ve kullanışsız oluşlarından şikâyet edilen bu daireler, hemşehri ve tanıdıklarla yakın oturmak isteyen ve dayanışma içinde olan Türklerin yoğun olarak bir arada bulunduğu apartmanlardadır. Almanların tercih etmediği eskilikteki binaların çokça bulunduğu yerleşim bölgeleri asıl sahiplerince terk edilmiş; konutlar, göçmenlere kiraya verilmiştir. Bu da gettolaşmayı beraberinde getirir. Söz konusu durum, "Yeni Cami" öyküsünde, babası Duisburg'da demir-döküm fabrikasında çalışan Rahim'in ağzından şöyle aktarılır:

"Yüz yıl önce yapılmış işçi evlerinde, alt katlarda barınıyorduk. Almanlar birer ikişer, iyi mahallelere taşınıyordu. Yerlerine biz geçiyorduk. Tükenmez kalemlerle zillere adlarımızı yazıyorduk. Sözde burası Almanya'da bir mahalleydi. Bilmeyenler gelip baksa, Türkiye sanırlardı. Çıkıp birlikte dolaşıyorduk. Bakkalımız çakkalımız, kasabımız, terzimiz ile mis gibi bir Türkiye mahallesiydik" (Baykurt, 1982, s. 95).

Öykülerde olumsuz koşulları vurgulanan bu evlerden birinde oturabilmek de öyle hemen gerçekleşmeyebilir. Ev sahipleri arasında yabancılara ev vermekten kaçınanlar vardır; bu sorunun en belirgin örneğini "Türk Kiracı" öyküsünde verir yazar: "Bu Almanlar yabancıya, hele Türk'e ev vermiyor artık!.." (Baykurt, 1986b, s. 192) diye yakınan ve üç aydır ev arayan Kadir Erol'un ev bulamayışı, eşini ve çocuklarını Duisburg'a getirtmesini engeller.

Aile Yaşamı ve Sorunları

Öykülerdeki işçi aileleri, Türkiye'nin farklı coğrafi bölgelerinden, farklı yaşam deneyimlerinden geçerek Almanya'ya gelmişlerdir. Hepsi kendi içinde farklılıklar taşısa da genellikle babanın otoritesine dayalı bir aile yaşamı gözlenir; evde ve sosyal yaşamda babanın sözü ve davranışları dikkate alınır, söylediklerinin yapılması neredeyse zorunludur. Anne ise ev düzeninin sağlanmasından, çocukların bakımından sorumludur; çocuk sayısı 2 ile 7 arasında değişir; büyük çocuklar, özellikle abla konumundaki kız çocukları, annelerine yardımcıdırlar. Ailelerin çoğunda babalar ve nispeten erkek çocuklar rahat hareket ederken kadınların ve kız çocuklarının özgürlükleri sınırlıdır. Yedi çocuklu bir ailenin büyük oğlu Kerem'in anlatıcı kimliğini üstlendiği "Baba Oğul" öyküsünde Kerem, eve hep geç gelen babasının, annesine ve bazen de kendilerine bağırıp çağırdığını söyleyerek şöyle der:

" 'Bak Azime!' diyor anama. 'Nereye gittin, nerede kaldın?' diye sorup durma bana. Sıkma canımı. Her gün önemli işim çıkıyor örneğin. Yani şaşırıp yanılıp Almanya'ya geldik, diye, her gün sana hesap vermemiz gerekmez herhalde değil mi? Cami Yaptırma Derneği'ne üye seçti fabrikada

arkadaşlar. Bir de, bebelere Kuran kursu açmak istiyoruz diyarı gurbette."
(Baykurt, 1982, ss. 165-166)

Öykünün devamında, babasının arabasına, genelevlerin bulunduğu sokakta rastlayan Kerem'in; arabanın lastiklerini indirmesine tanık olunur. "Kapımızda Polis" öyküsündeki Abdülcan, "Sevgi Yandı"daki Yusuf, "Takas"ın Mustafa'sı, kız-erkek ayırt etmeden; çocuklarına ve eşlerine sevgi gösteren, haklarını gözeten babalara örnek verilebilir. Yazarın, evde egemen olsalar bile, aile üyelerinden sevgi ve şefkatini esirgemeyen babaların, sağlıklı bir iletişim ve huzur ortamının oluşmasındaki etkisini yansıttığı söylenebilir.

Parçalanmış ailelerin varlığı ve bu ailelerin, erkek bireylerinin Almanya'ya gidişinden nice sonra bir araya gelmeleri, öykülerde karşılaştığımız önemli bir sorundur. Ailelerdeki bu parçalanmışlık durumu, 1970'lerdeki aile birleşimiyle nispeten ortadan kalksa da bazı babaların Alman eğitim sistemine güvenmemeleri, çocuklarının; Türkiye'de Türk kültürüyle yetişmelerini istemeleri ya da koşulların uygun olmadığını düşünmeleri gibi nedenlerle ailelerini yurtta bırakmayı tercih ettikleri, bazı ailelerin de bütün üyeleriyle bir araya gelemediği gözlenir. Sözgelimi "Kardeşimin Yitmesi" öyküsündeki Cemal, üç yıldır Oberhausen'dedir; küçük kardeşi Sefer ve ablasıyla babasının yanındadır, annesi ve üç kardeşiyse Devrek'te kalmıştır. "Çok özlüyorum anamı, kardeşlerimi. Onları düşündükçe burnumun direkleri sızlıyor…" (Baykurt, 1982, s. 51) ifadesi, ayrılık acısının bir yansımasıdır. "Kaçtım Ne Yapayım?" öyküsünde Nurten'in, babasına bıraktığı mektupta "Hepimizi bırakıp gelmiştin. Burada para kazanıyordun. Ama biz orada sensiz, çok çok perişan oluyorduk. Yanına gelmek için çırpınıyorduk" (Baykurt, 1982, s. 116) diyerek geçmişe yönelmesi ayrılığın yol açtığı travmayla ilişkilidir. Ebeveynlerden birinden ya da her ikisinden ayrılmak, öykü kişilerini ruhsal yönden yıpratan, kaygılandıran sorunlar arasındadır.

Türkiye'den gelen işçi ailelerinde komşuluk ve hemşehrilik ilişkileri çok güçlüdür. İşten arta kalan zamanlarda ve ihtiyaç duyulması halinde bir araya gelmeleri, sosyal ve kültürel değerlerin paylaşılmasını sağlarken dayanışma kültürünün üretilmesine de ortam hazırlar. Birlikte yemekler yenilir, camiye gidilir, çocukların bakımında sorumluluklar paylaşılır. Bu birlikteliğin özellikle kız çocuklarının yetişmesinde mahalle baskısını da beraberinde getirdiği söylenebilir; kızlarını okula, dil kursuna gönderen bazı babaların eleştiri konusu olduğu görülür. "Babamın İşi" öyküsünde Gülten'in "Türk babalar erkek çocukları için hiç kaygı duymuyorlar. Onlara her istedikleri izni, belgeyi, parayı seve seve veriyorlar. Bize gelince: 'Dikkat et! Yaramaz bir havadisle gelme! Yaban eldeyiz! Şu bu…' " (Baykurt, 1982, s. 125) deyişi bu baskının ifadesidir. Yaşları ilerledikçe kız çocuklarının üzerindeki baskının arttığı gözlenir. Bunun temelinde aile bütünlüğünün bozulması kaygısı yatar; kızların, ailenin uygun bulmadığı saatlerde dışarıda olmalarından, Alman arkadaşlar edinmelerinden, kültürel değerlerinden uzaklaşmalarından kaygı duyulur. "Sarı Saçlı" öyküsündeki Güler, "Kaçtım Ne Yapayım?"daki Nurten, bu nedenle babalarından şiddet gören öykü kişileridir. Birçok öyküde, ailenin, sorunların çözüm yeri olmakta yetersiz kaldığı; etkili bir iletişim kurulamamasının yeni sorunlar doğurduğu ve kuşak çatışması gözlenir.

Türkiye göçmenlerindeki; ev, dükkân, arsa alma ve bu yatırımları Türkiye'de gerçekleştirme çabası öykülerde de dikkati çeker. İlk fırsatta ikinci el bir otomobil almak, yurda gidişlerde bu otomobili kullanmak, öncelikli hedeflerden biridir.

Türkiye'ye armağanlarla gidilir; dönüşte iş arkadaşlarına, amirlere Türkiye'ye özgü armağanlar getirilir. Aile bütçesinden kısarak yapılan harcamaların ve birikimlerin ailenin refah düzeyini olumsuz yönde etkilediği söylenebilir.

İki Kültür Arasında

Dili, dini, yaşama düzeyi ve alışkanlıkları farklı iki toplumun insanlarının bir arada, uyum içinde yaşaması kolay değildir. Birçoğu kırsal kesimden gelen, büyük şehirde yaşamamış Türkler de Almanya'da uyum güçlüğü yaşamış; çalıştıkları ülkede "yabancı olmak"tan, kimi zaman da dışlanmaktan kurtulamamışlardır. Fakir Baykurt, öykülerinde Türkiye göçmenlerinin Almanya'daki sosyal ve kültürel sorunlarına odaklanırken her iki toplumu da anlamaya, çatışmaların hangi nedenlerden kaynaklandığını göstermeye çalışmıştır. Birbirinden çok farklı kültürlerin değer ve öğretilerinin çelişmesi doğaldır; bunu öykü kişilerinin düşünce ve davranışlarında görmek mümkündür. Sözgelimi "Ferhat" öyküsünde, Ferhat'ın öpüşen bir çift karşısındaki şaşkınlığı, kültürel değerlerin çatışmasıyla ilişkilidir. Ferhat polislerin gelip gençleri götürmesini beklemekten " 'Belki bu ülkede açıkta öpüşmek suç değil, onlara bakmak suç!' " (Baykurt, 1986a, s. 169) düşüncesiyle vazgeçer.

Türkiye göçmenlerinin Almanya'daki temel sorunlarından biri, dildir; Almanca bilmemeleri yüzünden özellikle ilk yıllarda pek çok sorunla karşılaşırlar. Sözgelimi "Karpuz Dolması" öyküsünün Mahmut'u, üzerindeki yazıyı okuyamadığı için aylarca köpek maması satın almış, karnını onunla doyurmak zorunda kalmıştır. İşçiler fabrikalarda, bürokratik işlerde görevli çevirmenlere güven duymazlar; bununla birlikte yaşadıkları ülkenin dilini öğrenmek için çaba gösterenler çok azdır. Türk işçilerinin bu konudaki isteksizliğini "Dil Kursu" öyküsünde vurgular yazar; üç aylık kurs sonucunda Alman öğretmen Martin'in Türkçeyi sökmesiyle biten öykü, Türklerin Almanca öğrenmemek konusundaki ısrarlı tutumlarının eleştirisidir. Baykurt, "Ferhat" öyküsünde bunun nedenini şöyle belirtir: "Heim'de, çarşıda, kahvede, hep Türk arkadaşlarla bir arada oluyordu. İşyerinde getir'in, götür'ün dışında sözcük konuşulmuyordu. Almanların kendi çevreleri, kendi havaları vardı. (…) Türk'e, şuna buna söz anlatacak, dil öğretecek vakitleri, sabırları yoktu" (Baykurt, 1986a, s. 170). Almanca konusunda ebeveynlerinden daha ileride olan çocuklar, okuldaki başarısızlık nedenlerinden biri olan yetersiz Almancaları ile anne-babalarının günlük yaşamlarına destek olurlar. Evde Almanca ve Türkçe sözcükleri bir arada kullanmaları, yurtta geçirdikleri tatillerde birbirleriyle Almanca konuşmaları ise iki dil arasındaki bocalamalarının sonucudur.

Almanya'daki Türkler, İslâm dini ve dünya görüşüne bağlı kültürel değerlerin de temsilcisi konumundadırlar; bu da Alman toplumuyla sürüp giden değerler çatışmasında önemli bir faktördür. Camilerin ve Kuran kurslarının; olası bir kültür değişimine karşı Müslüman üst kimliğinin korunmasındaki birleştirici etkisi, öykülere de yansır. Dinî değerlerine sarılarak çocuklarının da bu değerlerle yetişmesini isteyen aileler, dernekler aracılığıyla camiler yapılmasına, Kuran kursları açılmasına katkıda bulunurlar; ancak çoklarının dinî konularda da bilinçli davranmadıkları, kulaktan dolma bilgilerle hareket ettikleri söylenebilir. "Cenaze" öyküsünde, Alman meslektaşının cenaze törenine katıldığı için "gâvur olduğu" söylenen Kemal Uslu, arkadaşına "Şu dünyada en az otuz yıl namaz kıldım, doğru dürüst Müslüman olamadım da, bir kezcik Hıristiyan gömütlüğüne gidince mi gâvur oldum Nizamettin Efendi?" (Baykurt, 1998, s. 54) diye çıkışmak zorunda kalır sözgelimi.

Türkiye ve Almanya arasındaki yaşam farklılığı, Almanca yetersizliği bir gerilim kaynağına dönüşebilir. Ağır çalışma koşulları yanında bir de bu gerilimle baş etmeye çalışan anne-babalar, çocuklarının Almanya'ya uyumları konusunda gerekli çabayı gösteremezler. Ülkelerinden apayrı bir kültüre ve yaşama alışkanlıklarına sahip olan Almanya, özellikle de buraya sonradan gelen çocuklar için alışılması, anlaşılması zor bir yerdir. "Az Daha Boğuluyordum" öyküsündeki Mevlüt'ün yüzme havuzunda yaşadıkları buna örnektir. Baykurt, ergenlik çağındaki çocuğun bilinçaltını yansıtır:

"Bu duş yerleri ayrı ayrı. Bir yanda kadınlar, bir yanda erkekler. Havuzların olduğu bölümler ise karışık. Her renkten mayosunu giymiş, sütyenini takmış, gelincik tarlası gibi kızlar. Koltuklarının altı tüylenmiş. Onlara bakmaktan da, kendimi göstermekten de utanıyorum. İçerisi hafif ılık, hattâ biraz serin olduğu halde, sanki Türkiye'de bir hamamdaymış gibi terliyorum. Böyle bir yeri ilk görüyorum. Böyle bir yerde küçücük bir mayo ile ilk bulunuyorum. Herkes bana bakıyor sanıp utanıyorum," (Baykurt, 1982, s. 90).

Yakın çevresinde Türk kültürüyle karşılaşan, kendisinden de bu yönde değer ve davranışlar geliştirmesi beklenen işçi çocuklarının iki farklı kültür arasında bocaladıkları gözlenir; toplumun egemen kültürüyle, ailede görüp yaşadıkları çocuğun kültürel kimliğinde bir bölünmeye yol açar; bu da gerilimi ve çatışmayı beraberinde getirir. "Suya Kim Yakın?" öyküsünde Mahmut'la, oğlu Nevzat'ın yaşadığı çatışma, Nevzat'ın iki kültürün öğretilerini bağdaştıramamasından kaynaklanır sözgelimi. Eve konuk gelen Fakir Dayı (Fakir Baykurt), sorunun temeline iner: "Ama iki yıldır onu yurda niçin götürmüyorsunuz? Ninesini, dedesini özlemez mi? Kendiniz gitmediniz diye onu, Keziban'ı, Zeynep'i niçin tutuyorsunuz? Tatiller niçin?" (Baykurt, 1993, ss. 17-18) Bu sorular, çocukların; geldikleri toplumu, gelenek ve görenekleriyle daha yakından tanımaları gerektiği düşüncesinden doğmuştur, denilebilir.

Öykülerde Türk-Alman arkadaşlığına, iyi ilişkilere rastlansa da iki toplumun üyelerinin de genellikle birbirlerine karşı mesafeli ve önyargılı olduğu görülür. Almanlar, Türkleri gürültücü, kaba ve çağdışı bulurlar; çok çocuklu oluşlarını, çevrede kalabalık gruplar halinde dolaşmalarını, erkeklerin bıyıklarını, kadınların giyim tarzını sorun ederler; varlıklarını Almanya'ya uygun bulmazlar. Türkler de Almanların yaşam tarzının kendilerine uymadığını düşünür; öncelikle dilleri ve dinleri farklıdır. İş başındayken bile bira içmeleri, cinsel serbestlikleri, domuz eti yiyip köpekleriyle gezmeleri, şenlikleri, Türkiye göçmenlerine aykırıdır. "Bir Karnaval Öyküsü"ndeki Şerife'nin " 'Cehennemi boşaltmışlar! Ne kadar günahlık kadın varsa Köln şehrine sürmüşler!..' " (Baykurt, 1982, s. 83) deyişi, yaşama kültürünün düşünce ve davranışlara etkisinin bir örneğidir.

Eğitim Yaşamı ve Sorunları

Öğretmenliği meslek edinmiş, eğitimin içinden gelmiş bir yazar olan Fakir Baykurt, özellikle *Barış Çöreği*'nde ve sözü edilen diğer kitaplarındaki pek çok öyküde çocuk ve gençlerin eğitim sorunlarına eğilir. Türk ebeveynlerin, çocuklarının eğitim yaşamına yeterli katkıyı sağlayamadıklarını gözleyen yazar; bunu öykülerine de yansıtır; çoğunluğu ilkokul düzeyinde bir eğitimden geçen işçilerin, çocuklarının yaş özelliklerine bağlı olarak değişen ihtiyaçlarını karşılamada ve okul durumlarını takip ederek gerekli desteği sağlamada yetersiz kaldıklarını dile getirir. Öykülerde "okutamadım", "istediğim gibi okutamadım" şeklinde ifadelerde bulunan ebeveynler, bunu genellikle Alman eğitim sistemine bağlarlar; bu konuda kendilerini eleştirenler çok azdır. Alman eğitim sisteminin, göçmen işçi çocuklarına yönelik uygulamalarını da eleştiren yazar, öykülerinde de bu tavrını sürdürür.

Erken eleme esasına dayanan ve ayrımcı bir nitelik taşıyan Alman eğitim sisteminde dört yıl süren "Grundschule"yi bitiren öğrenci, akademik başarısına göre kendisi için uygun görülen ortaokula yönlendirilir. Bu ve devamındaki süreç, Can Ünver'in ifadesiyle şöyle işler:

"İlkokulun dördüncü, bazı eyaletlerde en geç altıncı sınıfında öğrencinin tüm yaşamını etkileyecek olan bir karar aşamasına gelinmektedir. Öğrenci, o dönemdeki başarısına göre kendisini sadece çıraklık eğitimine götürecek 'Hauptschule'ye, daha nitelikli bir meslek eğitimine götürebilecek ve ek öğretimle yüksek öğrenime yatay geçişi de mümkün kılan 'Realschule'ye veya bitirilmesi yüksek öğrenime girişin ön koşulu olan 'Gymnasium'a devam etmek üzere seçilmektedir" (Ünver, 2009, ss. 410-411).

Bütün orta dereceli okulları içine alan "Gesamtschule" de "bazı eyaletlerde 4. tip okulları oluşturmaktadır ve bu üç tür okulu bütünleştirip aralarındaki geçişleri kolaylaştırmayı hedeflemektedir" (Güllüpınar, 2010, s. 72). Zihinsel açıdan yetersiz bulunan çocuklar için "Sonderschule" denilen eğitim kurumları da bu sistemde yer alır; bu sınıflara yönlendirilmek, uzun yıllar hazırlık sınıflarında eğitim görmek ve "Hauptschule"ler, göçmen işçi çocuklarının en önemli sorunudur, denilebilir. Son yıllarda Alman eğitim sisteminde birtakım değişiklikler olsa da öykülerin yazılış tarihleri (1979-1997) ve yazıldıkları dönemi yansıttıkları göz önüne alındığında, dile getirilen sorunları, var olan sistem içinde değerlendirmek uygun olacaktır.

"İlkokul biterken herkes bir süzgeçten geçiyordu. Kim nereye gidecek, ne olacak, öğretmenler karar veriyordu. O yıllar az Türk, az da Türk çocuğu vardı. Öyleyken umduğu olmadı. 'Gymnasium' denilen, önü üniversiteye açık liselerden birini istiyordu Güler. (...) Önü sadece işçiliğe açık 'Hauptschule' denilen ortaokula ayırdılar. İkisinin arasındaki 'Realschule'ye bile gidemedi. Çok kızdı babası. Anası ağladı ağladı, yüz gün aktı gözyaşları. Kendisinin de bütün umutları kökten kırıldı. Sinir küpü, sarı beniz bir kız olup çıktı" (Baykurt, 1986a, ss. 149-150).

"Sarı Saçlı" öyküsünde erkek berberi olmak için çıraklık eğitimi alma mücadelesine tanık olunan Güler, Alman ilkokulunu bitirmiştir; Almancası iyidir; buna rağmen istediği ortaokula gidememiştir. "Çocukların % 92'si Hauptschule'lerde toplandı. Birazı da 'Sonderschule' denilen geri zekâlılar okuluna gidiyordu. Okul müdürleri, eğitim işlerinin içyüzünü dünyada sadece kendileri biliyor gibi bu okulları da savunuyorlardı" (Baykurt, 1986a, ss. 150-151). "Sarı Saçlı" öyküsündeki bu saptama, yazarın diğer öykülerinde de sıkça karşılaştığımız önemli bir sorunu belirtir.

Öykülerdeki çocuklar, meslek okullarına yönlendirilmeleri konusunda rahatsızlık duyarlar; bu tıpkı "geri zekâlılar sınıfı"na gönderilmelerinde olduğu gibi okuldan soğumalarına, çalışmamalarına; hatta gelecekten ümidi kesmelerine yol açar. Fakir Baykurt'un yazar kimliğiyle dâhil olduğu "Yazar" öyküsünde Ahmet Şahin, öğrenim gördüğü okul için "önü mesleğe açık bir okul. Ama meslek filân öğretmez. Sadece insanın önünü tıkar. Liseye, üniversiteye öldürsen yollamaz. Bu tür ortaokula düşenlerin sonu işçi olmaktır. Diploma alabilirsek, biz de işçi olacağız... Yani bu bile zor bize..." (Baykurt, 1982, ss. 8-9) der sözgelimi. Öykülerde "geri zekâlılar sınıfı" olarak anılan "Sonderschule"ler, Türkiye'den gelen çocuklar için "Neden buradayım?" sorusuyla yaşamayı da beraberinde getirir. "Âdem ile Hakan" öyküsünde, babasının; mühendis olması hayaliyle Giresun'dan Essen'e getirttiği Âdem, bu çocuklardan biridir mesela. "Geri zekâlılar sınıfında hep bizimkiler nedense! Tek tük anası babası ayrılmış Alman işçi çocukları da var," (Baykurt, 1982, s. 71) diyen Âdem, Türkiye'den gelen çocukların başarılı olsalar bile eğitimlerini sürdüremediklerini düşünür.

Baykurt'un röportaj tekniğinin imkânlarından da yararlanarak yaşamlarını aktardığı çocuklar, başarısızlık nedenlerinin farkındadırlar. Almancayı yeterince öğrenememiş olmaları, sınıf arkadaşlarıyla gerekli uyumu yakalayamama, kültürel farklılıktan kaynaklı davranış özellikleriyle sessiz, sinik davranma, akademik başarısızlıklarının başlıca nedenleri olarak görülür. Ailelerin çoğu, bu konuda çocuklarına gereken desteği veremez. Çalışma koşullarının ağırlığı, para kazanma hırsı ve her şeyden önce Almanya'da ayakta kalma mücadelesi, çocuklarına yeterince zaman ayıramayışlarının nedenleri arasındadır; bir kısmı için kız çocuklarının okutulması gerekli değildir; ancak kaygılarına ve çevre baskısına rağmen kızlarının öğrenim görmesini isteyen, bunun için çabalayan anne-babalar da yazarın gözünden kaçmaz. "Babamın İşi" öyküsündeki Gülten, "Video" öyküsündeki Hasibe'nin; en büyüğü, üniversiteye giden çocukları, "Hatice'nin Mahkemesi"ndeki Hatice başarılarıyla dikkati çekerler. Öykülerin başarılı çocuklarının aileleri tarafından desteklenen, Alman ve Türk öğretmenlerince de gereken ilgiyi gören çocuklar olduğu söylenebilir. Yazarın, çocuğun başarısında okul-aile işbirliğinin önemini vurguladığı açıktır. Baykurt, Almanya'da kaldığı süre içinde eğitim faaliyetlerinde bulunmuş, sorunları yerinde gözlemlemiştir. Öykü kişilerinin yaşadıkları, Almanya'nın yabancı işçi çocuklarına yönelik uygun eğitim politikaları geliştiremeyişinin ve işçi ailelerinin, çocukların eğitimine gereken önemi vermeyişinin eleştirisi olarak değerlendirilebilir.

Sonuç

Fakir Baykurt, ilk ürünlerini verdiği günlerden başlayarak edebiyatın görevinin; toplumsal koşullarıyla birlikte insanları, sorunlarını anlatmak ve insanların yaşadıkları koşulları nasıl değiştirebileceklerini görmelerine katkıda bulunmak olduğuna inanmıştır; gerek Türkiye'de gerekse Almanya'da yazdığı roman ve öykülerinde hep bu ilkeyi göz önünde tutmuştur. Yazarın çalışmamıza konu olan Almanya öyküleri, Türkiye göçmeni işçilerin ve ailelerinin Almanya'daki çalışma ve yaşam koşulları içindeki durumunu anlatır; sanayileşmiş bir ülkede ve farklı bir kültürdeki yaşamlarından kesitler sunar. Baykurt, 1979-1997 yılları arasındaki bir dönemin gözlemlerinden yararlanarak yazdığı öykülerinde göçmenlerin çalışma ve barınma sorunlarına, aile ve çevre ilişkilerine, eğitim ve kültür sorunlarına odaklanır; yazdıkları yoluyla Almanya'daki işçileri ve okurları bilinçlendirmeye, sorunların neden doğduğunu ve nasıl çözülebileceğini imalarla da olsa göstermeye çalışır. Yazarın Almanya öyküleri, edebiyat ürünü olmalarıyla birlikte konunun bütünlüklü olarak kavranmasına da imkân sağlar.

Kaynakça

Andaç, F. (2000), *Anadolu Aydınlanmacısı Fakir Baykurt*, İstanbul: Evrensel Basım Yayın.

Baykurt, F. (1982). *Barış Çöreği*, İstanbul: Remzi Kitabevi.

Baykurt, F. (1993). *Bizim İnce Kızlar*, Oberhausen: Ortadoğu Verlag.

Baykurt, F. (1986a). *Duisburg Treni*, İstanbul: Remzi Kitabevi.

Baykurt, F. (1986b). *Gece Vardiyası* (2. bs.). İstanbul: Remzi Kitabevi.

Baykurt, F. (2002). *Sıladan Uzakta*, İstanbul: Papirüs Yayınevi.

Baykurt, F. (1998). *Telli Yol*, İstanbul: Papirüs Yayınevi.

Gitmez, A. S. (1983). *Yurtdışına İşçi Göçü ve Geri Dönüşler*, İstanbul: Alan Yayıncılık.

Gökmen, O. (1972). *Federal Almanya ve Türk İşçileri*, Ankara: Ayyıldız Matbaası.

Göksu, T. (2000), *İşçilikten Vatandaşlığa: Almanya'daki Türkler*, Ankara: Özen Yayımcılık.

Güllüpınar, F. (2010). Almanya'da Türk Göçmenlerin Çocuklarının Bölünmüş Kaderleri ve Eğitimdeki

Başarısızlıklarının Yapısal Nedenleri: Entegrasyon Aşağı mı Yukarı mı?. *Eğitim Bilim Toplum Dergisi*, 8(31), 65-87.

Özbek, Y. (2012). Misafir İşçi'den (Gastarbeiter) Alman Türkler'e (Deutschtürken) Almanya'ya Emek

Göçünün Tarihi. Ü. Sözbir Fındıkçıoğlu ve E. Z. Güler (Ed.) *Almanya'ya Emek Göçü*, İstanbul:

Yazılama Yayınevi.

Özkırımlı, A. (1990). *Türk Edebiyatı Ansiklopedisi*, C.1 (5. bs.). İstanbul: Cem Yayınevi.

Ünver, C. (2009). Yurtdışındaki Türklerin Eğitim Sorunlarına Bir Bakış: Almanya Örneği. M. Erdoğan

(Ed.) *Yurtdışındaki Türkler: 50. Yılında Göç ve Uyum*: 21-23 Mayıs 2009 – Ankara: Bildiriler (s. 407-416). Ankara: Orion Kitabevi.

Emine Sevgi Özdamar'ın "Annedili" Adlı Eserinde Bellek ve Bilinç Akışı Tekniği

Şenay KIRGIZ KARAK[*]

Giriş

Göç etmek, dahası memleket algısını oluşturan bir yerden uzaklaşmak, Aitlik duygusu taşınan bir bölgeden başka bir yere gitmek her zaman zor olmuştur. Göçer olma fikri, bireyde farklı bir bilinç algısı uyandırır. Altmışlı yılların başlarında ortaya çıkan Türkiye'den Avrupa'nın değişik yerlerine, özellikle Almanya'ya, doğru yapılan göç hareketi, bazı göçmenler üzerinde daha yoğun bir duygusallığı berberinde getirir. Bu duygusallık sonucunda ortaya çıkan eserler; bugün ki Göçmen Yazını kategorisinin temellerini oluşturur.

Bir ülkede yabancı olma fikri, kendini öteki olarak hissetme, yaşanılan maddi ve manevi sıkıntılar Göçmen Yazınında işlenen konuların büyük bir çoğunluğunu oluşturmaktadır.

"Yazının doğuşunda etkili olan olumsuz koşullar, onun bilinen yazınbilimsel ölçütlerle değerlendirilmesine olanak tanımaz. Göçmen Yazını, öncelikli olarak varolan, başka bir söylemle yaşanan gerçekleri sergilemeye çalışır. Bu gerçekler, yabancıların Almanya'da yaşadıkları sorunlardır. Onları anlatmaya odaklanan yazının, yazınsal ölçütleri geri plana ittiği kolaylıkla saptanabilir. Bazı yazarların aldıkları eğitim ve kültürel düzeyin yetersizliği yanında, öncelikli amacın, Almanya'da yaşayan yabancıların sıkıntılarını dile getirmek olması, yazınsal ve estetiksel inceliklerin dikkate alınmamasına yol açar" (Uyanık, 2003, s.115).

Böyle bir durumda Göçmen Yazının ortaya çıkışını kapsayan bu süreçte, tam anlamıyla bir estetik kaygısı taşıdığı pek söylenemez. Göçmen yazınına gelen en büyük eleştirilerden birisi de tam anlamıyla edebi özellikler taşımıyor olmasıdır. Heimke Schierloch'un Göçmen Yazını ile ilgili olarak "Bu edebiyat basit yazılmıştır, çünkü ülkelerinden uzaklarda yaşamak zorunda kalan insanların düşüncelerinden ve içinde bulundukları koşullardan ortaya çıkmıştır. Bu gerçekten dolayı yazınsal inceliklere ve biçemlere bağlı kalmamıştır: Çünkü 0, varolan bir gerçeklikten yola çıkar" (Schierloch, 1984, s.22) sözleri aslında Göçmen Yazının yazınsal incelikten uzaklığına bir örnektir.

İlk etapta bir yazın türü olarak değil, aksine bir dert yanma alanı olarak görülen Göçmen Yazını yazınsal varlığını ancak "yetmişli yılların sonunda seksenli yılların başında" (Ackermann, 1983, s.56) kazanır. Duyguların yansıması olan şiirleriyle ve son zamanlarda sıklıkla basılan romanlarıyla Göçmen Yazını yazarları için memleket algısı ağır bir yer tutar. Her nekadar Almanca olarak yazsalar da kendi kültürlerinden, destanlarından, efsanelerinden, masallarından, batıl inanışlarından vazgeçmezler. Bu durum, yazarların bir Avrupa ülkesinde yaşamalarına rağmen, halen kendi kültürlerinden kopamadıklarını ifade etmektedir. Genellikle uzaklık, özlem, memleketten kopuş, iki dilli olma sorunu, gurbet olgusu, kimlik, ötekilik,

---

[*] Yrd. Doç. Dr., Cumhuriyet Üniversitesi Edebiyat Fakültesi Alman Dili ve Edebiyatı A.B.D, Sivas, Türkiye, E-mail:senay_kirgiz@hotmail.com.

aitlik, gurbette yaşanılan sorunlar, ikinci derecede vatandaş olma hissi konuların işlendiği türe; ilk başlarda Konuk İşçi Yazını (Gastarbeiterliteratur) ismi verilir. Türün Göçmen Yazını (Migrationliteratur) olarak adlandırılmaya başlanması ancak seksenli yıllar ile birlikte olur (Kuruyazıcı, 2001, s.10). Konuk İşçi, bir anlamda geçici işçi yazını olmaktan çıkıp Göçmen Yazını olarak adlandırma, türün giderek Alman Edebiyatı'nda daimilik kazandığının altını çizer.

Konuk İşçi Yazınından, Göçmen Yazınına dahası *Göçer Yazınına*(Tilbe, 2015, s.460) doğru giden bu yolda; Ali Özenç, Adnan Binyazar, Araş Ören, Aysel Özakın, Ahmet Uysal, Alev Tekinay, Aziz Yaşar Kılıç, Birol Denizerli, Doğan Firuzbay, Dursun Akçam, Emine Sevgi Özdamar, Erdal Öz, Erol Yıldırım, Ertunç Barın, Fakir Baykurt, Fethi Savaşçı, Gültekin Emre, Güney Dal, Gülen Yeğenoğlu, Hüseyin Pehlivan, Habib Bektaş, Hasan Devran, Hamdi Tanses, Hüdai Ülkel, Halit Ünal, Hülya Serap Özakın, İsmet Elçi, Kürşat İstanbullu, Kemal Kurt, Levent Aktoprak, Mehmet Kılıç, Meltem Ayaz, Mevlüt Asar, Metin Fakioğlu, Muammer Tuksavul, Meray Ülgen, Necati Tosuner, Nevfel Cumart, Nevzat Üstün, Nazmi Kavasoğlu, Orhan M. Arıburnu, Osman Engin, Ömer Polat, Özdemir Başargan, Özgür Savaşçı, Rana Demirkan, Reşat Karakuyu, Saliha Scheinhardt, Selim Özdoğan, Sıtkı Salih Gör, Sadi Üçüncü, Şinasi Dikmen, Şiir Eroğlu, Turgan Arınır, Vehbi Bardakçı, Yağmur Atsız, Yusuf Ziya Bahadınlı, Yüksel Pazarkaya, Yunus Saltuk, Zafer Şenocak ve Zehra Çırak (Zengin, 2000:107-108) gibi yazarların etkisi yadsınamaz bir gerçektir.

Emine Sevgi Özdamar'ın "Annedili" Adlı Eserinde Bellek Yansımaları ve Bilinç Akışı Tekniği

Bellek diğer bir ifade ile hafıza, aslında geçmişte bir zamanda beyinde depolanan bir olayın, olgunun, yaşantının şimdiki zaman düzleminde geri çağrılması olayıdır. Geçmişten şimdiye kadar ki süreçte bellek, sürekli bir devinime sahiptir. Bu devinim içerisinde kodlanan her bir olgu bireyin bilinç evresinde yer alır. Hayatın akıp gitmesi ve her saniyenin bir sonrakinin geçmişi olması, bellek olgusunun insan yaşamında sürekli yer aldığının göstergesidir. Belleğin geçmiş yaşantılar ile olan ilintisi, bir anlamda öznelliği beraberinde getirir. Her birey geçmiş bir yaşantıyı şimdinin içerisinde harmanlayarak geri çağırır. O halde bellek olgusu nesnel olmaktan ziyade özneldir.

Bilinç ve bellek arasında tartışma götürmez bir ilişki vardır. Geçmişte yaşanılan olaylar bilinç düzeyinde yer almaktadır. Bellek ise, bilinç düzeyinde yer alan yaşantıların anlamlandırılarak depolanması ve ihtiyaç duyulan zamanda geri çağrılmasıdır.

Çalışmanın, Göçmen Yazını yazarlarından biri olan Emine Sevgi Özdamar'ın "Annedili" adlı eserini kapsaması, göç ile bellek arasında ne denli bir ilişkinin olduğunun açıklanması gerekliliğinin altını çizer. Göç etmek her ne kadar başka bir alana kanalize olmak anlamına gelse de, göçer açısındaki en önemli gerçek "kendini artık ne terk ettiği yere ne de her şeyi ardında bırakıp gittiği yere ait hissedeceğidir" (Kırgız Karak, 2014, s.229). Göç eden birey bir yandan göç ettiği yerin formlarına uyum sağlamakla yükümlü olsa da derinlerde bir yerde geride bıraktıklarının izlerini taşır. Bellek, geride bırakılanların hatırlanması arzusu ile devreye girer. Geride bırakılanları hatırlamak, şimdinin arasına geçmişi eklentilemek, memleket özleminin bir nebze bile olsa giderilmesine yardımcı olur. Yabancı yerde olmanın getirdiği "insani güvensizlik" (Sirkeci, 2012, s.355) ile birlikte birey geçmişe yönelim gösterir. Geçmişten bellek aracılığı ile gelen bir yaşantı, bireyin kendini daha huzurlu hissetmesini sağlar. Huzur bulma arayışı içindeki birey, gerçek yaşantı ile hayal arasında kendine bir düzlem aralığı bulur. İki kültür arasında kalma tam da bu noktada ortaya çıkar.

Emine Sevgi Özdamar'ın eserine "Annedili" adını vermesi şüphesiz tesadüf değildir. Annedili memlekete ait olma hissidir. Vatanını özlemek ve kendi ana diline sığınmaktır. Eser, okura daha ilk sayfadan memleket özlemi çeken bir göçerin geçmiş yaşantılarını bellek düzlemine geri çağırma gayretini sunmaktadır:

Annedilimi ne zaman kaybettiğimi bir bilebilsem. Bir keresinde annemle ben annedilimizde konuşuyorduk. Annem şöyle dedi bana: "Biliyor musun, öyle bir konuşuyorsun ki, her şeyi tastamam anlattım sanıyorsun, sonra gene rahat rahat anlatıyorsun, ben de hoop seninle birlikte atlıyorum, sonra rahat bir nefes alıyorum." Sonra da şöyle dedi: "Saçlarının yarısını Almanya'da bırakmışsın." (Özdamar, 2013, s.7)

Memleketinde annesi ile birlikte yaptığı bir konuşmayı hatırlayan anlatıcı, eser boyunca kendi annedilinde yaşadığı konuşmalardan bahsetmektedir. Şimdiki zaman düzleminde geçen eserde sıklıkla geçmiş zaman anlatılarına da yer verilmiştir. Annenin söylediği saçlarının yarısını Almanya'da bırakmışsın ifadesi, Göçmen yazınının konuları arasında yer alan çift kimlik sorununun altını çizer. Çift kimlikli bir yaşam sürmek anlatıcı açısından kolay değildir. Anlatıcı, eser boyunca annedilini nerede kaybetmiş olduğu sorusunun peşinden gider. "Belki önce dedeme dönmeliyim, işte o zaman anneme ve annediline giden yolu bulabilirim" (s.11) sözleri ile daha eskiye kökü Arabistan'a dayanan dedesine doğru yolculuk yapar. Bu yolculuk Batı Berlin'e orada Arap yazısının büyük ustası olan İbni Abdullah'a uzanır. Eserin Dededili adlı bölümünde anlatıcı gerçeklik ile hayal arasında gidip gelir. Emine Sevgi Özdamar'ın yazarlık karakteristiğinden olan Almancanın içerisine yerli motif kolajlaması bu bölümün temelini oluşturmaktadır. Bölümde Kuran'dan ayetler, Arapça ifadeler, Yusuf ile Züleyha'nın öyküsü, ilahiler, rüyalar, Kuran ve Türkçe şarkı karsılaştırmaları, atasözleri yer alır. Anlatıcı tüm bu ifadeleri Almanya'daki yaşamının arasına bellek yolu ile serpiştirir.

Karagöz Alamanya'da adlı bölümde ise; bir köy hikâyesi yer alır. Köylü ve bir eşek arasında geçen hikâyede vurucu nokta, Alamanya ifadesidir. Birinci Kuşak işçilerin ifadesi olan Alamanya, herkesin belleğinde orada çalışan işçi sınıfını getirir.

Özdamar'ın dili kullanarak bellekte yer alan Türk işçi imajını çağrıştırması bununla sınırlı değildir:

Türkler kendi dillerini Almanca kelimeler katarak konuşuyordu, Türkçe karşılığı olmayan şu kelimeler gibi: Çalışma Dairesi, Maliye Dairesi, Vergi Kartı, Meslek Okulu. Yıllanmış bir işçi konuştu:

"Sonra Dolmacer geldi. Maysterle konuştu. Bu Lohn stoyer kaybetmiş dedi. Finansamt çok fena dedi. Bombok. Kindergeld filan alamazsın. Yok. Aufenhalt da yok. Fremdpolizay vermiyor. Arbaytsamt da erlaubnis vermedi. Ben oğlanı Berufşuleye gönderiyorum. Çok şayze bu. Sen kranka mı çıktın?"

İkinci yıllanmış bir misafir işçi konuştu:

"Krankenhausta" doktorla gavga ettim. Nirde krankenşaynın dedi. Yahu, doktor, etme tutma, ben krankım. Yahu krank görmüyorum. Yok krankenşayn yok-para yok. Yahu, doktor dedim. Fabrika yollar urlauba gidiyorum. Haymveh falan dedim. Doktor: Nikis kran. Gesundşırayben yaptı. Ver gutpapiyer, ulan nikis schlecht papiyer dedim. Ben urlauba gidiyorum dedim." (s. 64, 65)

Alıntıları numaralandıran Özdamar, sayfaların altına Almancalarını vermiştir. Yarı ana dilde yarı gurbet dilinde yapılan konuşmalar, okurun belleğinde kültürlü olmayan, orta düzey işçi sınıfı algısını yaratır. Bir Temizlikçi Kadının Kariyeri: Almanya Anıları adlı son bölümde Özdamar, yine yerel söylemlere, Türkçe dörtlüklere yer verir.

Dört bölümden oluşan eserde Özdamar yalnızca karakterlerinde belleğine ulaşmaz, aynı zamanda okurun da belleğini harekete geçirir.

Bellek ve bilinç kavramlarının iç içe oluşu bir gerçektir. Çalışmada yer alan Bilinç akışı tekniği de her iki kavramla ilişkilidir. James Joyce'un Ulysses'i bilinç akışı tekniği açısından önemi son derece büyüktür ve hatta akla gelen ilk yazar-eser ikilisidir. Bilinç akışı tekniği, bir eser karakterinin düşünme eylemini olduğu gibi aktaran bir tekniktir. Bilinç akışında tam bir anlam bütünlüğü yoktur. Parça parça düşünceler, anlık ifadeler yer alır. Bilinç akışında anlatan karakter düşüncelerini kendisine yöneltir. Bir diğer muhatap yoktur. Okur, bilinç akışı yaşayan anlatıcının düşüncelerine şahit olmaktan öteye gidemez. Anlamlı bir bütün olmaması okur için zor bir süreçtir. Bilinç akışı tekniğini yorumlamak, takip etmek kolay değildir. Anlatılanlar okura tam anlamıyla bir gerçeklik sunmaz. Hayal ile gerçek, geçmiş ile şimdiki zaman birbirine karışır. Anlatan kendi içinde bir iç hesaplaşma yaşarken okuru kendine şahit gösterir.

Bilinç akışı tekniğinde mantıksal bir sonuca ulaşmak mümkün değildir. Aksine, "Bilinç akışı tekniği neredeyse hiç değişmeden, fazla içe dönük tipteki insanları, nevrotik, akıl sağlığı bozuk olanları veya sürekli takıntı ve sayıklama sınırında yaşayan normal bireylerin bazı ruhsal durumlarını anlatmak için kullanılır" (Moretti, 2005, s. 197). Karakterin, belleğinin arka taraflarında hapsolmuş parçalanmış düşüncelerin, bilinç düzeyine çıkarmasından oluşan bilinç akışı tekniğinde, anlatılanlar ilk başta çok anlam ifade etmez. Okura düşen görev kendi belleklerinde yer alanlar ile bu düşünceleri anlamlandırmaktır. Belleğin çağrışım yoluyla harekete geçmesi ile bilinç akışının çağrışımlardan oluşması her iki kavramın otak özelliğidir.

Emine Sevgi Özdamar'ın "Annedili" adlı eserinde bilinç akışı tekniği göze çarpar. Karakterin iki kültür arasında sıkışmışlığı ve her iki kültüre de yabancı olması, onda nevrotik bir durum oluşturur. Bir yandan Almancaya olan yakınlığı, diğer tarafta ana dilini tekrardan bulma çabası içinde olan karakter, bunalımlı bir ruh haline bürünür. Almanca, bilincini ele geçirirken, karakter ısrarla belleğini harekete geçirir. Ana dilinden parçaları düzensiz olarak eser içerisine yerleştirir. Eser karakterinin bir adı yoktur. Özdamar, ana karakterine bir isim koymaz. Bunun sebebi, iki kültürde yaşayan herkesin kendinden bir şeyler bulmasını sağlamaktır. Bilinç akışı tekniğini kullanarak, iki dilli olan herkes için annedili özlemini gidermektir.

Eser içerisinde bilinç akışı tekniği hemen göze çarpar. Anlatıcı bazen kelimeler bazen de dörtlükler halinde bilinç akışı yaşar: "Görmek:sehen, sehen:görmek,

görmek ve kaza geçirmek" (s.9) örneğinde olduğu gibi aynı anlamlı her iki dildeki kelimeyi bir arada kullanır.

Dededili adlı bölümde ise, karakter daha derine Arap olan dedesinin diline yönelir. Karakterin Arapça-Türkçe kelimeler anlamında yaşadığı bilinç akışı daha yoğudur:

Leb-Dudak
Duçar-Yakalanmış
Mazi-Geçmiş
Medyun-Borçlu
Maytap-Havai fişek
İntizar-İlenmek
Muzdarip-Yüreği Yanmak
İnkıta-Kesilme
İkbal-Lütuf
İhtiyatkâr-Temkinli
İhtizar-Can çekişme
İhya-Diriltme
İkamet-Oturma
İkram-Saygıyla ağırlama
Hasret-Özlem
Sabr-Sabır
Musalla taşı-Ölü taşı
Muska-Tılsımlı söz
Esrar-Sırlar
Evham-Kuruntular
Mücamele-Karşılıklı güzel geçinme
Mutena-Özenli
Mübrem-Acil gerekli olan
Muzmahil-Tamamen yok eilmiş
Muvacehe-Yüzleşmek
Merhamet-Acıma
Sine-Göğüs

Emine Sevgi Özdamar'ın bilinç akışı tekniğini kullanışı diyaloglardan değil daha çok kelimelerden oluşur. Bölük pörçük kelimeler, karakterin zihninden anlamsız olarak geçer. Karakterin zihninde kelimeleri geçirmesinin sebebi, hem Türkçe'yi hem de Arapça'yı unutmak istememesidir. Kelimelerin ahenkli olarak peş peşe dizilmesi içerisinde bir dramı barındırır. Çok kültürlülük arasında sıkışıp kalan ve aidatlık hissini kaybeden bir bireyin kendi özüne dönme çabaları ve bunu takıntılı bir şekilde dile getirmesi okur açısından düşündürücüdür.

Sonuç

Varlığını yazın sahnesine geç yer etmeyi başaran Göçmen Yazınının önemli yazarlarından Emine Sevgi Özdamar, "Annedili" adlı eseriyle dili bir organ olmaktan çıkarıp daha soyut bir hale getirir. Okura, göç etmenin, göç edilen yerdeki yabancılığın ve geride kalanların acısını sunar. Geçmişten parçalarla hem karakterin hem okurun belleğini harekete geçirir. Okur, karakter ile birlikte ardında bıraktıklarının özlemini yaşar. Belleğe ulaşan tüm yaşantılar bilinç akışı ile kâğıda yansır. Bilinç akışı ile süzülen her kelime karakterin köklerine doğru akar.

Kaynakça

Kırgız Karak, Şenay. (2014), "Edebiyatta Yankılanan Bir Seda: Göç", A.Ü. Türkiyat Araştırmaları Enstitüsü Dergisi, 51, Erzurum, ss. 229-243.

Kuruyazıcı, Nilüfer. (2001), "Almanya'da Oluşan Yeni Bir Yazının Tartışılması: "Gurbeti Vatan Edenler", Yayma Haz: Mahmut Karakuş-Nilüfer Kuruyazıcı, Ankara: Kültür Bak. Yay.

Lrmgard, Ackermann. (1983), *Gastarbeiterliteratur als Herausforderung*, Frankfurter Herte 1, Januar.

Moretti, Franco. (2005), *Modern Epik:Goethe'den Garcia Marquez'e Dünya Sistemi*, Çev: Nurçin İleri, Mehmet Murat Şahin, Agora Kitaplığı, 1. Baskı.

Özdamar, Emine Sevgi. (1990), *Mutterzunge*, Rotbuch Verlag,

Özdamar, Emine Sevgi. (2013) *Annedili*, Çev:Fikret Doğan, İletişim Yayıncılık A.Ş., 1. Baskı, İstanbul.

Schierloch, Heimke. (1984), *Das alles mir ein Stück Brot. Migrantenliteratur als Objektivierung des Gastarbeiterdaseins*, Frankfurt am Main: Peter Lang Verlag,.

Sirkeci, İbrahim, (December 2012), "Transnasyonal Mobilite ve Çatışma", Migration Letters, Volume:9, No:4, pp.353-363.

Tilbe, Ali. (2015), "Göç/Göçer Yazını İncelemelerinde Çatışma ve Göç Kültürü Modeli", Turkish Migration Conference Selected Proceedings, Edited by Güven Şeker, Ali Tilbe, Mustafa Ökmen, Pınar Yazgan, Deniz Eroğlu, İbrahim Sirkeci, Trnasnational Press London, ss. 458-465.

Uyanık, Gürsel, (2003), "Tartışmaların Odağında Yer Alan Bir Yazın:"Göçmen Yazını", A.Ü, Türkiyat Araştırmaları Enstitüsü Dergisi, Sayı:22, Erzurum, 113-120.

Zengin, Dursun. (2000), "Göçmen Edebiyatı'nda Yeni Bir Yazar. Mehmet Kılıç ve "Fühle Dich Wie Zu Hause" Adlı Romanı", Ankara Üniversitesi Dil ve Tarih-Coğrafya Fakültesi Dergisi 40, 3-4, 103-128.

Türk Halk Hikâyelerinde Çok Kültürlülük ve Göç Üzerine Bir Değerlendirme

Songül ÇEK[9]

Giriş

Türk halk hikayeleri hemen her açıdan halk hayatının çeşitli tezahürlerini gösteren ve Osmanlı imparatorluğunun belli bir dönemine ışık tutan eserlerdendir. Yerleşik hayatın benimsendiği atlı göçebe hayatın izlerinin giderek yok olduğu yüzyıllarda olgunlaşmaya başlayan âşıklık geleneği ve âşık edebiyatı 16 yüzyıldan başalayıp 19. yüzyılın sonlarına kadarki süreçte bir yandan halkın estetik ihtiyaçlarını karşılamış, sanat zevkini ortaya koymuş bir yandan da âşıkların içinde biçimlendikleri yaşam koşullarına dair bilgi vermiştir. Bu sayede onların dilinde ve sazında biçimlenen halk hikayelerinin âşıklar için taşıdığı anlam değerlendirilebilmekte, âşıkların hangi koşullarda ne tür eserler ortya koyduğu anlaşılabilmektedir.

Halk hikâyelerinin üzerinde şekillendiği kahramanlık, aşk ve ya hem kahramanlık hem aşk konuları ve hikaye kahramanının bu çerçevede yaşadığı maceralar hikayenin anlatıcısı olan aşığın kendini ve çevresini ne şekilde algıladığını da ortaya koyar. Diğer taraftan kendi memleketlerinden ayrılıp köy köy gezen âşıklar çok çeşitli kültürel ortamlarda bulunma şansı elde ederler. Şehir yaşamının esnaf çarşıları, devlet büyüklerinin konakları, Pazar yerleri, köy meydanları, kahvehaneler, hanlar, panayırlar âşıkların sıklıkla sanatlarını icra ettikleri yerler arasındadır (Çobanoğlu, 2000: 124-1429). Bu noktada aşıklar kendilerini ifade ederken bir yandan da birbirinden uzak bölgeler arasında haber alıp veren, bilgi aktaran kimseler olmuşlardır. Özellikle bir bölgede yaşanan sıradışı olayı destan olarak veya hikaye olarak anlatmaya başlayan aşıklar o bölgeye ait hikayeyi repertuarına katıp farklı yörelerde anlatmaya devam eder. Güneydoğu Anadolu ve Kuzeydoğu Anadolu bölgelerinde sıklıkla rastlanan kaside, serküşte, bozlak gibi türkülü hikayeler bu türdendir (Boratav, 2011).

Göçün Âşık ve Halk Hikâyesi Üzerindeki Biçimlendirici Rolü

Âşıklar için memleketinden ayrılmak üzücü ve sıkıntılı bir olay olarak görülse de bu devre, âşıkların olgunlaşması için önemli bir süreç olarak kabul edilebilir. İcra edilen mesleğin gereği olarak aşığın saz elinde köy köy gezmesi, geleneğin temel özelliklerinden biridir. Bu nedenle göç ve gurbet fikri âşıkların hem şiirlerinde hem hikâyelerinde yoğun olarak kullandıkları temalar arasında yer alır. Esasen âşık, hikâyelerde kendi hayatını anlatır ve gurbet çıkma da hikâyenin en uzun kısmıdır. Bu kısımda, ana eksende bulunan erkek kahramanın maceraları çeşitlenir. Araya başka kahramanlar girer, engeller artar, biri aşılmadan bir diğeri ortaya çıkar. Bu çeşitlilik içinde âşık, hikâyesine yeni yerler, yeni mekânlar katar. Mekânlar her

[9] Sinop Üniversitesi Fen- Edebiyat Fakültesi Türk Dili ve Edebiyatı Bölümü Türk Halk Edebiyatı Anabilim Dalı, Osmancık Köyü Yeni Cezaevi Yanı Sinop. Elmek: songulcekc@gmail.com

zaman gerçek değilse de hikâyenin gerçekliğine uygun olarak farklı çevrelerin insanlarını anlatmak bakımından dikkat çekicidir. Olağanüstü ve hayali mekânlarda dahi âşık, belli çerçevede "yabancı" olanı nasıl algıladığını gösterir.

Âşığın gerçek yaşamda memleketinden göç etmesinin temel nedenlerinden biri iş bulmaktır. Hikâyelerin gurbet epizotunda anlatıcı, kendisiyle hikâye kahramanlarını birleştirir. Örneğin, Kerem ile Aslı, Âşık Garip, Emrah ile Selvihan gibi gerçekte yaşamış âşıkları anlatan hikâyelerde âşıkların göç olgusu çerçevesinde gurbetteki durumları "gurbete çıkma epizotu" içinde sergilenir (Alptekin, 2002). Hikâye kahramanının amacı; sevgiliye kavuşmak iken âşığın asıl amacı, daha çok kendini farklı yerlerde tanıtmak, tecrübe kazanmak ve yaşamını sürdecek kadar kazanç elde etmektir. İster şehzâde, ister bey, ister hükümdar olsun memleketinden ayrılan kahraman, gittiği yerde sıradan biridir. "Yabancı" olduğundan çoğunlukla itilir, gittiği yerden kovulur, başına türlü dertler açılır; ta ki saz çalıp âşıklığını kanıtlayana kadar.

Âşık Efgan ve Belendihüma hikâyesinde, Efgan Tivriz/Tebriz beyinin oğludur. Gülşan Şahı'nın kızı Belendihüma'yı rüyasında görüp âşık olduktan sonra Gülşan şehrine Belendihüma'ya kavuşmak için gider. Memleketinden ayrıldıktan sonra o artık bey oğlu Ruşan değil, Âşık Efgandır. Gittiği şehirlerden birinde, bir kahvehaneye girer ancak selâmını alan, kim olduğunu soran olmaz. Kalkıp gideceği sırada, sazı görününce çevresindekiler onu durdurup, çalıp söylemesini isterler. Efgan, kendisine iltifat etmedikleri için sitemli dörtlükler söyler ve oradan ayrılır (Oğuz, 1995: 5). Çeşitli maceralardan sonra Belendihüma'nın saray kapısında bahçıvanlık yapmaya başlar.

Hikâyelerde şehir şehir gezen âşıklar; bahçıvanlık, tüccarlık, kahvecilik gibi meslekleri öğrenip para kazanmaya ya da sevdiklerine ulaşmaya çalışırlar. Konuyla ilgili birkaç örnek şöyledir:

Karısı Aysel'in ölümünden sonra bir türlü teselli olamayan Karacaoğlan, Erzurum'da 11 yıl kahvecilik yapar. Şah oğlu Şah Abbas babasının hükümdar olduğu isimleri belirtilmemiş iki şehirde helvacılık yapar. Ahmet ile İbrahim hikâyesinde İbrahim, Dağıstan'da bir süre kasaplık yapar. Sevdakâr da annesinin isteği üzerine kaçırılıp götürüldüğü Kandehar'da hükümdarın lalası tarafından bulunarak evlat edinilir ve uzunca süre sarayın bahçesinde çalışır. Necip ile Telli hikayesinde ise Necip, diğerlerinden farklı olarak askerdir. Askerlik görevini yapmak üzere İstanbul'a çağrılır (Köse,1997). Bu hikâye, realist özellikteki kısa hikâyelere benzer. Bu durum, hikâyenin günümüze yakın bir zamanda teşekkül ettiğini gösterir.

Âşıkların, memleketlerini terk edişleri ve farklı kültürel gruplar içinde yer almaları çok kültürlü yaşam biçiminin sürdürülmesinde önemli rol oynar. Âşıklar sahip oldukları kültürel dokuyu Osmanlı'nın çokkültürlü yapısı içinde yeni ortamlara aktarmışlardır. Gittikleri yerlerde özellikle kahvelerde kendi diliyle sazıyla, sözüyle yöresine ait konularla sanatını icra ederler. Bu bakımdan âşıkların kendilerini ifade ettikleri en temel ortamlardan biri çok sayıda ve çeşitlilikte insan tipinin bir arada olduğu kahvehaneler olmuştur. Ayrıca köy meydanları, pazar yerleri, düğün şölen vb. eğlence ortamları âşıkların sıklıkla bulunduğu mekânlardır. Hikâyelerde âşık kendi memleketinin dilini, coğrafi çevresini, kişi adlarını, âdetlerini aktarır. Kirman Şah hikayesinin Behçet Mahir anlatmasında kahramana ad konuşu ve yöresel dilin kullanmı şöyledir:

Hazreti Hızır, dört yaşındaki çocuği kucağına aldi, hepsi durdi, seyrediyordi. Okuyup üfirdi, avsunladi, aç ağzın yavrim diye yutturdi. Üç defa dalıni, üç defa göğsüni sığadi"

Hikâye kahramanına bölgede yaygın olarak bilinen "kirman otunun" adının verilişi; hikâyede Tiflis, Horasan, Herat, Yemen gibi yer adlarının kullanılışı gibi diğer birçok özellik hikâyenin Doğu Anadolu ve Erzurum- Kars çevresinin kültürel niteliklerini taşıdığını göstermektedir. Aynı zamanda bu hikâyenin sadece Behçet Mahir tarafından; Adana, Ankara, Malatya, Bolu, Bursa gibi farklı illerde anlatılmış olması da çok yaygın olduğuna işaret eder. (Alptekin, 1999). Yerel kültürün ulusal düzeyde tanınmasında katkı sağlamıştır.

Yine benzer şekilde şehirlerde bulunan büyük kahvehaneler dinleyicinin heterojen olduğu ve kültürel alışverişin aktif gerçekleştirildiği mekânlardandır. Âşık Garip hikayesinde İstanbul'da bir kahvehanede soyulmuş, kandırılmış biri olarak anlatılması Âşık Garip'in, İstanbul şehir hayatının yansıması olan realist halk hikâye kahramanlarıyla benzeştiğini gösterir. Bu durum bize aşığın hikayeyi anlattığı yerin kültürel ve sosyal yaşantısına gösterdiği dikkati ortaya koyar. Aşığın kendi memeleketinde, Tebriz çevresinde, hikayesini bu biçimde anlatması ihtimal dışıdır.

Çoğu zaman âşıklar ara söz ya da sapma/ digression adı verilen anlatım unsurları vasıtasıyla hikâyenin farklı çevrelerde anlamlı hale gelmesini sağlamışlerdır. Bir takım yöresel nitelikleri açıklama fırsatı bulmuşlardır. Bilindiği gibi "digression" (sapma), ya da "ara söz", anlatıcı âşığın dünya görüşünü, değer yargılarını, psikolojik ve sosyal durumunu, ideolojisini ortaya koyan bir nitelik taşır (Başgöz, 2003). Anlatıcı digression/sapma/ ara söz'ü kendi hakkında bir delil gibi kullanırken sözlü geleneğin güncelleşmesini de sağlar. Böylece konuya yabancı olan dinleyicinin anlatıya ve aynı zamanda ifade edilen kültürel unsura aşınalığı sağlanır. Bu noktada âşıklar birleştirici, uyum sağlayıcı işlevler kazanırlar.

"Bu şehir Nemse, Hindistan'dadır. Hz. Adem ilk buraya atılmıştır"

"O zamanlar ahırdan sorumlu asker(tavla onbaşısı) imrahor olarak adlandırılırdı."

"Ülkenin halkı, kmız adnı verdikleri kısrak sütü içerdi. Kısrak sütü içmek, bugün alkollü içki içmek gibi, bir gelenekti ve kısrak sütü toplantılarda ve özel günlerde tüketilirdi."

"Oğuz beylerinin başlarına her ne tür kötülük gelse, uyku yüzünden gelirdi." gibi ifadler hikayede açıklayıcı nitelik taşıyan arasözlerdir (Altun, 2014).

Âşıkların belirtiğimiz noktalarda geçekleştirdikleri kültür aktarımı yalnızca Anadolu sahasıyla sınırlı kalmaz, aynı zamanda 1950'li yıllarda yurt dışına, özellikle de batı Avrupa'ya yapılan göçler sonrasında da bu devam eder. Avrupa'ya iş bulmak üzere göç eden Türkler memleketten uzak olmanın yarattığı kültürel boşluğu aşıklar vasıtasıyla doldurmaya çalışmışlardır. Aşıklar buralarda dönem dönem düzenledikleri konserlerde hikaye anlatmaktan çok memleketin adetini, müziğini, oyununu, geleneğini, inanışını içeren dörtlükler söyleyerek halk hikayeleriyle başalayan kültürleşme sürecini devam ettirirler. Aşıklar burada yaşayan Türklerin çektiği sıkıntıları yakından görmüş ve bunu sazlarıyla şiirlerine aktarırlar. Bir yandan da memelketten haber getiren oranın ahvalini bildiren birer aracı rolü üstlenmişlerdir. Murat Çobanoğlu, Yaşar Reyhani, Mahzuni Şerif, Neşat Ertaş, İlhami Demir gibi aşıklar Avrupa'da yaşayan Türklerin yabancı kültürler karşısında hisstetiği çaresizliği hafifletmiş kimselerdir (Irmak, 2005). Daha önce de olduğu gibi farklı kültürel ortamlara uyum sağlanmasında, keskin farkların yumuşatılmasında öncü rolü, aşıklar üstlenirler.

Aşıklık geleneğinin var olmaya başaldığı 16. yüzyıldan bugüne aşıklar, ürettikleri her tür eserle kendilerini ifade etme yolu bulurlar. Ancak ortaya koydukları eserler arasında halk hikayeleri aşıkların çevrelerini ve kendilerini doğrudan anlattıkları türdür. Çünkü onlar bu hikyeler vasıtasıyla öncelikle kendi yaşamlarını daha sonra da çeşitli sebeplerle az çok biribirinden farklılaşmış toplulukları dile getirirler. Bu anlamda kültürle yakınlaşmada, uzlaşmada göz ardı edilemez katkılar sunarlar.

Kaynakça

Alptekin A.B.(2002). *Halk Hikâyelerinin Motif Yapısı*, Ankara, Akçağ Yayınları.

Alptekin, A.B.(1999) Hikâye Araştırmaları -I Kirmanşah Hikâyesi, Ankara, Akçağ Yayınları.

Altun I. (2014). Halk Hikâyelerindeki Olay ve Düşünce Aktarımlarında Digression'dan Yararlanma. *Turkish Studies, - International Periodical For The Languages, Literature and History of Turkish or Turkic Volume 9/3 Winter*, Ankara.

Başgöz İ. (2003) Sözlü Anlatımda Arasöz: Türk Hikaye Anlatıcılarının Şahsi Değerlendirmelerine Ait Bir Durum İncelemesi, *Halk Biliminde Kuramlar ve Yaklaşımlar*, Hz. G. Ö. Eker, M. Ekici,Ö. Oğuz, N. Özdemir, Anakara, Milli Folklor Yayınları.

Boratav, P. N. (2011). *Halk Hikâyeleri ve Halk Hikâyeciliği*, İstanbul, Türkiye Ekonomik ve Toplumsal Tarih Vakfı.Yayınları.

Çobanoğlu, Ö. (2000). *Âşık Tarzı Kültür Geleneği ve Destan Türü*, Ankara, Akçağ Yayınları.

Irmak Y. (2005). Batı Avrupa'da Yaşayan Göçmen Türk Toplumunda Kültür Aktarımı Bakımından Âşıkların Rolü Ve Şiirlerinde İşlediği Konular, *Karatekin Üniversitesi Edebiyat Fakültesi Dergisi, Cilt 5 S.3*, Çankırı.

Köse, N. (1997) *Türk Halk Hikayelerinde Gurbet*, İzmir, Milli Folklor Yayınları.

Oğuz, Ö. (1995) Âşık Efgân Hikâyesi, Yayımlanmamış Doçentlik Tezi, H. Ü.

Edebiyatımızın Kanayan Yarası Kan Davasına Bağlı Zorunlu Göçe Dair Cumhuriyet Dönemi Romanlarından Birkaç Tetkik

Polat Sel[10]

Giriş: Kan Davası/Kan Gütme Kavramı

Kan Davası ya da diğer adıyla Kan Gütme olarak da bilinen kavram, geçmişten günümüze kadar gelmiş, bu süreçte gündemde kalmayı sürdürmüş geleneksel bir ritüel ve önde gelen toplumsal bir sorundur. Konuya doğrudan geçiş yapmadan önce kan davasının daha iyi anlaşılabilmesi için kavramın etimolojik yönüne değinmek uygun olacaktır. Söz konusu kavramın *Sosyolojik Etnoloji Sözlüğü* içinde farklı dillerdeki karşılıkları (Alm. Blutrache, Fr. Vendatte, Ing. Blood vengeance) verildikten sonra kavram "Aile üyelerinden, akrabalardan ve cemaat üyelerinden birini öldüren kimseyi ya da onun ailesinden, akrabalarından, cemaatından birini öldürmek suretiyle öç alma..." (Veyis, 1971, s.130) şeklinde tanımlanır.

Söz konusu kavram *TDK* tarafından:

> "Geçmişte iki aile arasında cinayetten, kan akmış olmaktan veya başka bir nedenden oluşmuş düşmanlık.." şeklinde tanımlanırken; Türkçe Bilim Terimleri Sözlüğü'nde: "Kişinin, kendisini üyesi saydığı topluluktan birinin öldürülmesi karşılığında, öldüreni ya da öldürenin topluluğundan birini öldürerek öç alması temeline dayanan, kültürel olarak kurallara bağlanmış insan öldürme gerekçesi..."

şeklinde tanımlanmaktadır. Görüldüğü üzere Kan davası ya da daha çok bilinen adıyla kan gütme ritüelinin temelinde bir ölme/öldürme eyleminin bulunduğu dikkati çekmektedir.

Hilmi Ziya Ülken ise *Sosyoloji Sözlüğü* içerisinde kan gütme başlığı altında bir tanımlamadan çok kan gütmenin aileler ya da kabileler arasındaki doğuşunu evlenme, toprak davası vb. birtakım sebeplere dayanarak öç almaya bağlar. Devlet otoritesinin varlığına karşın bazen bu kan gütme olaylarının nesillerce devam ettiğini de söyler. (Ülken,1969, s.162)

Kan Davası/Kan Gütme Ritüelinin Ortaya Çıkmasının Temel Nedenleri

Kan gütme ya da diğer bir deyişle kan davasının ortaya çıkmasına ve uzun süre devam etmesine yol açan belli başlı nedenler vardır. Bu nedenleri iki ana başlık altında toplamak mümkündür. Bunlar ekonomik ve toplumsal nedenlerdir. Ekonomik nedenlerin kökenine inildiğinde toprak anlaşmazlıkları, sınır anlaşmazlıkları, işsizlik ve yoksulluk, su çatışmaları, otlakların karşılıklı ihlali gibi etmenlerin önemli rol oynadığı ortaya çıkar. Toplumsal nedenlerin kökenine bakıldığındaysa kız kaçırma hadiselerinin ve kadınlarla ilgili diğer konuların kan davasının ortaya çıkmasında önemli bir rol oynadığı görülür. Ayrıca, adalete ve devlete olan güvenin sarsılması, telkin ve teşvik geleneği, kanlı gömlekler, ölenin

[10] Arş. Gör., Trakya Üniversitesi, Edebiyat Fakültesi,Türk Dili ve Edebiyatı Bölümü, Balkan Yerleşkesi, B Blok Merkez, Edirne.

eşyasının tanıtılması, kurumuş kanın korunması, evde duvarlara asılan fotoğraflar ve mezar taşlarına resim yapma geleneği, namus/şeref anlayışı, senlik-benlik geleneği, akraba anlaşmazlıkları, çocuklar arasında çıkan tartışmalar, particilik, kültürel yetersizliğin de, kan davasını/kan gütme ritüelini tetiklediği bilinen bir gerçektir.

Bu saydıklarımız dışında bir de bireysel sebepler yer alır. Bu sebeplerin kökenine inildiğinde benzetme ve yanlışlıklar, vasiyet, dağa çıkma, gasp, içki, kumar, karakter v.b unsurların ön planda yer aldığı görülür (Tezcan, 1981, s. 21-56).

Araştırma konumuz olan Cumhuriyet Dönemi romanları içinden seçtiğimiz üç farklı yazarın üç farklı romanındaki kan davasının temeline inildiğinde yukarıda açıklamış olduğumuz nedenlerden bir kısmının kan davasının ortaya çıkışında ve gelişmesinde önemli bir rol oynadığı ortaya çıkar. Bu bağlamda inceleyeceğimiz ilk roman Hasan Kıyafet'in *Yaşamak Yasak* adlı romanıdır. Yazar romanında bir taraftan Karadeniz'deki fındık işçilerinin yaşamını ve çalışma koşullarını irdelerken diğer taraftan da geçmişten günümüze kadar devam eden kan davasının izini sürer. Romanın içerisinde yer alan önemli karakterlerden birisi olan Fadime'nin gözünden kan davasının gelişim süreci ortaya konulur:

"...Kocasının peşine düştüğü düşman ve onun da peşine takılan düşman! Nedenini hiçbir zaman bilmediği, bilmeye kafa yormadığı kan davaları. Caniklerden denize kadar kadınlara kurulmuş tuzaklar. Kızılağaçlara asılı bulunan gelinler kızlar, tümü beyninde resimlendi" (Kıyafet, 2008, s. 9).

Romanın ilerleyen sayfalarında Haydar Dede, Fadime'nin kaçırılıp tecavüze uğraması üzerine kan davasının geçmişten şu ana kadar olan genel gelişim seyri ve çevresinde yarattığı yıkımı toplanan diğer fındık işçilerine aktarır:

"Biliyorsunuz iki gözüm dal yiğidim oğlum, dağ gibi devrildi gitti. Bir kardeşim, onun iki çocuğu tüm kurşunlandılar. Akrabada sağlam adam kalmadı. Kiminin kolu yok, kiminin bacağı. Eğer ben bu yaşa sağlam gelebildiysem, mahpusluğumdan. Kan davası kuruttu bizi. Kimimiz Temeloğulları dedik, kimimiz Fındıkzade, boyuna vurduk vurulduk" (Kıyafet, 2008, s. 22).

Eserin devamında Fındık işçilerinin mola verdiği sırada Haydar Dede'ye, öğretmen Temeloğulları ile Fındıkzadeler arasındaki kan davasına sebep olan ilk olayın ne olduğuna dair bir soru sorar. Haydar Dede'nin anlattığı ilk sebep oldukça basit bir olaya dayanmaktadır:

"...Ha böyle yaprakların sararmaya yüz tuttuğu bir zamandı. Fındık dalda başaklamaydı. Temeloğullarının kolu şimdiki gibi uzun. Bir elleri denizde, bir elleri Caniklerde. Bunlardan bir çocuğun yalı boyunda oynarken çişi gelmiş. Denize işemek günah, kuma işemek günah, belletmişiz baştan. O da tutmuş, kıyıdaki boş kayığın içine çişini yapmış. Uyy, sen misin bizim kayığımıza sıçan? Çocuğu öldüresiye dövmüşler. Kim? Fındıkzadeler'den biri. Meğer kayık onlarınmış" (Kıyafet, 2008, s. 59-60).

Haydar Dede, olayın devamında Fındıkzadelerden üç kişinin öldürüldüğü buna misilleme olarak da Temeloğullarından dört kişinin Kızılağaçta asılı bulunduğunu anlatır. Diğer bir rivayete göre kan gütmenin başlamasının altında yatan asıl gerekçe fındık ağacı nedeniyle meydana gelen sınır anlaşmazlığıdır. Fındıkzadelerin arazisinde büyüyen fındık ağacının dallarının Temeloğullarına kadar uzanması neticesinde onlarında fındıkları toplamasıyla aralarında husumet doğar. Köydeki hocalar ve yaşlılar Fındıkzadeleri, müftüler ise Temeloğullarını haklı çıkarır. Bu da zaman içinde ayrılığa ve husumete sebep olur. Böylece birkaç nesildir devam edegelen kan gütme hırsının her iki taraftan da pek çok canlar aldığı ortaya çıkar. Haydar Dede'nin ağzından bu durum şöyle anlatılır:

"...Temeloğullarının şehirde kazandığı davayı, dağda Fındıkzadeler tanımamış. Bunun üzerine iş iyice alevlenmiş. Bir sonbahar mevsiminde yere düşen sarı gazellerle birlikte ilk kan da dökülmüş. Fındıkzadeler'in çobanı, Temeloğullarının bir fındık işçisini girebiyle kelle kökünden biçmiş. Ve o gündür bugündür, ölümün ardı arkası kesilmemiş" (Kıyafet, 2008, s. 122).

Bir diğer roman olan Ahmet Cemil Akıncı'nın *Yaylanın Derdi* adlı eserinde de konu kan davasıdır. Bu romanda konu edilen asıl kahramanlar (Veli, İbrahim) aralarında husumet bulunan iki ailenin yıllardır devam edegelen kan gütme geleneğinin bitirilmesinde önemli roller üstlenen bireyler olarak dikkati çeker. Romanda kan davasının ilk olarak ortaya çıkış sebebi irdelendiğinde iki aile arasında husumet çıkaran sebep olarak su nöbeti gösterilir. Yazar okuyucuya bu bilgiyi romanın ilerleyen sayfalarında romanda sonradan etkisini hissettiren ve romanın temel karakterlerinden birisi olarak göze çarpan, gençler arasındaki kan davasını bitiren Rıza Çınaroğlu'nun edindiği bilgilere dayanarak verir:

"...Sarıkahyalar ile Hayrabolular arasındaki davanın başını araştırdım.Çokacı..Elli yıl önce tarlaları bitişikmiş..Sulama nöbetinden çıkan kavga, cinayetle bitmiş..Size kadar her aileden yedişer kişinin başını yemiş, ocağını söndürmüş..."(Akıncı,1984, s.104)

Ahmet Günbay Yıldız'ın *Sular Durulursa* adlı romanında ele alınan temel konu da diğer romanlarda olduğu gibi iki aile arasında ortaya çıkan ve devam eden bir kan davası durumudur. Kımızlı Kabilesi ile Sürmeli Aşireti'nin önde gelen iki büyük reisi vardır. Kımızlı Kabilesinin reisi Ateş Ali'dir. Sürmeli Aşiretinin reisi ise Kedi Veli'dir. İki aile arasında kan gütme ritüelinin ortaya çıkması ve gelişim safhalarına bakıldığında dikkati çeken temel nokta iki ailenin arasında uzun zamandır bir kan davasının sürüp gittiği hatta bu yüzden köyün Yukarı ve Aşağı Çatalca Köyü olarak ikiye ayrıldığı iddiasıdır. Yazar, kan davasının ilk çıkış nedenini romanda net olarak belirtmez. Ancak iki ailenin *"sahipleri, köpekleri, çobanları"* arasında bile geçmişten günümüze kadar sürüp gelen bir düşmanlığın sürdüğü bilgisini vererek eserde okuyucuyu her şeye hazırlıklı bir hale getirir. Nitekim aileler arasında devam eden gerginliğin artması için gerekli olan kıvılcım da Kedi Veli'nin çobanı Hasan'ın, köpeklerini Ateş Ali'nin çobanı Mahmut'un üzerine salması sonucu çatışma düzleminin farklı bir boyuta taşınmasıdır.

Öç Alma Tutkusunu Teşvik ve Namus Kavramı

Kan davası ritüelinin gelişmesinde etkili olan önemli argümanlardan birisi de öç alma tutkusudur. Kan davası geleneğine sahip olan toplumlarda öç alma kişisel bir tercihten çok bireyin üzerine yüklenen zorunlu bir misyondur. Öldürülen kişinin öcünü almanın aynı zamanda öldürülen kişinin ruhunu huzura kavuşturacağı düşüncesi hâkimdir. Aynı zamanda öldürülen kişinin öcünün alınması konusunda bireylerin yakınlarından sıklıkla sözlü telkin ve teşvik yapılması dikkati çeken bir diğer durumdur. Öldürülen kişinin akrabalık derecesi bakımından içinde bulunduğu gruptan yakınları herhangi bir karşılık vermediği takdirde toplum tarafından aşağılanır ve şerefleri, itibarları zedelenir. Dolayısıyla toplumun da öç alma tutkusunun ateşlenmesinde ve teşvik edilmesinde önemli bir görev sorumluluğuyla hareket ettiği görülmektedir. Bunun yanı sıra özellikle kapalı toplumlarda ve aşiret yapısı, ağalık düzeninin devam ettiği yerlerde o toplumun başında olan ağanın, şeyhin, beyin de öldürülen kişinin yakınlarına, karşılık verilmesi ve haysiyetlerini kurtarmaları bakımından baskı yaptıkları bilinmektedir. Namusunu koruma ve onurunu kurtarma düşüncesi ve toplumda itibarını yeniden kazanmak için bireylerin bazen yapmadıkları bir eylemi bile sırf toplum içindeki itibarlarını artırmak için üstlendikleri gözlenmektedir. Şimdi söylemlerimizi seçmiş olduğumuz romanlardan örneklerle somutlaştıralım. Bu bağlamda ele alacağımız ilk roman Hasan Kıyafet'in *Yaşamak Yasak* adlı romanıdır. Eserde Fındıkzadelerin babasının öldürülmesi olayında suçun direk Temeloğulları tarafından üstlenilmesi ve öldürme eylemini gerçekleştiren kişi olarak Kara Ziya'nın ön plana çıkartılması üzerine her iki tarafın da üzerlerine atılan bu durumu kabullendiği ortaya çıkar. Yazar romanda her iki karakterin de üzerindeki toplumsal baskıyı şu şekilde ifade eder:

"Cinayetin işlendiği gün Kara Ziya'nın köyde olmadığını herkes biliyor. Dahası bunu Kara Ziya'nın peşine düşen Aslan da biliyor... Kara Ziya'nın da durumu Aslan'a benzer. İşlemediği suçun onuruyla Beyin gözünde, köyün gözünde ve karısının gözünde büyüyecekti" (Kıyafet, 2008, s. 26).

Temeloğulları cephesinden Nuru Kara Ziya'nın eşi Fadime'nin tecavüze uğraması ve donunun bayrak edilmesi karşısında Kara Ziya'nın uzun zamandır ortalarda görünmemesi üzerine onun öç alma güdüsünü tetiklemek ve bir şekilde sözlerinin ona duyurulmasını sağlamak için ağır ithamlarda bulunur:

"Bunca büyüttüğümüz Kara Ziya'da da iş yokmuş. Ben olsaydım, şimdiye Fındıkzadeler'in kökünü kurutmuştum. Yiğitliğini göklere çıkarttığımız adama bakın hele. Karısının donu bayrak edilmiş, çıtı çıkmıyor" (Kıyafet, 2008, s. 66).

Aynı sözlerin benzerlerini Fadime'ye sahip olmak isteyen ve aynı beyliğin reisi konumunda bulunan Cengiz Bey de dile getirir. Ona göre de Kara Ziya haysiyetini ve namusunu korumaktan aciz olan bir kimsedir. Eşi ona layık değildir:

"Fadime, bu gerçeği söylemeye dilim varmıyor ama öğrenmenin zamanıdır, diye söze girdi. Kara Ziya sana layık bir eş değildir... Değer verdik koca Temeloğulları olarak meclisimize oturttuk. O yine gidip çöplüğe attı kendini. Erkekçe kullanacağı silahını, karıca sandığa sakladı. Kaçtı izini kaybetti..." (Kıyafet, 2008, s.75).

Fındıkzadelerin adamı olan Ordu'nun Fatsa ilçesinden Kara Ziya'yı bulmak amacıyla İstanbul'a gelen Aslan'dan uzun zamandır haber alınamaması üzerine onun beyi olan Fındıkzade Ali Kemal Ağa'nın yazmış olduğu mektup da Aslan'ın öç almasını teşvik edici ve aynı zamanda ağır ithamlarla dolu bir mektup olarak dikkat çeker. Onun öç alması aynı zamanda beyliğinin de namusunu kurtaracaktır:

"Gün geldi baban denen mübarek hakkın rahmetine kavuştu. Kahpe düşman aramızdan bir sevgilimizi daha ayırdı. Kara Ziya kaatili, al kanlar içinde koydu onu. Ama sen babana göre bir oğul çıkmadın. Öcünü toprakta bıraktın. Sana olan güvenimi sarstın... Fındıkzadelerin şerefine leke sürdün..." (Kıyafet, 2008, s. 90)

Ancak her iki beylikten teşvik ve telkinlere rağmen Ordu'nun Fatsa ilçesinden ayrılarak birbirinin izini süren Kara Ziya ve Aslan bir süre geçtikten sonra İstanbul'da 1 Mayıs işçi bayramında karşı karşıya gelince birbirlerini öldürmek yerine sevinç içinde ve gurbetin getirmiş olduğu yalnızlık duygusuyla birbirleriyle samimi bir şekilde sarılırlar.

Ahmet Cemil Akıncı'nın *Yaylanın Derdi* romanında da uzun zamandır devam edegelen ve sulama nöbetinden kaynaklanan kan davasının taraflarının öç alma tutkusunu canlı tuttukları ve teşvik ettikleri görülmektedir. Henüz romanın başında Sarıkahyalardan Bedriye ölen kocası Kadir'in öcünü alma zamanının geldiğini belirterek oğlu Veli'yi hazırlar. Veli evden ayrılmadan önce eşi Emine ve oğlu Salih'le Hürmüz'le vedalaşır. Ölmezse hapse düşeceğini ancak artık geri dönmesinin zor olduğunu söyler. Veli'nin ardından hüzünlü bir şekilde kalan Emine elinden bir şey gelmemenin çaresizliği içinde kalır. Kan davası ve öç alma ritüelini sorgular. Ancak ilerleyen zamanda onun da aynı şekilde kendi oğlunu hazırlayacağı ve teşvik edeceğini yazar eserde şu şekilde yansıtır:

Fakat yaşlanınca elbette o da kaynanası Bedriye'ye dönecekti. Şimdiki ıstırabını unutacak, oğlu Salih'i böyle bir sabah uyandıracak, öldürülen babasının kanını temizlemeye gönderecekti" (Akıncı, 1984, s.15).

Veli'nin Hayrabolulardan hasmı olan İbrahim'i vurması üzerine onun kardeşi Haydar da Veli'yi vurur. Böylece her iki taraftan da öç alma sırası bir sonraki kuşağa gelir. Burada ilgi çeken nokta her iki tarafın da öldürülen kişilerin oğullarını birer sahte kimlikle köylerinden İstanbul'a yollamalarıdır. Bu aslında tarafların, daha fazla kayıp vermeye ve öç almak için kan dökülmesine pek de istekli olmayışlarının göstergesidir. Kızılırmak'ın kıyısında bir tesadüf eseri karşılaşan ve birbirlerinin hayatını kurtaran ikili yeni kimlik ve isimleriyle birbirleriyle sıkı arkadaş olur. Birlikte İstanbul'a gelen ikili burada bir taraftan yeni tanıştıkları Rıza Çınaroğlu sayesinde öğrenimlerini tamamlama fırsatı yakalarken diğer taraftan da zaman içinde Rıza Bey'e açılarak gerçek kimliklerini onunla paylaşırlar. Bir süre sonra da onun aracılığıyla iki hasım taraftan olduklarını anlarlar. Rıza Bey, iki tarafa kan davasının zararlarını ve her ne sebeple olursa olsun insan öldürmenin yanlışlığını anlatır. Birbirlerinin kardeşleriyle de evlenerek aralarındaki düşmanlığı bitiren kardeşlik duygularını pekiştiren Salih ve Musa, eğitimlerini de tamamladıktan sonra köylerine dönerler. Ancak köylülerin birbirine hasım iki ailenin çocuklarının barışması ve birbirleriyle böyle sıkı dostluk bağları kurması karşısında mevcut durumu kabul etmekte zorlandıkları anlaşılmaktadır. Bunun sonucunda iki köyün de ileri gelenleri onların sürülmesini uygun bulur. Tam gitmek üzereyken eşlerinin okuttuğu köylü çocuklarının serzenişlerinin de etkisiyle köylü efradı da yapmış oldukları hatadan dönerek kendilerini köye kabul ederler.

Ahmet Günbay Yıldız'ın *Sular Durulursa* adlı romanında da kan davası gütme ve namusu koruma düşüncesi ekseninde teşvik ve telkinlerin sürdüğü dikkati çekmektedir. Kımızlı Kabilesi ile Sürmeli Aşiretinin arasında uzun zamandır devam ettiği bilinen kan davasında en son Sürmeli Aşiretinin reisi olan Kedi Veli'nin çobanı Hasan'ın köpeklerini Ateş Ali'nin çobanı Mahmut'un üzerine salması üzerine çatışma düzlemi farklı bir boyuta taşınır. Kımızlı Kabilesinin reisi Ateş Ali gelişmeleri haber alır almaz oğlu İdris'i yanına çağırır. Karşı tarafın iki köpeğinin de öldürülmesini karşı koyarsa çobanın da öldürülmesi yönünde talimat verir. İdris babasının kan dökme yoluyla öç alma düşüncesini benimsemek istemez ve bu kanlı ritüele karşı koymak ister. Ancak babası buna karşılık olarak babalık hakkı, ataların hakkı ve töreler gibi gelenekleri koz olarak ortaya koyar. Babasına göre yapılan bir kötülüğe karşı kan dökmenin ve kan davası gütme yoluyla öç almanın sıra dışı bir özelliği yoktur. Töreler ve gelenekler çerçevesinde gereği ne ise yapılmalıdır: "- Bir evladı, babasının fikirleri ürkütmemeli. Geleneği değiştirmek, örf ve adetleri görmezden gelip, çiğneyip, geçmek midir muradın?" (Yıldız, 2002, s.16)

İdris babasının emirlerini yerine getirir ve Kedi Veli'nin iki köpeğini öldürür. Kedi Veli yapılan eyleme karşılık vermediği gibi çobanını da işten uzaklaştırır. Ancak Ateş Ali yaptıklarıyla yetinmez. Bir gece işret âlemi yaparken gönderdiği bir adamla Kedi Veli'nin adamından koç alır. Gelen koçu da kestirerek ziyafet düzenler. Aradan bir süre geçtikten sonra Kedi Veli aldığı haberin etkisiyle Ateş Ali'nin çobanı Mahmut'un gözü önünde bir öküz boğazlatır. Çatışma şiddetinin boyutu artar. Ateş Ali oğlunu yeniden karşısına alır ve kan dökmesi gerektiğini, gerekirse adam öldürmesi yönünde telkinde bulunur. Düşmanın yaptıklarının yanına kâr kalmaması gerektiğini bildirir. İdris her ne kadar bu kanlı ritüeli sonlandırmak için mücadele edip, babasına karşı gelmeye çalışsa da babası hakkını helal etmeyeceğini söyleyerek tehdit eder. İdris'in içine düştüğü çıkmazı yazar romanda şu şekilde yansıtır:

> "Atalık hikâyesi tutturmuştu babası... Bu hak adına kurban istiyordu kendisinden kan akıtılmasını istiyordu... Sarp yokuşlara düşmüştü yolu. Tırmanmaya kalksa, o dehşet veren kıvrımların, derinliğini aşamıyor, uçurumlar yutuyordu, kayboluyordu yürüdüğü sarp, engebeli, sonu bilinmeyen yolların arasında..." (Yıldız, 2002, s. 35)

Olaylar hızlı bir şekilde gelişir. Tarlada kimsenin bulunmadığı bir anda Kedi Veli'nin oğlu Musa'yı gören İdris onu tabancayla vurarak öldürür, kendi kendini öldürmüş süsü verir. Olay yerinde ve sonrasında yapılan tahkikatlardan bir sonuç çıkmaz. İdris, köyde daha fazla yaşamanın mümkün olmadığını anlayarak, oğulları İlyas ve İshak'ı önden kasabaya gönderir. Ardından da kendisi ve eşiyle birlikte kasabaya göç eder. Göç etmeden önce kendisini yolda yakalayan Musa'nın babası Kedi Veli, oğlunu kendisinin vurduğunu bildiğini ve bunun cezasını en ağır şekilde çekeceğini söyleyerek tehdit eder. Aradan bir süre geçer. İdris'in babası tarla hasadı için oğlunu köye çağırır. İdris'in köyde hasatta bulunduğu sırada kara haber köye gelir. Oğlu İshak, Musa'nın oğlu İsa tarafından tabancayla vurularak öldürülmüştür. İdris kendisine verilen haberi soğukkanlılık karşılar. Her alınan canın bir bedeli olduğunu bedelini ödediğini düşünür.

Babası yine bilindik tehditlere başlar. Çevreye rezil olduklarını, herkesin kendilerini kınadığını, eğer karşı bir eylemde bulunmazsa evlatlıktan redde kadar işi götüreceğini söyleyerek tehditler savurur. İdris babasının tüm baskılarına karşın bu kanlı ritüele karşı gelir, kan dökmeyi reddeder. Bir süre sonra Musa'nın oğlu İsa'nın vurulduğu haberi köye ulaşır. Babasının öldürme ihtimali üzerinde duran İdris kendi vurmuş gibi dağa Afcı adındaki arkadaşının yanına kaçar. Burada bulunduğu sırada Kedi Veli'nin görevlendirdiği Deli Rasim tarafından öldürülür. İdris'in ölüm haberi kan dökme ve öç alma ritüelinin durmasına sebep olmaz. Haberi alan eşi Zekiye kan çarkını yeniden döndürmek ve kan dönmek üzere sıranın kendisine geldiğini düşünerek oğlu İlyas'ı bu konuda teşvik ve telkine başlar:

> "Kanımız yerde kalsın demek he? Ocağımızı söndüren, yüreğimize ateş düşüren o bunak herif, elini kolunu sallayıp dolaşsın mı istersin el içinde?...

Sen nasıl evlatsın ha? Baban, kardeşin ayrıldı aramızdan. Yaraşır mı bize onların intikamını almadan, umursamadan dolaşmak. Ar etmek nedir, bilmez senin yüreğin oğul?" (Yıldız, 2002, s. 206).

Senaryo yine aynıdır. Amaç, kanın yerde kalmaması, çevrenin dedikoduları, analık hakkı gibi gerekçelerdir. İlyas'ın anası da kan çarkını durdurup bu kanlı ritüeli bitirmek yerine çevirmekten yana tavır almıştır. Kedi Veli'nin öldürülmesi gerektiğini söyleyerek eşinden kalan silahı oğluna verir. Yaptığı işin ödünç ödeme olduğunu açıklar: "...-Ödünç ödeme denilir buna, anlıyor musun ödünç... Baban ne der, yosam bize ha?Ne der baban?" (Yıldız, 2002, s. 207).

Ancak İlyas annesinin tüm baskılarına karşı koyarak bu kanlı çarkı döndürmeyi reddeder. Kasabalıların da desteğiyle Tıp ihtisası için İstanbul'a gider. Başarılı bir şekilde ihtisasını tamamlayarak kasabaya döner ve özel bir muayene açar. Bu arada annesi oğluna sözünü geçiremeyince kendisi Kedi Veli'yi öldürür ve hapse girer. İlyas kısa zamanda yardımseverliği, çalışkanlığıyla kasabalıların gönlünü kazanır. Kendisini öldürmek isteyenlere dostça elini uzatır. Kasabadan Zemzem adlı bir kızla evlenerek kan dökme ve öç alma ritüeline son vermeyi başarır.

Buraya kadar ele almış olduğumuz romanlarda da görüldüğü üzere geçmişten günümüze kadar olan süreçte -Türkiye'de de belirli bölgelerde halen çeşitli sebeplerden dolayı devam eden- kan davası olgusu, edebiyat sahasında ve roman düzleminde eser veren yazarlar tarafından ele alınmıştır. Bu ele alınışta romanlarda kan davasının belli başlı nedenleri üzerinde durulmuş, kan davası ritüelinin gelişimi, toplumun ve aile fertlerinin birey üzerindeki baskıları gözler önüne serilmiştir. Ayrıca bazı romanlarda bireylerin kan davasının çözümünde mevcut geleneksel kan dökme ritüeline ve geleneklere karşı çıkarak sonlandırmayı başardıkları gözlemlenmiştir.

Kaynakça

Akıncı, A. C. (1984). *Yaylanın Derdi*. İstanbul: Sinan Yayınevi.

Kıyafet, H. (2008).*Yaşamak Yasak.* İstanbul: Ceylan Yayınları.

Tezcan, M. (1981). *Kan Davaları Sosyal Antropolojik Yaklaşım.* No: 99, Ankara: Ankara Üniversitesi Eğitim Fakültesi Yayınları.

Ülken, H. Z. (1969). *Sosyoloji Sözlüğü*. İstanbul: Milli Eğitim Bakanlığı Yayınları.

Ünsal, A. (1995). *Kan Davası.* İstanbul: YKY.

Veyis, S. (1971). *Etnoloji Sözlüğü*. Ankara: Ankara Üniversitesi DTCF Yayınları.

Yıldız, A. G. (2002). *Sular Durulursa*. İstanbul: Timaş Yayınları.

http://www.tdk.gov.tr/index.php?option=com_gts&arama=gts&guid=TDK.GTS.5786b97560fb89.99151232

http://www.tubaterim.gov.tr/

Fakir Baykurt Yazınında "Sıladan Uzakta Günler"

Sevim Karabela Şermet[11]

Fakir Baykurt 1950 sonrasında yazdığı eserlerle adını duyurmuş, köyü konu alan romanlarıyla dikkati çekmiştir. Fakir Baykurt 15 Haziran 1929' da Burdur'un Yeşilova ilçesinin Akçaköy'ünde doğar. 6 çocuklu yoksul bir ailenin ikinci çocuğu olan Fakir Baykurt'un asıl adı Tahir'dir. 1943'te Akçaköy İlkokulu'nu, 1948'de Gönen Köy Enstitüsü'nü bitirir ve Burdur'un Kavacık ve Dereköy köylerinde öğretmenlik yapar. Meslek yaşamı 1955'te Gazi Eğitim Enstitüsü'nü bitirdikten sonra Sivas, Hafik ve Şavşat'ta Türkçe öğretmenliği ile devam eder. 1959 yılında yayınlanan Yılanların Öcü romanından sonra hayatı sürgünler ve memuriyetten uzaklaştırmalarla devam eder. 8 Temmuz 1965'te Türkiye Öğretmenler Sendikası –TÖS Fakir Baykurt'un başkanlığında kurulur. 1979 yılında Türkiye'de yaşanan siyasi ortamdan uzaklaşmak ve Almanya'daki işçi yaşamını araştırmak ve işçilerin yaşamını yazmak için Almanya'ya gider. 11 Ekim 1999'da Almanya'nın Essen kentinde ölmüştür.

41 yıllık öğretmenlik hayatının yanında romanları, öyküleri, şiirleri denemeleri, özyaşam öyküsü, gezilerden edindiği izlenimleri, çocuk kitapları, halk masalları, değerlendirme yazıları ile eserleri çeşitlilik arzeder. Şiirle başlayan yazı hayatı öykü ve romanlarla devam eder.

Fakir Baykurt'un sanat görüşü, yazın amacı sanat yaşamının başından sonuna kadar değişmeden devam eder. Sanattaki devrimci tavır konusunda fikirleri hep aynı kalır. 1970' li yıllarda sanat yaşamına yön veren ilkelerle hayatının son yıllarındaki ilkeler arasında farklılık yoktur. Recai Şeyhoğlu ile 1999 yılında yaptığı bir röportajında 1970'li yıllarda Tırpan'ın önsözünde bir bildiri edasında yazılmış ilkeleri tekrar eder.

"Hayatı değiştirme amacına yönelmiş bir sanat, insanın bilinçlenmesine ve birleşmesine yardım eder." (Baykurt,1970:7) "Sanatta devrimci tavır, yaşamı değiştirme tavrıdır. Yazarlar yapıtları yoluyla okurları etkiler. Bu etki sanatın olanakları içinde, yaşamı değiştirme yönünde olabilir. Sanatta devrimci tavır budur." (Pultar, 2002: 319)

Yazar eserleriyle bir çağrı yapmakta ve insanları etkileyerek değiştirmeye çalışmaktadır. Amacı bir görüşü ya da fikri empoze etmek olmayıp, inceleme ve analiz yapıp, durumunu kavramaya bir çağrıdır.

"Bir çağrı yazarıyım, okurlara karşı. Onları daha çok kendi durumlarını kavramaya çağırıyorum, öğrenmeye çağırıyorum, okumaya çağırıyorum. Hatta zaman zaman bu yönde kışkırtıyorum" (Cevizoğlu, 2000: 34).

Okuru öğrenmeye çağıran ve hatta zaman zaman öğrenmeye kışkırtan yazarın halkla ilişkisi tek yönlü değildir. Halka öğretmeye çalıştığı değerleri halktan aldığı malzeme ile yoğurarak tekrar halka sunar. Bir anlamda halktan aldığını halka verir. Bu karşılıklı etkileşimi gerektiren bir tutumdur. Yazar eserlerinin malzemesini halktan alır.

---

[11] Yard. Doç. Dr. Sinop Üniversitesi Fen Edebiyat Fakültesi

Fakir Baykurt'un onlarca eserinin yanında "kendi yaşamım gibi görünür, halkın yaşamıdır" (Pultar, 2002: 302) dediği Özyaşam adlı sekiz ciltlik eser 15 yılda ortaya çıkarılmış bir eserdir. Bu eserlerde Fakir Baykurt, 65 yaşına kadar olan yaşamını bölüm bölüm yazmış, pek çok olayı ve insanı ölümsüzleştirmiştir, kendi ifadesiyle ortaya bir "nehir roman" çıkmıştır. Türk edebiyatında bu boyutta bir özyaşam öyküsü, hatırat ya da otobiyografik özellik taşıyan bir başka eser yoktur. Yazar Özyaşam'ın yazılma öyküsünü anlattığı 7. cildin sonunda 50 yaşında yazımına başladığı bu eserlerin 15 yılını aldığını söyler. Özyaşam 8 kitaptan oluşmaktadır. Eserlerin yazımını 1995'te tamamlamıştır. Papirüs Yayınları arasında yayınlanmıştır.

Bildirimizin konusu Fakir Baykurt'un Özyaşam öyküsünün 7. si olan Sıla kısmına dairdir. Fakir Baykurt'un biraz da zorunlu sebeplerle yurtdışında kaldığı süre içerisinde sılada gerçekleştirdiği eylemler üzerinedir. Bir aksiyon adamı olan Fakir Baykurt sılada da rahat bir hayatı tercih etmemiş, orada bütün günlerini halkım dediği insanların eğitimine harcamıştır.

Fakir Baykurt'un Almanya'ya yönelim öyküsü de siyasi sebeplerledir. Fakir Baykurt emekli olduktan bir yıl sonra 1977 yılında İsveç'te öğretmen yetiştirme çalışmalarına katılır. Daha sonrasında Almanya'ya gitmeyi düşünen Fakir Baykurt'a Batı Almanya'dan Kaynar Kitabevi'nin sahibi Yaşar ile Reyhan Kaynar'dan 15 günlük bir çağrı gelir. Eşi ile birlikte gittiği bu 15 günlük geziden üç ay sonra döner. Bir yıl sonra Kaynar Kitabevi'nden Aziz Nesin ve Kerim Korcan'la birlikte bir kez daha çağrı alır ancak bu kez 15 günden fazla kalamaz. Ancak Almanya'ya gidip orada işçi yaşamı üzerine tasarladığı romanı, öyküleri yazmak istemektedir. Bunun dışında siyasi ortam da yurtdışına çıkmayı yazar ve ailesi için zorunlu hale getirmektedir. Yapılan bir toplantıda adının öldürülecekler listesine alındığı söylentileri, imzalı imzasız birçok gözdağı mektubu ve etrafındaki çemberin daraldığını hissetmesi yazarın bu konuda kesin karar vermesine sebep olacaktır.

12 Nisan 1979 günü- 12 Eylül darbesinden 15 ay önce- sabah Esenboğa'dan Düsseldorf'a kalkan uçağa biner. Cebinde 23 Mark vardır ve tek cümle Almanca bilmemektedir. Yeşil pasaportla görevsiz, ancak üç ay izinli olarak yurtdışı çıkışı yapar. Bakanlık bu üç ay içinde atamasını yapacaktır. Ataması yapılmazsa izni üç ay daha uzatılacaktır. Ancak üç ay sonra atamasını yapamadıkları gibi izni de uzatamayacaklarını bildirirler. Üç ay sonunda roman ve öyküleri için yeterince araştırma yapamadığını düşünen Baykurt yurda dönüş yapmaz. Önce orada tanıdığı dostlarının yardımıyla okuma yaparak para kazanır. Kültür merkezlerinde topluluk karşısında okuma yapıp daha sonra topluluğun sorularını cevaplandırmakta aynı zamanda bir çevirmen bunu topluluğa aktarmaktadır. Baykurt da okuma karşılığında ücret almakta ve bu parayla geçimini sağlamaktadır. Kaset Programları için okumalar yapar. Arkadaşları ona önce iki ay kalmak üzere Mannesmann firmasının işçi yurdunda bir oda bulurlar. Angerhauser Sokak 47 numaradaki yurdun 205 numaralı odasında öykülerini yazmaya başlar yazar. Burada süresi dolunca bir duvarcı ustasının evinde kiracı olarak kalan yazar çok zor günler geçirir.

1979 Temmuz'unda Kültür Bakanlığı'na göreve dönmeyeceğini bildirir. Duisburg Halk Yüksekokulu'nda çalışan Wolfgang Esch'in önerisiyle RAA adını alacak yeni eğitim merkezlerinde 1 Temmuz'da işe başlar. Yabancı işçi çocukları için açılacak bu eğitim danışma merkezlerinde yabancı işçi çocuklarının eğitim sorunları giderilmeye çalışılacaktır. Duisburg'ta açılacak merkeze Baykurt Türk işçi çocuklarının ve gençlerinin eğitim sorunlarıyla ilgilenmek üzere eğitim uzmanı olarak önerilir. 1985 yılına kadar 5 yıllık anlaşma yapar. Yazar 51 yaşındadır ve dil öğrenmek için Halk Yüksek Okulu'nun üç aylık bir dil kursuna yazılır. Türklerin çıkardığı Merhaba adlı gazetenin işlerini üstlenir.

RAA ile beş yıllık sözleşmesi sona erince sözleşmeyi yenilemezler ve yazar yine Almanya'da işsiz kalma tedirginliği yaşar. Duisburg'un Yabancı Öğretmenler Bölümüne bakan müfettiş Margret Gross'un aracılığıyla Ehren Sokak'taki ortaokula atanır. Öğrencileri Türk işçi çocukları olacaktır. 16.4.1986 günü yıllardan sonra ilk dersini verir.

1986 yılında yurtdışında oluşan Türkiye Aydınlarıyla Dayanışma Girişiminin yönetiminde görev alır. 18 Ekim 1986'da Kopenhag'da Dünya Barış Kongresine bir konuşma ile katılır. Türkiye -Yunanistan Dostluk Girişimi de Baykurt'un gönüllü katıldığı etkinliklerden biridir. Türkiye ile Yunanistan'daki girişimlerin Avrupa uzantısı olan bu dernekte iki yıl başkanlık yapan Baykurt bu derneğin yönetimini Yunanlı bir işçi ile dönüşümlü olarak paylaşmaktadır.

Alman ikinci televizyonu ZDF'ye filmler yapan Jutta Szostak Baykurt üzerine bir portre film yapmak ister. Çekimlerin bir kısmı Türkiye'de Akçaköy'de gerçekleşecektir. Türk makamlarından izin alamayan ZDF televizyonu çekim için izin gerektirmeyen bir yola başvurarak çekimi gerçekleştirir. Çekimlerde 16 mm'lik kamera yerine çekimi hiçbir izne bağlı olmayan 8 mm'lik kameralar kullanırlar. 45 dakikalık gösterim daha sonra ZDF'de yayınlanır.

Türkiyeli Yazarlar Çalışma Grubu ile Türkiye Aydınlarıyla Dayanışma Girişimi tarafından Duisburg'ta 60 yaş kutlaması yapılır. Kutlamanın ardından "Fakir Baykurt zum 60. Geburstag" adıyla Stadbibliothek Duisburg tarafından Almanca bir saygı kitabı çıkartılır. 1990 yılında Baykurt Pestalozzi okulunda ders vermeye başlar.

1992 yılında, Fakir Baykurt öncülüğünde ve yönetiminde Duisburg ve çevresinden okumaya yazmaya meraklı, işçi, öğretmen, öğrenci arkadaşları bir araya toplamak amacıyla Duisburg Halk Yüksekokulunda bir "yazın işliği" kurulur. Şiir, öykü yazanlar, roman denemeleri yapanlar, okudukları kitapları tartışmak isteyenler ayda bir toplanırlar. Fakir Baykurt Türklerin yoğun yaşadığı her kentte Edebiyat ve sanat grupları ve kahveleri oluşturulmasını istemektedir. Almanya'da Türkçe edebiyatın gelişmesi için, özellikle ikinci kuşak işçi çocuklarının yazmasını teşvik etmek amacındadır. Yaşadığı kent olan Duisburg'ta çok sayıda edebiyat akşamı düzenler. Yazmaya heveslenen ikinci kuşak işçi çocuklarının kitaplarına önsözler, tanıtım yazıları yazar. Yazın işliği daha sonra bir tür edebiyat kahvesine dönüşür. "Türkiyeli Yazarlar Çalışma Grubu" ve "Duisburg Edebiyat Kahvesi" adı ile isimleşir.

1995'in Ocak ayı sonunda Almanya'nın Duisburg şehrinde Pestalozzi okulundan emekliye ayrılır. Toplam hizmet süresi Türkiye'deki ile birlikte 40 yıl, 6 ay 10 gündür. Türkiye'ye daha sık gidip gelmeye başlar. Baykurt hayatının son yıllarında Burdur-Yeşilova kazası Akçaköy'deki evlerini onararak Kültür Bakanlığı'na bağışlar ve Elif Nine Çocuk ve Halk Kitaplığını kurar. Baykurt'un hayali Akçaköy gecelerinde Ruhi Su'lar, Arif Sağ'lar yanında Vivaldi'ler ve Mozart'ların uyumlu seslerini salmak istemektedir (Andaç,2000:136).

2 Eylül 1999 günü karaciğer tahlili sonuçlarından şüphelenen ev doktoru Essen Üniversitesi Kliniği'ne havale eder. Salzgitter'deki yaptığı okumadan sonra Essen Üniversitesi Kliniği'ne 6 Eylül'de yatırılan Fakir Baykurt, 11 Ekim 1999 günü sabah saat 04.00'te hayata gözlerini yumar. Son zamanlarında hasta yatağında Cumhuriyet Gazetesi istediğini birçok kaynak belirtir. *(Pultar, Sünter, 2002:259)* 70 yaşındaki Baykurt, pankreas kanserine yenik düşmüştür. Baykurt için Almanya'da yaşadığı Duisburg'un Wedau semtindeki Wald Friedhof mezarlığında bir tören düzenlenmiş bu törenden sonra da Duisburg Merkez İstasyonu yakınlarındaki Gertrud-Baeumer-Berufskolleg Schule'de bir toplantı yapılmıştır. Daha sonra yazar Düsseldorf'dan THY ucağıyla İstanbul'a götürülmüştür. Türkiye Yazarlar Sendikası önünde yapılan büyük bir törenle 14 Ekim 1999 günü Zincirlikuyu Mezarlığı'nda toprağa verilmiştir. Ölümünden sonra Duisburg'da 20 yıl boyunca yaşadığı semtteki meydana Fakir Baykurt'un adı verilir. Burdur'da bir cadde de onun adını taşımaktadır.

Sonuç itibariyle sıladaki yaşamı incelenecek olursa cebinde 23 Mark olan ve tek cümle dahi Almanca bilmeyen yazar Almanya'da neler yapar? Fakir Baykurt'un Almanya'da üstlendiği misyon çok yönlüdür ve tek bir başlık altında incelenemez.

Eğitimci kimliğiyle sılada üstlendiği görevler: Öğretmen yetiştirme çalışmaları, eğitim danışma merkezlerinde Türk işçi çocuklarının eğitim sorunlarıyla ilgilenmek üzere eğitim uzmanı olarak çalışma, Duisburg'ta bir ortaokulda Türk işçi çocuklarını okutma, Pestalozzi okulunda ders verme, Kültür merkezlerinde topluluk karşısında okuma yapma, Kaset Programları için okumalar yapma.

Aksiyoner ve kültür elçisi kimliğiyle sılada üstlendiği görevler: Yurtdışında oluşan Türkiye Aydınlarıyla Dayanışma Girişimi'nin yönetiminde görev alma, Almanya'da ve Almanya dışında çeşitli kongre ve toplantılara katılarak Türk kültürünü tanıtma, Türkiye ile Yunanistan dostluğuna katkıda bulunmak amacıyla Almanya'da aktif olarak çalışma, 1992'de Duisburg Halk Yüksekokulu'nda "yazın işliği" kurma.

Yazar / Birey kimliğiyle sılada üstlendiği görevler: Dil öğrenme, Almanya'ya gidip orada işçi yaşamı üzerine tasarladığı romanı, öyküleri yazma, Alman televizyonu ZDF'nin teklifiyle kendi adına bir portre film çekimi, imza günü etkinlikleri, Türklerin çıkardığı Merhaba adlı gazetenin işlerini üstlenme, Fakir Baykurt'un kendi adına Duisburg'ta yapılan 60 yaş kutlaması ve ardından "Fakir Baykurt zum 60. Geburstag" adıyla çıkartılan Almanca bir saygı kitabı sayılabilir.

Kaynakça

Andaç, F. (2000). *Anadolu Aydınlanmacısı Fakir Baykurt*. Evrensel Basım Yayın.

Baykurt, F. (2002). *Özyaşam 7, Sıladan Uzakta*. Papirüs Yay.

Baykurt, F. (1970). *Tırpan*. Remzi Kitabevi.

Cevizoğlu, H. (2000). "Eşekli Kütüphaneci Fakir Baykurt'la Birkaç Saat", İstanbul.

Pultar, G. ve Sünter S. (2002). *Fakir Baykurt'u Anarken Kardeşim Yaralısın*. Tetragon Yay.

Hakan Günday'ın *Daha* Adlı Yapıtında Göç Olgusu

Ümran Türkyılmaz[*]

Giriş

İnsanın aidiyet duygusuyla bağlandığı uzamdan ve alıştığı yaşam biçiminden, geçici ya da kalıcı uzaklaşarak zorunlu ya da gönüllü bir yaşam kurma çabası, belki de insanoğlunun yaradılışından günümüze kadar devam etmektedir.

"Bir bireyin veya grubun, ulusal veya uluslararası sınırları aşmak yoluyla gerçekleştirdikleri bir nüfus hareketi olarak tanımlanabilecek göç olgusu (IOM, 2014), küresel ekonomik sistemin bir parçası olan merkez ve çevre ülkelerin sahip olduğu çeşitli itme/çekme faktörlerine ve dünyanın farklı bölgelerinde artarak yaşanan siyasi krizler, çatışma ve savaşlara da bağlı olarak hemen hemen tüm toplumların karşı karşıya oldukları bir durum" (Werner, 1994: 39) olarak karşımıza çıkar. Bu durum yakın bir gelecekte azalma sağlamayacak olan göç akımlarının çeşitli boyutları ile irdelenmesinin gerekliliğini imler.

"Uzamın, işin ve toplumsal ilişkilerin değişmesi gibi parametreler üzerine kurulu" (Piché, 2013: 19) olan göç hareketleri, yeni yaşam alanları bulma ve kazanç olanaklarına kavuşma açısından son derece belirleyicidir. Bu yeni başlangıçlar çoğu zaman psikolojik uyum sorununu, ayrışmayı, asimilasyonu ve marjinalleşmeyi içinde barındırır. Karpat'ın ifadesiyle göç, "asıl yerinden ulaşılmak istenen yere hareket" (Karpat, 2003: 3) olarak savrulma, karşı konulamaz kopuş, yersiz yurtsuzlaşma ve dönüşsüzlüğün izlerini taşır. Bu durum göçmenin yalnızca yurdundan uzakta yaşamak zorunda olmasından kaynaklanmaz, zira o, "ne yeni ortamıyla tamamen birleşebilir, ne de eskisinden tamamen kopabilir; ne bağlanmışlıkları tamdır ne de kopmuşlukları; bir düzeyde nostaljik ve duygusalsa bir başka düzeyde becerikli bir taklitçi ya da toplum dışına atılmış biridir. Hayatta kalmayı becermek asıl uğraş haline gelince sürekli tetikte durulması gereken bir tehdit çıkar ortaya" (Andaç, 2004: 131). Hiçbir yerde yerleşmemiş olmanın getirdiği sıkıntı gözler önüne serilir. Çok kültürlü toplumlarda yaşayan bireyler, mülteci, geçici sığınmacı, konuk, etnik azınlık ve göçmen olarak yeni yerleştikleri uzamda biyolojik, sosyal, ekonomik ve psikolojik bağlamda göreli olarak uyum sağlamaya çabalarlar. Dilini ve kültürünü bilmediği uzamlara kaçıp sığınan ve bir tür kopuşun öznesi olan göçmenler, kendilerini var etme ve sesini duyurabilme arzusuyla başkaldırmayı ve direnci oluşturmaya çalışırlar. Söz konusu yeni yaşamlarına geçiş sürecinde giderek artan çelişkiler ağının içinde kendisini bulan göçmenler, göç olgusunun varoluş gerçeğini oluşturur. Dönüşü mümkün olmayan ve zorunlu bir yolculuk olan göç hareketinin bilinmezlik, kültür çatışması, yabancılaşma, sağlık problemleri ve uyum sorunlarından kaynaklanan kaygı ve sıkıntıyı da beraberinde getirdiği gözlemlenir. Göç eden bireyin doğduğu ve yaşadığı uzamdan, ulaşması gereken ve geri dönemeyeceği bir hedefi söz konusudur. Bu hedef; ekonomik olarak

---

[*] Doç.Dr., Gazi Üniversitesi, Edebiyat Fakültesi, Batı Dilleri ve Edebiyatları Bölümü, Fransız Dili ve Edebiyatı Anabilim Dalı. Elmek: uturkyilmaz@gazi.edu.tr

güçlü, vatandaşlarına tüm sosyal haklarını tanıyan, iş gücüne ihtiyaç duyan ve kurtuluş olarak görülen ülkelere yapılan göç etme eğilimidir.

"Göç, güdülenmenin olgunlaşması için gerekli sosyal ve ekonomik şartların oluşması sonucunda başlar. Kararın alınmasında ekonomik faktörler her zaman daha önemlidir" (Er, 2015: 46). Daha iyi bir yaşam kurma arzusuyla hızlanan göç hareketlerinin sonucunda göçmen, görüldüğü gibi kendisini artık ne terk ettiği uzama ne de her şeyi ardında bırakıp geldiği yeni uzama ait hissedebilir. Bilinmeyen yeni uzama gelişten kaynaklanan yalnızlığı ve endişeyi hep benliğinde taşıyacaktır. Tüm bu endişenin art alanında bilinmezlik kaygısı yer almaktadır; etnik, politik, dini ve cinsel açıdan kendisinden farklı olanlar ile kurulmaya çalışılan ilişkiye dair bir bilinmezlik söz konusudur.

"Göç öncesi farklı olmaktan dolayı hissedilen bir korku vardır. Bu korkunun bilinmezliğine doğru giderek/göç ederek ortadan kaldırılacağı düşünülür, ancak bu seferde gidilen yerdekiler için farklı olduğu gerçeğiyle karşı karşıya kalır. Belki göç öncesi farklılık değil; ama göç edilen yerde hissettirilen farklı bir formda farklılık. Özetle farklı olmaktan kaynaklanan göçün temel sebebi, farklı yaşam tarzı ve dil oyunudur" (Uluç-Soydan, 2009:182).

Günümüz dünyasının en başat sorunsallarından olan göç ve bu noktada çığ gibi büyüyen göçmenlerin hissettiği bilinmezlik, korku ve kaygının yanı sıra ayakta kalabilmek için gösterilen savaşım göze çarpar. Bu savaşım göç eden insanın içinde var olan güçlü direniş duygusuna ve umuduna bağlanabilir, çünkü maddi güçleri olmayan yoksul göçmenler, daha iyi bir gelecek oluşturabilme ereğiyle yola koyulurlar ancak geldikleri diyarlarda hiç de güleç yüzle karşılanmazlar. Dilini ve kültürünü bilmediği uzamlara kaçıp sığınan ve bir tür kopuşun öznesi olan göçmenler, kendilerini var etme ve sesini duyurabilme arzusuyla başkaldırmayı ve direnci oluşturmaya çalışırlar. Ancak göçmenler "öteki" dünyanın insanları olarak geldikleri uzamda ortak bir yazgı olan değersiz bir yaşama mahkum edilir, en ağır ve kazancı en düşük olan işlerde çalışmak zorunda kalırlar. Göç eden insan, evini, eşyalarını, sevdiği insanları, anılarını, geçmişini, tanıdığı mevsimleri, bildiği tatları, sessiz bir hüzünle geride bırakmıştır. Bu noktadan hareketle varlığının temel taşı olan göç hareketi; hangi edinim ya da hangi yükümlülük uğruna olursa olsun, aslında kaybedilen bir yaşamdır ve geriye ne olduğu bilinmeyen, uzaklardan gelen ve yardıma muhtaç bir yabancı olan göçmenin yaşamak için ödediği/ödeyeceği bedel kalır. Sonu belli olmayan yolculuklara hazırlanan göçmenler, yalnız ve her tür yardımdan yoksun olarak, sert bir savaşımın hüküm sürdüğü bir kopuş ve kayboluşun içinde var olmak ve varlıklarına anlam kazandırmak zorundadırlar. Bu bağlamda Hakan Günday'ın *Daha* adlı yapıtındaki göç olgusunu metne dayalı inceleme yöntemi ışığında değerlendirmeye çalışalım.

Çözümleme Aşaması

Fransa'nın saygın roman ödülü olan *Prix Médicis*'nin 2015 yılının en iyi yabancı roman ödülünü verdiği *Daha* adlı yapıtında Hakan Günday; ülkelerindeki siyasi bunalım, ekonomik çöküntü ve dinsel nedenlerle anavatanlarını bırakarak, hiç tanımadıkları ve dilini bilmedikleri bir uzamda, ellerindeki tek gerçek olan yaşama tutunmaya çalışan kaçak göçmenlerin trajik öyküsünü ayrıntılı bir biçimde imler. Yurtlarında uzun yıllardan beri süregelen savaş, açlık ve yoksulluktan kaçmak ereğiyle hep aynı umudu besleyerek ve kaçak yollara başvurarak göç etmeye karar verenlerin, tümüyle kendilerine yabancı ve sağlığa elverişli olmayan koşullar altındaki varoluş savaşımı etkin bir biçimde kaleme alınır. Günday'ın *Daha* adlı yapıtında yeni bir yaşam kurmak amacıyla izlenen göç hareketindeki kaçış ve artan oranda yoğunlaşan acılarla örülü dünyalarında, göçmenlerin ortak paydası olan kopuş, sürgün, açlık, hastalık, şiddet, tecavüz, ölüm ve varoluş izlekleri şu tümcelerde yansımasını bulur:

"O insanların gözünde daima uzak durmaları gereken yaratıklardan biri olduğumu elbette biliyordum. Çaresizce muhtaç oldukları ama yanına yaklaşmaya ya da birlikte kalmaya asla cesaret edemeyecekleri bir yaratık. Evet, doğru, ben de onları sevmiyordum. Hatta bazen varlıklarına bile katlanamıyordum. Çünkü o depoda sadece kendileri yoktu. Farkında değillerdi belki ama ben de o depoda onlarla sıkışıp kalmıştım. Bilemezdim, bilmiyordum. O insanların gözünde bu kadar çirkin olduğumu bilmiyordum. Kendileri gibi yollara dökülmüş ya da dökülmeye çalışmış olanlardan kim bilir kaç kez dinledikleri o tecavüz hikayelerinin kahramanlarına bu kadar benzediğimden haberim yoktu. Onlar benim canavar olduğumu düşünüyorlardı ve ben de bir canavar oluyordum. Korkunç bir yaratığa dönüşmem sadece beş yıl sürmüştü" (Günday, 2013: 66).

Günday, göçün en ağır ve en gerçek biçimi olan baskı, zorbalık ve şiddet yoluyla insanlık dışı edimlerde bulunan ve göçmen ticareti yapan kaçakçılık örgütü üzerine temellendirdiği romanında, dönüşün olanaksız olduğu duygusunu yaşayan göçmenleri titizlikle irdeler. Yazar, yeni bir yaşamın başlangıcı olan yolculukları sırasındaki tinsel ve bedensel işkencelerle karşı karşıya kalan göçmenlerin sorunlarını, insanlık tarihi kadar uzun olan göç hareketinin kaçınılmaz zorluklarını açımlar. İnsan ticareti yapan babasının yanında küçük yaşlarda kaçakçılığa başlayan Gazâ'nın yaşama ve insana ilişkin düşünce dünyası ve ruhunun derinlikleri, yapıtın odak noktasında ayrıntılı bir biçimde ortaya konur. Okur, içinde bulunduğu koşulları benimseyen, benimsedikçe de koşulların gücünden daha da ürkütücü bir kişiliğe dönüşen Gazâ'nın varoluş sorunsalına tanıklık eder. Günday, bir kaçakçının gözünden insan kaçakçılığına şu yorumu getirir:

"Kaçak göçmen taşımacılığının iki yüzü vardır: ilkinde mal, yani insan, varacağı noktada alıcıya teslim edilir ve kaçırılma hizmetinin bedelini gittiği ülkede zorunlu biçimde çalışarak ödemeyi sürdürürdü. Diğerindeyse, alıcı malın kendisiydi ve bir defaya mahsus ödediği bedel karşılığında gideceği yere götürülür, sonra da ne hali varsa görürdü!" (Günday, 2013: 83).

Alıntıdan hareketle, kaçak olan göçmenin kaçak bir işçiye dönüştürülmesi ve bu işçinin kaçak mal üretimini gerçekleştirmesi, sürdürülebilir ekonomi bakımından avantaj olarak karşımıza çıkmaktadır. Gittikleri ülkede zenginlik ve özgürlük hayali kuranların yerini, zorunlu olarak çalıştırılmayı göze alan göçmenler devralmaktadır. Bu bağlamda kaçak göçmen taşımacılığı artık gerçek bir köle ticaretine dönüşür. Geldikleri uzam ile gidecekleri uzam arasında sıkışıp kalan kaçak göçmenler, kaybetmeyi göze aldıkları her şeyi arkalarında bırakırlar. Geriye yalnızca bedenleri kalır. Göçmenin tek arzusu; her ne pahasına olursa olsun bir uzamdan diğerine ulaşmak olunca, psikolojik ve toplumsal tüm kuramlar çöker. Ne bilinen tinsel değerler ne de mantıklı kararları söz konusudur ve onların gerçek yaşamları, insan algısının dışındaki her şeydir.

"O ayak bastıkları tekne, kendilerini Mars'a götürecekmiş gibi heyecanlanırlardı. Belki de bir anlamda, yapacakları o yolculuk gerçekten de uzaya çıkmakla eşdeğerdi o insanlar için. Yine de, benim gözümde insandan çok uzaya gönderilen maymunlara benziyorlardı. Evet, belki atmosferi geçip uzaya çıkmayı başaracaklardı ama daima maymun olarak kalacaklardı" (Günday, 2013: 181).

İnsan kaçakçılığı ile geçinen bir babanın dokuz yaşındaki oğlu olan Gazâ'nın gözünden aktarılan yapıtta, Doğu ile Batı arasında bir köprü olan ve bu nedenle jeopolitik önemi olan Türkiye'nin aslında kaçakçılık için geçiş oluşturduğunu ve birçok kaçaklık öyküsünü sinesinde barındırdığını yansıtır. Yeraltındaki yaşamları yapıtında sunan Günday, varoluştan yok oluşa uzanan o ince çizgide cambazlık yapmaya çalışan insanları yansıtır. Yazar, yaşamın anlamını sorguladığı yapıtında sürü haline gelen göçmenlerin, özgür iradelerini başkalarına teslim etmelerinin trajik sonuçlarını vurgular. *Daha*, göç hareketleri boyunca insanoğlunun yaşadığı barbarlığa karşı bir çığlık gibidir ve daha güçlü bir konumda olanların "öteki"leri ezme düşüncesi titizlikle vurgulanır. İnsanın sıkışmışlığını ortaya koyan yazar, göçmen topluluklarının sürü kimliğine bürünmesini ve hegemonik güç haline gelen her şeyi eleştirir. Göç eden bireylerin yaşam karşısındaki çaresizliklerine, yalnızlıklarına, umutsuzluklarına, korkularına ve düş kırıklıklarına odaklanır.

"Çok uzaklarda mutlu olma hayalleri! Gerçekleştirmelerinde ister istemez benim de payımın olduğu o hayalleri! Neden evinde oturmuyordu hiç biri bu insanların? Neden şehirlerinde kalmıyorlardı? Hem ne olacak ki oralara gidince! İnsanlar kollarını açmış seni bekliyor çünkü değil mi! Gideceğin yerde hiçbir değerin yok, anlamıyor musun? Hem de hiç! Göreceksin. Kimse seninle otobüste yan yana oturmak istemeyecek! Kimse seninle asansörde yalnız kalmak istemeyecek! Kimse o hiçbir zaman düzeltemeyeceğin aptal aksanınla vereceğin selamları almak istemeyecek! Kimse seni insan olarak görmeyecek! (…) Bunu anla artık! Ama hala canını veriyorsun oralara gitmek için! Hala çocuklarını terk ediyorsun! Hala yıllarca öküz gibi çalışıp bizim gibilere vermek için para biriktiriyorsun! Demek ki… Demek ki her türlü acıyı hak ediyorsun. İşte ben de, tam bu noktada devreye giriyorum. (…) Seninle öyle birkaç gün geçireceğiz ki birlikte, bundan sonra göçmeyi düşünen kim varsa, evinden dışarı adımını bile atamayacak!" (Günday, 2013: 72-73).

Baskı ve şiddet yoluyla boyun eğdirilen, aşağılanan, haklarından yoksun bırakılan göçmenleri, kendi çıkarları doğrultusunda yönetmek; şeytani bir toplumsal dizgedir. Kaçak göçmen ticareti yapanlar, tıpkı şeytan gibi olumsuz bir güç olarak yapıtın satırlarına yansır. Bu bağlamda Ahad, Gazâ ve kaçak göçmenler; efendi-köle diyalektiğinin somut bir göstergesidir. Tahakküm hareketini var eden efendi, korumasız şekilde var olmaya çalışan göçmenleri cansız bir nesneye indirger ya da onları değersiz olarak algılama eğilimi içine girer. Bu noktadan itibaren de kaçak göçmen ticareti yapanlar, baskı yapmaktan ve öldürmekten kendisini alamaz ve özgürlük-eşitlik-kardeşlik kavramları değerlerini kaybeder. Gazâ, göçmenleri çoğu kez insan olarak değerlendiremez ve onları edilgen bir nesne gibi gördüğünü açımlar. Yaşanan tüm şiddet ve korku, adeta köleleştirilen göçmeni sindirmekle kalmaz, aynı zamanda sergilenen acımasızlıkla kişiliğini paramparça etmeyi de amaçlar.

"İnsan yıllandırdığımız bir mahzen... Ancak kim bilir kaç bin kilometre yoldan gelmiş olan kaçaklar, bütün bu dekoru asla önemsemez ve sanki her gün gelip gittikleri bir yermiş gibi derhal sıralanıp ıslak zemine oturur, başlarını ellerinin arasında alır ve o bekleme hallerine geçerlerdi. Mükemmel bekleyiciler! Günlerce, haftalarca, aylarca sıkılmadan bekleyebilirlerdi. Bir kez başlarını ellerinin arasına aldılar mı, dünyadan bir uzay mekiği gibi kopar ve yeniden uyandırılana kadar garip bir uykuya dalarlardı. Tam da uyku olmayan bir kapanma hali...Oto-narkoz!" (Günday, 2013: 57)."

Günday, yazgısına koşulsuz teslimiyetle bağlı olan göçmenlerin baskı ve şiddete maruz kalmasını Gazâ karakteri ile ortaya koymaya çalışır. İnsanlığın içinde yaşamaya çalıştığı uzamı gözetleyen dev bir göz Gazâ. Yazar, dokuz yaşından yirmi dört yaşına dek süren Gazâ'nın öyküsü üzerinden insanlığın tüm suçunu ve günahını duyarlılıkla açımlar. Gaza, insan kaçakçısı Ahad'ın oğlu olarak yaşama ve insana ilişkin öğrenmemesi gereken ne varsa hepsini öğrenmiştir. Okur, Gazâ ile birlikte aslında tecavüzcü, katil, kaçakçı ve linççi olan azılı bir suçluyla karşı karşıyadır:

"Nereden bilebilirdim gerektiğinde babamın insanları zincirlediğini? (...) Hareket halindeki kamyonumuzun kasasında yirmi iki yetişkin ve bir bebek vardı. Nereden bilebilirdim, o yarım kalmış çığlığın, kucağındaki bebeğin öldüğünü fark edince ağzı diğerleri tarafından can havliyle kapanmış bir anneden geldiğini? Bilsem de fark eder miydi? Hiç sanmıyorum, çünkü artık 11 yaşındaydım " (Günday, 2013: 24-25).

Günday, Gazâ'dan sonra dünyaya gelecek olan ölü doğan göçmen çocukların ya da sonradan ölecek olanların artacağını imler. "Daha", Gazâ'nın babasının ismi olan "Ahad'ın da tersten okunuşudur. Ahad sözcüğünün kaçak göçmenlerce "daha" olarak kullanılması ve çoğunun bildiği tek Türkçe sözcüğün "daha" olduğunu şu satırlarda okuruz:

"İçlerinden hangisi, Türkiye'den geçeceğini bildiği için o sihirli kelimeyi öğrenip de gelmişti? Daha çok su, daha çok yemek, daha çok hava, daha çok şu, daha çok bu ve her şeyden daha çok istemek için o kelimeyi, daha yolculuğa çıkmadan birilerine sorup da öğrenmiş olan kimdi acaba?" (Günday, 2013: 201).

Yapıtta, sağ kalmak için her şeyi göze alan öz babasının yanında çırak olarak yaşama erken atılan ve dönüşsüz bir göç yolculuğunda yaşayan Gazâ'nın ruhundaki değişimler üzerine kuruludur. Günday'ın kahramanları, yaşamı kanıksayamayanlardır ve kanıksayamadıkları için de yaşama karşı içlerinde müthiş bir öfke büyütürler. Gazâ, kendi tercih etmediği bir başka deyişle içine doğduğu yaşamın bir parçası olarak gözlemlediklerinden dehşete düşen, dehşete düştükçe dönüşen, ama dönüşmeye de direnen bir tanıktır aslında. Ve Gazâ için insan ticaretinin tam olarak ne zaman başladığını bilmek olanaklı değildir. Ancak;

"böylesi bir ticaretin üç kişiyle bile gerçekleştirildiği düşünülürse, dünya nüfus tarihinde hayli gerilere gidilebilir. İnsanın kullandığı ilk alet, başka bir insandır. Dolayısıyla o ilk alete bir bedel biçilip diğerlerine pazarlanması için çok da beklenmiş olabileceğini sanmıyordum (...) Taşımacılık, gerçekten de insan ticaretinin belkemiğiydi. Üstelik sürecin en riskli ve en yorucu aşamasıydı. Sonrasında kaçakları bir dehlize sokup, günde 18 saat çalıştırıp sahte çantalar ürettirmek (...), bizimkinin yanında çocuk oyuncağıydı. İnsan ticareti sektörünün en ağır koşullarda çalışan gerçek emekçileri bizdik" (Günday, 2013: 26).

Gazâ'nın kaçak insan ticaretini içselleştirdiğini gördüğümüz bu satırlarda, göç olgusunun nasıl kullanıldığını, bir insanın diğer insan üzerinde nasıl tahakküm kurduğunu ve insanlığın sona erdiği noktayı algılarız. İşte Gazâ'nın ve babasının göç yolculuğuna çıkanlara karşı hissettikleri:

"Bir tekne vardı, hiç unutmam. Yükledik malı. En az 40 kelle var. Biri de hasta. Nasıl öksürüyor, bir görsen! Bitmiş herif! Kim bilir kaç yaşında, belki yetmiş, belki seksen... (...) Neyine gerek lan senin, dedim hatta. Kaçmak, göçmek? Gideceğin yere gitsen ne olur? Ölmeye mi çekiyorsun bu kadar eziyeti? (...) Sakız'a varmaya az kala bir fırtına çıktı! Daha ne olduğunu anlamadan, göçtük suya. Bir baktım, herkes bir tarafta, bağıran bağırana. Adam gelmiş çölden, ne bilsin yüzmeyi! Böyle bir görünüyorlar, sonra yok! Taş gibi batıyor hepsi! Boğulup gidiyorlar (...) Bir baktım, o hasta herif. Bulmuş bir can simidi, tutunmuş gidiyor. Nasıl yüzdüm bilmiyorum... Ama sonunda vardım adamın yanına...Tuttum simidi, çektim elinden... Baktı bana... Uzandı böyle. İttim ben de... Boğazından tutup... Sonra da bir dalga geldi götürdü zaten (...) Babam katil olmasaydı, ben de olmayacaktım. (...) Neyse... Babam bir katil olmasaydı, annem beni doğururken ölmeyecekti (...) Babam katil olmasaydı asla dokuz yaşıma basmayacak ve onunla o sofraya oturmayacaktım. Ama babam bir katildi ve hepsi oldu" (Günday, 2013: 15-16).

Yazar, yeni bir yaşamın başlangıcı olan yolculukları sırasındaki tinsel ve bedensel işkencelerle karşı karşıya kalan göçmenleri açımlar. Kötülüğü ağır basan Gazâ'nın ve babasının, kaçak göçmenlere yaptıkları işkenceler, çektirdikleri acılar ve neden oldukları ölümler sonrasında şu sözleri söylemekten kendisini alamadığını görürüz:

"Ne de olsa ben bir köle tüccarı sayılırdım ve ikisinden de bıkmıştım: Kölelerden de, tüccarlığından da! Tek istediğim, babamdan sıradan bir çocuk gibi sadece karnemdeki zayıflar yüzünden azar işitmekti. Kamyonun kasasına yeni taktırdığımız havalandırmayı çalıştırmayı unuttuğum için değil. O havalandırmayı çalıştırmadığım için bir Afgan'ın boğularak ölmesine neden olmuştum" (Günday, 2013: 34-35).

Okur, insanlık dışı hareketlerle göçmen ticareti yapan kaçakçılık şebekesi üzerine temellendirilen yapıtta, içinde bulunduğu koşulları benimseyen, benimsedikçe de koşulların gücünden daha da ürkütücü bir kişiliğe dönüşen Gazâ'nın varoluş savaşımına tanıklık eder.

Sonuç

Ekonomik, siyasal ve dini nedenlerle anavatanlarını terk ederek, dilini bile bilmedikleri topraklarda ve hiç tanımadıkları bir uzam içinde yaşama tutunmaya çalışan ve kaçak yollarla ülke dışına çıkabilen göçmenler, kendilerine vaat edilen hayal ettikleri yaşamı bulamazlar. "Yollarda aç bırakılan çocuklar, tecavüz edilen kadınlar, kalp krizi geçirip öldüğü için denize atılan yaşlılar" (Günday, 2013: 226) göze çarpar. Göçmenler, yol simsarları tarafından istemedikleri yerlerde bırakılırlar. Son derece zor koşullar altında yoluna devam eden göçmenlerin yolculukları oldukça uzun sürebilir. Bunun yanı sıra ulaşım araçlarının sağlığa elverişli olmaması, göçmenlere kötü davranılması, çeşitli hastalıkların ortaya çıkması, sık sık ölümle karşı karşıya gelmeleri, kaçak göçmenlerin sorunsalları arasında sayılabilir. Bir yandan acıyla çekilen tüm sıkıntılar, diğer yandan buralarda uzun bir süre kalmak zorunda olan göçmenlere son derece ağır maddi bedeller ödetilmesi sonucunda, göçmenlerin karınlarını ancak doyurduklarını görürüz. Bu bağlamda Günday, göçmenin, toplumun bir kurbanı olarak sürekli işkence altında olduğunu tüm çıplaklığıyla yansıtır. Göçmen, ayaklarına bağlanan zinciri kırıp barışa ve umuda doğru yürümeyi, mutlu ve özgür olarak omuzlarındaki ağır yükü atmayı ve bir düş ülkesinin özlemini çeker. Ancak bu noktada içinde bulunduğu kötümserlik duygusu, diğer göçmenleri tanıdıktan sonra daha da artar. Düşlerinin peşinde zalimlere karşı savaşım vermeyi arzulamasına karşın, gerçekleştirmesi olanaksız düşüncelerinin altında ezilerek git gide derinleşen olumsuz etkileri yaşaması yadsınamaz bir sürgün gerçeği olarak karşımıza çıkar.

Hakan Günday, *Daha* adlı yapıtında insanoğlunun yüzyıllardan beri yaşadığı bireysel ve toplumsal trajedisini kısırdöngü şeklinde ortaya koyar ve güncelliğini kaybetmeyen göç sorunsalını titizlikle açımlar. Göç olgusunu anlamlandırmamızı sağlayan ve özgün bir bakış açısı sunan Günday, insanoğlunun çözümsüz göç yolculuklara yazgılı oluşunu okuruna etkin bir biçimde aktarır.

Kaynakça

Andaç, F. (2014). *Sürgünlüğün Bin Yüzü, Sürgünde Edebiyatçılar,* İstanbul: Can Yayınları.

Er, A. (2015). İtici ve çekici faktörler bağlamında iç göç: Gaye Hiçyilmaz'dan *Fırtına'ya Karşı. Göç Dergisi,* 2(1), 43-58.

Günday, H. (2013). *Daha,* İstanbul: Doğan Egmont Yayıncılık.

IOM, 2014. International Organization for Migration 2014. http://www.iom.int/migration on: 05.07.2016.

Karpat, K. H. (2003). *Türkiye'de Toplumsal Dönüşüm*, Çeviren: Abdulkerim Sönmez, Ankara: İmge Kitabevi.

Piché, V. (2013). *Les théories de la migration.* Paris: Ined.

Uluç, G. & Soydan, M. (2009). Güneşe Yolculuk ve Berlin in Berlin Filmlerinde İki Eksen, İki Dil Oyunu, Tek Olgu: Göç. *Erciyes Üniversitesi Sosyal Bilimler Enstitüsü Dergisi,* 26, 181-198.

Werner, H. (1994). Economic Change, the Labour Market and Migration in the Single European Market. *Social Europe,* 1, 39-60.

Klasik Türk Edebiyatı Şairlerinde Gurbet Algısı

Kürşat Şamil ŞAHİN[12]

Giriş

Gurbet kavramının Türk toplum hayatında önemli bir yeri vardır ve halk arasında bu bağlamda çok sayıda inanış ve söyleyiş mevcuttur. Arapça bir kelime olan gurbet; gariplik, yabancılık, yabancı bir memleket, yabancı yerlere gitme, seyahat, yâdel gibi anlamlar taşır (Şemseddin Sami, 2004: 965; Devellioğlu, 1998: 294). Gurbet alışılmışın dışına çıkmak olduğu için bir tedirginlik hali söz konusudur ve zamanla gizli kalan duyguların açığa çıkmasına vesile olur.

Orta Asya'dan yapılan göçler, Batı'ya düzenlenen seferler tarih boyunca Türk toplumunda derin izler bırakmış ve bu olaylar edebiyatta yansımasını bulmuştur. Daha sonraki dönemlerde de ekonomik sebepli göçler yaşanmıştır. Şöyle bir bakıldığında Türk milletinin hayatının baştan başa bir gurbet olduğu, gurbet ve gariplik konusunun her dönemde edebiyatımızın değişmez konuları arasında yer aldığı görülür. Gurbetin acıları, yalnızlıkları, çaresizlikleri ve çileleri hem halk ozanlarımız hem de Cumhuriyet dönemindeki pek çok şair ve yazar tarafından ele alınmıştır. Gurbet temasının işlenmediği bir dönem yok gibidir (Gülhan, 2006: 131-132).

Klasik Türk şiirinde gurbete dair anlatımlarda tasavvufî göndermelerin ağır bastığını söylemek mümkündür. Gurbet, tasavvufî bir terim olarak sâlikin vatanından ayrı yaşaması veya içinde bulunduğu toplumun davranış ve düşüncelerinden uzak kalmasıdır. Mutasavvıflar cismanî ve manevî olmak üzere iki türlü gurbet olduğunu söylerler. Cismanî gurbet kişinin memleketinden uzak kalmasıdır. Manevî gurbet ise tutum, davranış ve düşünce tarzı bakımından yaşanan ayrılıktır. İçinde bulunduğu toplumun yaşama tarzı kişinin kendi değerlerine uygun değilse o şahıs öz yurdunda da olsa garip sayılır. Bu bağlamda İslamî hayattan uzaklaşmış kişiler arasında yaşamak zorunda kalan dürüst bir Müslüman ile çevresinde kendi yaşam felsefesine uygun kimse bulunmadığı için yalnızlaşan takva sahibi kişi garip olarak nitelendirilmiştir. Manevî gurbetin en yüksek derecesi ariflerin tatbik ettikleri gurbettir. Çünkü onlar himmetleriyle çevresindekilerden ayrı kalır. Arif sadece Hakk'ı ister ve onunla teselli bulur. Hakk'tan başkasıyla olduğu zaman kendini garip hisseder. Bu yüzden o hem dünya hem de ahiret garibidir (Uludağ, 1996: 201).

Gurbetle ilgili tasavvurlarda klasik Türk edebiyatı şairlerinin özel hayatlarına dair izler bulmak da mümkündür; fakat bu husus şiirin anlam dünyası içerisinde gizlenmiş şekildedir (Gülhan, 2006: 132).

Şairlerin Gurbet Algısı

Klasik Türk edebiyatı şairlerinin çeşitli sebeplerle vatanlarından ayrı düştüğü ve gurbet acısı çektiği görülür. Peki, onların vatanı neresidir? Önce bunun bilinmesi gerekir. Emrî'ye göre asıl vatan sevgilinin kapısıdır:

---

[12] Yrd. Doç. Dr. Kürşat Şamil ŞAHİN, Bartın Üniversitesi Edebiyat Fakültesi Türk Dili ve Edebiyatı Bölümü, email: ksahin@bartin.edu.tr.

Kapundan cennete 'azm eylese gam-gîn gider Emrî
Vatandan gurbete giden kimesne şâdmân gitmez (Emrî, G. 216/5; Saraç, 209)
Görüldüğü gibi şair sevgilinin kapısını bırakıp cennete gidenin dahi gamlı olacağını söyler. Onun sevgilinin eşiğinden başka yurdu yoktur:
Ser-i kûyun diyârumdur işigün iti yârumdur
Garîbem dostum ayruk benüm yâr u diyârum yok (Pirizrenli Şem'î G. 98/3; Karavelioğlu, 88)
Bir bütün olarak değerlendirildiğinde sevgilinin olmadığı her yer gurbettir ve kavuşmanın değeri gurbette anlaşılır. Sevgilinin güzellik unsurları tek tek ele alındığında gurbet değişebilir. Sevgilinin yanağı vatan, âşığı oraya gitmekten alıkoyan saçlar ise gurbettir. Bazen de sevgilinin saçlarından ayrı kalmak âşığın gurbet acılarının temelini oluşturur:
Gam-ı zülfünle nâle kılsa gönül
'Aceb olmaz diyâr-ı gurbetdür (Yakînî, G. 62/2; Zülfe, 2009: 188)
Gönülde yârin saçlarının sevgisi peyda olunca gârib âşıkta memleket hasreti artar.
Dile mahabbet-i gîsû-yı yâr olur peydâ
Garîbe hâhiş-i dâr u diyâr olur peydâ (Nedîm, G. 4/1; Macit, 1997: 275)
Vatan zevkini ve gurbet çilesini gören gönül kuşu, bazen tuzağa düşer bazen de yuvasında yaşar. Gurbet onun için bir tuzaktır çünkü asıl vatanı olan yuvasından ayrılmıştır.
Bildüm ne imiş zevk-i vatan çille-i gurbet
Murgı ki gehî dâmda geh lânede gördüm (Katibzâde Sâkıb G. 414/3; Kırbıyık, 547)
Gurbete yönelik anlatımlarda sevgilinin veya âşığın bulunduğu bölgeye göre farklı yerler zikredilir. Mesela, Mecnun'un gurbeti çöl, Ferhad'ın gurbeti dağ, Hz. Yusuf'un gurbeti kuyu, Hz. Âdem'in gurbeti dünyadır.
Gurbetlik âşıkların alın yazısıdır. Onları gurbete düşüren belli başlı sebepler vardır. Bunların başında sevgilinin ilgisizliği ve âşığı yurdundan kovması gelir. Âşığın talihsizliği, kötülük ve vefasızlıktan kaçması da onların vatanlarını terk etmelerine neden olur. Fuzûlî, yâr ile ağyarı arkadaş görmeye sabredemediği için gurbete düşmüştür.
Yâr ile ağyârı hem-dem görmeğe olsaydı sabr
Terk-i gurbet eyleyip azm-i diyâr etmez m'idim (Fuzûlî, G. 195/5; Akyüz vd, 2000: 225).
Garip bir kul olan âşıklar genelde sevdikleri uğruna vatanlarını terk ederler ve bundan dolayı hallerine iltifat edilmesini beklerler.
Garîbündür Sehâbî iltifât it hâline şâhum
Bilürsin kim senünçün ihtiyâr itmiş vatan terkin (Sehâbî, G. 290/5; Bayak, 128)
Bazen güzeli ve güzellikleri aramak ya da aşkın olgunlaşması için gurbete çıkılır. Ayrılık acısı gönülde hissedilir. Bundan dolayı şairler çoğu kez gönül ve can kavramlarını mecaz-ı mürsel yoluyla anarlar. Aşkın tecelli ettiği gönül olgunlaşmak için diyar-ı gurbete gelmiş ve geride bıraktıklarına özlem duymaktadır. Gönül bu nedenle hüzünlüdür.
Diyâr-ı gurbete gelmiş gönül kesb-i kemâl içün
N'ola mahzûn olursa n'eylesün dâr u diyâr özler (Nevî, G. 85/3; Tulum-Tanrıverdi, 1977: 280)

Ayrıca herkes bilir ki aşk yoluna girenin gurbeti göze alması lazımdır:

Vatan oldı diken gurbet gülistân
Agu içmek yig oldı ney-şekerden (Yunus Emre, 263/4; Tatçı, 213)

Gurbet oduna yanarım kor gider ise gam beni
Kim bu sınıklı gönlümün bir dahi gam-güsârı yok (Ahmet Paşa, G. 145/4; Tarlan, 1992: 188).

Sevgilinin kapısında sürünen âşık, vatanında garip kalır. O, Süheyl-i Yemânî ve akik taşı gibi yalnızdır. Âşığın ahına sevgilinin kapısında yer yoktur bu yüzden çemende saba rüzgârı bile garip kalmıştır. Âşık, cansız, deli divane bir şekilde Mısır, Rum ve Acem mülkünü dolaşır. Onun bağrı yanık, gözü yaşlıdır ve bir türlü yıldızı parlamaz. Dolaştığı diyarlarda hiç kimse onu koruyup kollamaz. (Necatî Beg, G. 24, G. 26; Tarlan, 1992: 161-163)

Âşık, ateşli titremelerden doğmuş ve gurbete yuvarlanmış bir cevherdir. Sedefin aydınlığı ve sedefin merhameti onun için Nişabur sabahı gibidir.

Teblerze zâd gevher-i galtân-ı gurbetim
Mihr-i sadef sabâh-ı Nişâbûrdur bana (Şeyh Galib, G 1/2; Okçu, 205)

Gurbetin âşık üzerindeki tesirine dair çok sayıda benzetme, mecaz ve hayallere rastlanır. Âşık kendi durumunu ifade etmek için Hz Âdem, Hz. Yusuf gibi peygamberlere, meşhur aşk hikâyeleri ve hikâye kahramanlarına göndermeler yapar. Hasret ve ayrılık âşığın hep şikâyet ettiği bir durumdur. Sevgilinin âşığı görmezden gelmesi ve ona karşı vefasızlığı bunun en önemli nedenidir. Bu dünyada âşık için musibetlerin en büyüğü ayrılıktır. Ama o bu durumu kabullenmiştir. Ayrılık onun alın yazısıdır. Bela gam ve ayrılık onun en yakın dostu veya akrabasıdır (Sefercioğlu, 2001: 333).

Yûnus turdı girdi yola kamu gurbetleri bile
Kendü cigerüm kanıla vasf-ı hâlüm yazar oldum (Yunus Emre 223/11; Tatçı, 183)

Vehbî garîb düşdü ser-i kûyuna yine
Halvet-serây-ı vuslata mihmân alır mısın (Sünbül-zâde Vehbî, G.209/5; Yenikale, 2012: 487)

Sevgilinin olmadığı bahçede esiyorsa saba rüzgârı gurbetlik çeken bir gariptir. Âşığın çektiği ahlar, göklere doğru uzaklaştığı için gurbete düşer. Âşık gurbet denizinin dalgasıdır. O, gökyüzünün karanlığında ay ve yıldızlar gibi yalnız kalmıştır. Âşık, sevgilinin diyarından koparılmış bir ney gibi inler (Gülhan, 2006: 139-140). Gurbette olan âşık fakir, çaresiz ve muhtaçtır; o garibe yardım edilmelidir.

Fakîrem bî-kesem bî-çâreyem muhtâc-ı ihsânam
Benüm gibi ġarîbe merhamet hakkâ mürüvvetdür (Vahyî, K. 5/67; Taş, 239)

Âşık sevgiliye seslenip onun kendisini gurbet köşelerinde zar u zelil koymamasını ve başkalarıyla dost olup onların sözlerini dinlememesini ister. O, değerinin bilinmesi, feryadının duyulması ve kendisiyle ilgilenilmesini talep eder.

Fürkat öldürdü Hayâlî bendeni lutf et yetiş
Sen mürüvvet kanına lâyık mıdır te'hirler (Hayâlî, G. 107/5; Tarlan, 1992: 126)

Âşığın ızdırabı geceleri daha çok artar. Gurbette kalan âşıklar sabahlara kadar sevgiliyi düşünür ve âşıkla hiç kimse ilgilenmez

Her şeb ser-i kûyunda yakar meş'alemüz mâh
Kimdür diyen üstüne garîbün döner olmaz (Nev'î G.1/3; Sefercioğlu, 2001:257)

Bilindiği gibi âşık için gurbet çok zor olmaktadır. Ayrılık ve gurbetlikten aşığın gözleri kan ağlar. Gurbet belasından fakr u zaruret içindeki şairin gam ve keder yemeği, kan da şarabı olur.

Belâ-yı gurbet u endûh-ı fakr ile olmış
Gam ile gussa ta'âmum şarâb-ı 'ayşum kan (Sehâbî, K. 7/31; Bayak, 16)
Fürkat deminde çeşmümüz ile kan aglaruz
Ol mürde-i fütâdeye gurbetde hem-demüz (Yakînî, G. 73/3; Zülfe, 2009: 195)

Onun bu mihnet ve derdini görüp ağlayanlar da bulunur. Şair bu durumu sine ve gözlerini soyutlayarak dile getirir. Yanan gönlü ve nemli gözlerinin kendi haline üzüldüğünü söyler:

Mihnet ü derdüm görüp gurbetde yanup ağlayan
Sîne-i sûzân ile bu çeşm-i pür-nemdür bana (Sehâbî, G. 11/3Bayak, 29)
Diyâr-ı gurbete düşdüm gam u derd oldı yârânum
Bu fânî 'âlem içre ne serâyum var ne dükkânum (Mostarlı Ziyâî, TB.1/1; Gürgendereli, 40)

Gurbet duygusunun temelinde vatandan kopuş vardır. Tasavvufa göre asıl vatan âlem-i bekâdır. İnsan buradan âlem-i fenâya gelmiştir. Tasavvufi ıstılah olarak garib birlik âleminden ayrı düşen kişidir. Sufiler asıl vatandan ayrı kalmanın bilincine vardığı için yani gurbeti hissettikleri için onlara garip denir (Cebecioğlu, 2014: 172). Tasavvufa göre ruhların esas vatanı ne bu dünya ne de bu bedendir. Onun vatanı ervah âlemidir. Bundan dolayı içinde bulunduğumuz dünya bir gurbet diyarı, bir gözyaşı yurdudur. Gurbette âşık yalnızdır ve onun tek hemdemi gözyaşlarıdır.

Kim olurdı hem-demüm gurbetde olmasa yaşum
Kim dönerdi üstüme âhum hevâ-dâr olmasa (Pirizrenli Şem'î G. 149/3; Karavelioğlu, 112)
Esîr-i firkat-i yârem garîb ü zâr u bîmârem
Meded kâbil midür görmek yine ol tarz-ı makbûli (Nev'izâde Atayî G. 245/5; Karaköse, 1994: 281).

Aşığın gurbette yalnız kalmasının en önemli nedeni konuşup dertleşebileceği birilerinin olmamasıdır. Çünkü kimse aşkı anlamaz.

Ah kim gurbetdeyüz bir dil bilür hem-râz yok
Kimse 'ışkı anlamaz lafzı nedür ma'nâsı ne (Nevî, G. 462/3; Tulum-Tanrıverdi, 1977: 503)

Her garibin gurbeti farklıdır. Çünkü hâl ehli kendini anlamayan insanlar içinde ya da ilim ve irfan erbabı cahil ve görgüsüzler içinde –kendi vatanında da olsa– gurbettedir. Daha önce belirttiğimiz gibi tasavvufta hakikat ve irfana vâkıf olmadan önce Hak yolunda yürüyenlerin kendi yurtlarındaki uğraşlarının onları meramlarına erişmekten alıkoyacağını düşünerek vatanlarını terk etmeleri de söz konusudur. Aşk yoluna giren halktan kendini soyutlar, o artık diyar-ı gurbete gözyaşı gibi akıp gider:

Tarîk-ı 'ışka girüp halkdan nihân olayın
Diyâr-ı gurbete yaşum gibi revân olayın (Yakînî, G. 154/1; Zülfe, 2009: 238)

Âşıklar sevgiliden gelecek her şeyi hoş görür. Revânî, sevgilinin derd ve belasını iki garip yetime benzetir ve onları bağrına basar.

Revânî derd ü belâsını dil-berün hoş gör
İki garîb yetîmi alup da bağruna bas (Revanî, G. 175/5; Avşar, 162)

Gurbette fakr u zaruret içerisinde olan şairin başında sarık ve sırtında bir gömlek varsa gurbette öldüğünde bunlar ona kefen olur. Şair o kadar zor bir durumdadır ki gam tırnağı yüzünü ve vücudunu tırmalar. Onu gurbet sıkıntısı öldürür ve gam üstüne mihnet toprağı saçar. O, ancak bela uykusuna daldığında düşünde vatan toprağını görebilecektir (Emrî, G. 410; Saraç, 219).

Gurbet acısı aşığın derdini anlatmasına da manidir. Lebib bu durumu; "Sultanım eğer gurbet gönül yakıcı olmasaydı sana meramımı gönül süsleyici vasıflarla yazabilirdim", diyerek dile getirir.

Ciger-sûz olmasa gurbet Lebîb-i zâra sultânım

Merâmın dil-nişîn evsâfla belki eder imlâ (Lebib, K. 1/48; Kurtoğlu, 2004: 507).

Âşık sevgiliden ayrı garip, güçsüz, nasipsiz yaşar ve sevgili aşığa güzelliğinin zekâtı için dahi nazar kılmaz yani hiç onun hatırını sormaz. Fakat garibin ahı yerde kalmayacaktır. Âşık, mekânsız bir şekilde avare avare dolaşır, âşığın tek dostu sevgilinin yaşadığı mahallenin köpeğidir. Ayrılık acısından dolayı âşık geceleri ateşten bir beden olur. (Sehâbî, G. 119/4; Bayak, 67; Revanî, G. 481/4; Avşar, 274; Nevî, G. 24/3; Tulum-Tanrıverdi, 1977: 245; Nehcî, G. 227/3; Aslan, 2012: 189; Münîrî, G. 18/6; Ersoy, 352)

Kimi zaman önceden gurbetin çok hoş tarafları varmış gibi alaycı anlatımlara başvurulur. Gurbetin badesi neşesiz, dilberleri letafetsizdir ve artık gurbet kapısının safası kalmamıştır.

Bâdesi bî-neşve bî-reng-i letâfet dil-beri

Hâsılı Sâkıb safâ-yı dâr-ı gurbet kalmamış (Katibzâde Sâkıb G.310/5; Kırbıyık, 455).

Şairler gurbeti bir içki meclisi gibi de düşünmüşlerdir. Onlar burada da yine yalnızdır. "İşret kenarına kadeh gemisi demir atsa ve gurbet meclisine halden anlayan sırra vakıf biri gelse" diye sitem ederler.

Salsa lenger keştî-i sahbâ kenâr-ı 'işrete

Gelse bezm-i gurbete râz-âşinâlardan biri (Katibzâde Sâkıb G. 574/4; Kırbıyık, 687)

Bazen şair sevgiliyi, kendini, elemi, vatanı ve gurbeti bile unutur.

Ne yâr ne ser ne elemdâr ne gurbet

Dâr u der-i diyârı yitürdüm bulamam hîç (Kânî, G. 16/10; Yazar, 261)

Hasret içerisinde kalan âşık, gurbet içinde gurbeti yaşar ve yıllar geçse de memleketinden haber getiren olmaz

Garîb-i hasretiyem gurbet-ender-gurbetem yâ Rabb

Peyâm-âverde-i dâr u diyârı yıl geçer görmem (Kânî, G. 119/5; Yazar, 341)

Aşığın bu gurbet acısı ne zaman bitecektir? Sevgili, âşığın mahallesinde bulunmasına hiç müsaade etmediği için onun gurbetliği bitmez...

Sormadun bir kez benüm hâlüm cihânda dilberâ

Âh kim kaldum yine ben dâr-ı gurbetde garîb (Nev'î G.24/3; Sefercioğlu, 2001: 257)

Âşığın gurbet elemi sevgilinin kapısında bir gün misafir olmasıyla zaten dinecektir.

Gurbet elemi cân u dile râhat olur idi

Olsam ser-i kûyında eger bir gice mihmân (Mânî, G. 66/2, Demirel, 81)

Sevgili âşığa bir bakış atsa onun gurbetliği sona erecektir. Şair Sinan bunu "Gül diken içinde diye her dem ah u feryat ederim, benim gibi garip bülbüle bir gülsen ne olur" diye ifade eder:

Hâr içinde gül diyü âh iderdüm dem-be-dem

Ben garîbce bübüle karşu bir gülsen n'ola (Ümmi Sinan, G. 153/6; Bilgin, 216)

Sonuç

Klasik Türk şiirinde gurbetin coğrafi uzaklıkla alakası çok azdır. Şairler sıladan ayrılığı değil sevgiliden ayrılığı gurbet ve gariplik etrafında ele almışlardır. Çünkü âşığın asıl vatanı doğup büyüdüğü yer değil, sevgilinin eşiğidir. Sevgilinin bulunmadığı her yer gurbet olarak nitelendirilmiştir. Sevgiliye göre de gurbet ve gariplği çağrıştıran kavramlara yer vermişlerdir.

Gurbetle ilgili anlatımlarda onun dert diyarı, hüzün köşesi ve bela yolu olduğuna dair tasavvurlar ağırlıktadır. Sevgilinin vefasızlığı, kötülükler, âşığın talihsizliği gibi hususlar onların vatanlarını terk etmelerine neden olmuştur. Ayrıca aşkın olgunlaşması ve gönlün pişmesi için de gurbete çıkılır. Genellikle gurbet tasavvufi çağrışımlarıyla şiirlere konu olmuş ve bu dünya gurbet olarak nitelendirilmiştir.

Kaynakça

Akyüz, K., vd. (2000). *Fuzûlî Divanı*. Ankara: Akçağ Yay.

Avşar, Z. (ty). *Revânî Divanı*, http://ekitap.kulturturizm.gov.tr/TR,78396/revani-divani.html, Erişim: 02.02.2016.

Bayak, C. (ty). *Sehâbî Divanı*, http://ekitap.kulturturizm.gov.tr/TR,78399/sehabi-divani.html, Erişim: 01.02.2016.

Bilgin, A. (ty). *Ümmî Sinan Divanı*, http://ekitap.kulturturizm.gov.tr/TR,78407/ummi-sinan-divani.html, Erişim: 01.03.2016.

Cebecioğlu, E. (2014). *Tasavvuf Terimleri ve Deyimleri Sözlüğü*. Ankara: Otto Yay.

Gülhan, A. (2006). "Divan Şiirinde Gurbet ve Gariplik Üzerine", *Türk Kültürü İncelemeleri Dergisi*, 14, İstanbul, s. 131-158.

Kırbıyık, M. (ty). *Kâtibzâde Sâkıb Divanı*, http://ekitap.kulturturizm.gov.tr/TR,78381/katibzade-sakib-divani.html, Erişim: 07.02.2016.

Macit, M. (1997). *Nedim Divanı*. Ankara: Akçağ yay.

Okçu, N. (ty). *Şeyh Gâlib Divanı*, http://ekitap.kulturturizm.gov.tr/TR,78404/seyh-galib-divani.html, Erişim: 01.04.2016.

Saraç, M. A. Y. (ty). *Emrî Divanı*, http://ekitap.kulturturizm.gov.tr/TR,78368/emri-divani.html, Erişim: 20.02.2016.

Sefercioğlu, N. (2001). *Nev'î Divanı'nın Tahlili*. Ankara: Akçağ Yay.

Tarlan, A. N. (1992). *Necatî Beg Divanı*. Ankara: Akçağ Yay.

Tarlan, A. N. (1992). *Hayâlî Divanı*. Ankara: Akçağ Yay.

Tarlan, A. N. (1992). *Ahmet Paşa Divanı*. Ankara: Akçağ Yay.

Tatçı, M. (ty). *Yunus Emre Divanı*, http://ekitap.kulturturizm.gov.tr/TR,78411/yunus-emre-divani.html, Erişim: 01.03.2016.

Uludağ, S. (1996). "Gurbet", TDVİA, C. 14, s. 201.

Yazar, İ. (ty). *Kânî Divanı,* http://ekitap.kulturturizm.gov.tr/TR,78379/kani-divani.html, Erişim: 01.04.2016.

Yenikale, A. (2012). *Sünbül-zâde Vehbî Divanı,* http://ekitap.kulturturizm.gov.tr/TR,78402/sunbul-zade-vehbi-divani.html, Erişim: 07.05.2016.

Zülfe, Ö. (2009). "Yakınî Divanı İnceleme-Metin ve Çeviri-Açıklamalar-Sözlük", http://ekitap.kulturturizm.gov.tr/Eklenti/10661,%20girismetinpdf.pdf?0, 08.02.2016.

August Wilson'ın *Joe Turner's Come and Gone* İsimli Oyununda Siyah Kimliklerin Köle Yolculuğuna Travmatik Direnişi

Deniz Aras*

Göç olgusu bir topluma ait bireylerin ya da toplulukların belirli nedenlerle bir yerden başka bir yere geçişi olarak tanımlanabilir. TDK güncel sözlükte kelime anlamı olarak göç, "ekonomik, toplumsal, siyasi sebeplerle bireylerin veya toplulukların bir ülkeden başka bir ülkeye, bir yerleşim yerinden başka bir yerleşim yerine gitme işi, taşınma, hicret, muhaceret"[13] şeklinde tanımlanır. Bu hareketlilik, bir toplumdan başka bir topluma, bir kültürden diğerine geçişi; bu geçiş ise göç olgusunun öznesi olan insanın yeni olanla karşılaşmasıyla birlikte başlayacak olan zihinsel karmaşasını ve yeni olanla uyum sürecini ifade eder. Bu uyum süreci bir uyumsuzluk ya da benlik karmaşasıyla sonuçlanabilir ya da uyum süreci başarıyla tamamlanıp benlikte ve hafızada kayıplara neden olabilir.

17. yüzyılda İngiltere-Amerika-Afrika üçgeni arasında Atlantik Okyanusu üzerinden sağlanan ticaret ağı, İngiliz kolonilerinin 1619'da bir Hollanda savaş gemisiyle Virginia'ya getirdikleri siyahları köle olarak satmaya başlamalarıyla birlikte Atlantik ötesi köle ticareti ağına dönüşür. Bu üçgen ağ içerisinde sürdürülen okyanus yolculuğu, Amerika'da iki yüz yıldan fazla sürecek olan köleliği başlatan tarihsel bir kriz noktasıdır. Orta Geçiş (Middle Passage) olarak anılan bu köle satış yolculuğu, zorla gerçekleştirilen bir göçün yol haritasını ifade eder. İnsanın ticaretinin yapıldığı bu yolculukta, siyahlar bu zorunlu göçte, gelişi yüzyıllar sürecek olan özgürlükleri ve hayatta kalmak için mücadele verirler. Wilson'ın *Joe Turner's Come and Gone* isimli oyunu Afrikalı-Amerikalının edebi uzamda Afrika'ya dönüşüdür. Bu dönüşü gerçekleştiren şey ise Wilson'ın deyimiyle "Afrikanizm[in] Orta Geçişi yaşat[masıdır]"(Hatch, 1997, s. 540). Benliğin kendine direnişi ve unutmama çabası, hafızanın tekinsiz bir biçimde hep var olmasını sağlar ve yaşanılanın yeni deneyimlerle travmatik olarak yeniden ortaya çıkışına neden olur.

Pittsburgh, Pennysilvanya'da 1911'in Ağustos ayında geçtiği belirtilen oyun, Seth ve Bertha'nın pansiyonunda Bynum'ın gerçekleştirdiği ritüel üzerine konuşmalarıyla başlar. Yedi yıllık bir esaretten sonra karısı Martha Pentecost'u kızı Zonia'yla birlikte aramak üzere pansiyona gelmesiyle süre gelen olaylar çerçevesinde şekillenen oyun, Afrikalı-Amerikalı'nın kimlik arayışı ve yaşam savaşımı üzerine kuruludur. Oyun kişilerini Wilson oyunun The Play bölümünde "özgürlüklerini yeni kazanmış Afrikalı kölelerin oğulları ve kızları" "hafızalarıyla bağlantıları kesilerek izole edilmiş, tanrıların isimlerini unutmuş ve yüzlerinde sadece bir sanı olan" "tuhaf bir yerdeki yabancılar" (Wilson, 2007, s. 6) olarak tanımlar. Bu tanım, Wilson'ın karakterlerinin -Bynum dışında- tam olarak

---

* Arş. Gör., Atatürk Üniversitesi, Edebiyat Fakültesi, İngiliz Dili ve Edebiyatı Bölümü
[13]http://www.tdk.gov.tr/index.php?option=com_gts&arama=gts&guid=TDK.GTS.57f2d557e0e3d6.66
088308

özgür olamadıkları anlamına gelir; ortak paylaşımları Afrika kültürü ve Orta Geçiş'le başlayan travmatik bir tarih olan oyun kişileri bir karmaşa ve arayış içerisindedir ve oyun boyunca bir şekilde tamamlanmaya ihtiyaç duyarlar. Afrikalı özü yani gerçek kimliklerini bulamadıkları sürece Afrikalı atalarından farklı bir konumda olamayacaklarına hatta özgür olup köle gibi hissedeceklerine, tamamlanamayacak bir arayışa, kimliksiz gerçekleşecek bir ölüme ilişkin gönderme Afrikalı geleneğin ve Afrika mirasının oyundaki temsilcisi Bynum'ın şu cümlelerinde görülebilir:

"Mr. Loomis size bakıyorum ve şarkısını unutmuş bir adam görüyorum, şarkısını nasıl söyleyeceğini unutmuş bir adam. Eğer bir adam unutursa, kim olduğunu da unutur. ... bir gün babam bana bir şarkı verdi. Başa çıkması zor olan ağır bir şarkı. Taşıması güç bir şarkıydı. Mücadele ettim, geri vermek istedim ama fark ettim ki bu onun şarkısı değildi. ... anılara, geçmişe baktım ve şarkıyı yapabilmek için parçaları topladım" (Wilson, 2007, s. 67).

Herkesin sahip olması gereken şarkı varlığının ispatı olan kimliğidir; Bynum'ın babasının ona verdiği taşıması güç şarkı Afrikalı kimliğidir, başa çıkması zor olan şey ise şarkıyı tamamlayan kabul edilmesi gereken geçmişin hafızasıdır. Kanlı ve kabul edilmesi oldukça güç bir hafızanın tarih içerisinde kendini tekrarlayan geri dönüşü ve bu dönüşün yarattığı travmayı tamamlayan Afrikalı öz, kökenler ve kültür özümsenemediği sürece siyah kim olduğunu bulamayacak ve arada sıkışıp kalacaktır. Öğrendikleri dil ve din, edindikleri Amerikalı kimliğine rağmen siyah, Afrikalıdır. "Wilson'ın Afrikası ... tarihten çok hafızaya tepki veren" (Shannon, 2001, s. 150) bir olgu olarak oyunda yer alır. Bastırılan Afrikalı bilincinin kaybolmasına karşı bir direniştir; hafızayı ayakta tutarak Afrikalı özün Du Boisci bir yaklaşımla benimsenmesinin gerekliliğini vurgular. Öte yandan, Wilson'ın siyah kimlikleri, geçmişteki yerlerine taşımak gibi bir düşüncesi yoktur. Afrikalı-Amerikalı'daki Afrikalı özü tanımlamaya çalışan Wilson bu durumun ironisini şu şekilde açıklar:

"Eğer bu insanları Afrika'ya geri götürürseniz, etrafta öylece dolaşıp neler olup bittiğini anlamaya çalışacaklardır. Bunla ilişkilendirmelerinin yolu yoktur. Ancak duyarlılıkları Afrikalıdır. Onlar, Afrika'dan taşınmış Afrikalılardır ve dört yüz yıl sonra Amerika'dadırlar. Ama halen Afrikalılardır" (Moyers, 1989, s. 172).

Bynum karakteri konuşması ve duruşuyla oldukça güncel, eylemleriyle de oldukça Afrikalıdır. Bynum didaskalide "her zaman her şeyi kontrol edebilme halinde olduğu izlenimi verir" (Wilson, 2007, s. 10) şeklinde tasvir edilir. Wilson'ın oyun içerisinde Bynum'a tanıdığı bu doğallık ve bilgelik Amerika'ya zincirlenerek götürülen Afrikalının özünde hala Afrikalı olduğunu vurgular. Hafıza bu noktada oldukça önemlidir; siyahın Orta Geçiş'le başlayan kölelik dönemindeki yaşananlarla birlikte yeni bir başlangıca ihtiyacı vardır. Çünkü yeniden kendi olabilmesi ve kim olduğunu hatırlayabilmesi için hafızanın canlı kalması gerekir. Bu bağlamda, hafıza "zamanla uzaklaştırılmış, ırkçılıkla sansürlenmiş, sözlü gelenekle desteklenmiş ve amneziyle/bellek yitimiyle susturulmuş ... Afrikalı-Amerikalıların tarihsel geçmişi hafızaya yerleşmiştir. Ortak bellek ya da 'kanın hafızası' dramatik bir manzara, yeniden yapılanma alanı, tarihlerini yeniden canlandırarak Afrikalı-Amerikalıların kimliklerini yeniden tanımlayabilecekleri bir uzam haline gelir" (Shannon, 2001, s. 154). Bu uzam içerisinde Afrikalının kaybettiğini bile anlayamadığı ruhunu ve kimliğini geri alma çabasını, Bynum, gördüğü Parlayan Adam ve babasının ona verdiği şarkıyla şöyle açıklar:

"Her şey olduğunun iki katı büyüklüğünde görünüyordu. Ağaçlar ve her şey yaşamdan daha büyük! Adamı görebilmek için etrafıma bakındım ve ondan gelen bir ışığı vardı. Kör olmamak için gözlerimi kapatmak zorunda kaldım. Bu ışıkla yeni para gibi parlıyordu. Sanki bütün ışıklar ondan yükseliyormuş gibi görününceye kadar parladı ve sonra kayboldu ve her şeyin yaşamdakinden daha büyük olduğu bu yabancı yerde kendi başıma kaldım. … Yolumu bulmaya çalışırken babamın orada durduğunu gördüm. Elleri ve ağzı dışında her zaman olduğu gibiydi. … beni yanına çağırdı ve beni düşündüğünü, beni sürekli olarak başka insanların şarkılarını taşırken gördüğünü ama benim kendi şarkımın olmadığı için de üzüldüğünü söyledi. Bana şarkımı nasıl bulacağımı anlattı. Sonra bu okyanusa gelinceye kadar beni o büyük yerden taşıdı. Sonra sana kelimelerle anlatamayacağım bir şey gösterdi. Tanıklık etmeye katlanabilirsen, orada bir şey göreceksin. Bir süre o yerde kaldım ve babam gördüğüm bu şeyin anlamını ve şarkımı nasıl bulacağımı öğretti. Ona parlayan adamı sorduğumda, bana Önden Gidip Yolu Gösteren Kişi olduğunu söyledi. Ve daha pek çok parlayan adam olduğunu ve ölmeden önce bir kez daha görebilirsem, şarkımın kabul edildiğini ve tüm dünyada var gücüyle yükseldiğini ve uzanıp mutlu bir adam olarak öleceğimi anlamış olacaktım. Yaşama iz bırakan bir adam. … ve artık bir şarkım vardı, Binding Şarkısı. Bu şarkıyı seçtim çünkü yolculuk yaparken en çok gördüğüm şey buydu…insanlar birbirlerini bırakıp öylece yürüyüp gidiyorlardı. Böylece şarkımın gücünü alıp onları birbirine bağlarım diye. … Bu nedenle insanlar beni Bynum diye çağırır. Yapıştırıcı gibi insanları birbirine yapıştırırım" (Wilson, 2007, ss. 15-16).

Parlayan Adam, farkındalık düzeyine çıkan Afrikalı kimliğini bulan "parlayan herhangi biri" dir. "Eğer Parlayan Adam ruhun kurtarıcısı, bir aziz ise Joe Turner da … bir ruh hırsızı bir şeytandır" (Beşe, 2012, s. 34). Oyuna ismini veren Joe Turner bir köle avcısıdır; yakaladığı siyahları birbirlerine zincirleyerek yedi yıl boyunca çalıştırır. Herald Loomis de Joe Turner tarafından kaçırılan siyahlardan biri olarak psikolojik yönde zarar görür ve yedi yıllık esaretinde ailesini, inancını ve hatta kendi benliğini de kaybeder. Loomis bu esareti ve insanlık üzerindeki yıkıcı etkisini "seni yakalıyor ve evine ailesinin yanına gidiyor. Senin ailen evini düşünmüyor. Joe Turner, küçük kızım yeni doğduğunda kaçırdı beni. … 1901'de kaçırdı, 1908'e kadar yedi yıl tuttu. … ava gitti ve tek seferde kırk adamla geri döndü. Ve onları da yedi yıl tuttu" (Wilson, 2007, s. 69) şeklinde açıklar. Loomis'in 1901 yılından 1908 yılına kadar zincirlenerek çalıştırılması, yedi yıllık esareti aynı zamanda iç savaştan sonra kaldırılan köleliğin sürdüğünün bir göstergesidir. Loomis yedi yıl boyunca bir kere bile - oyunda da fiziksel olarak yer almayan - Joe Turner'ı görmediğini belirtir. Joe Turner'ın görünmeye ihtiyacı yoktur; beyaz kültürün baskın gücünün ve varlığının bir temsilcisidir. Oyunda egemen kültürün baskıcı ve ikiyüzlü tutumunun diğer bir örneği İnsan Bulan olarak çağrılan Rutherford Selig'dir. Selig insanları bulup getirme işinin aile işi olduğundan bahseder;

"Büyük büyük dedem zencileri gemilerle okyanus ötesinden getirirdi … Babam huzur içinde yatsın plantasyon sahiplerine kaçak köleleri bulup getirirdi. Abraham Lincoln sizlere tüm zencilere özgürlük kağıdını verdikten sonra zenciler için zencileri bulmaya başladık" (Wilson, 2007, s. 41)

Selig beyaz atalarının işinden övgüyle bahsederek devamında kapitalist sistemin öngördüğü şekilde devam ettiğini vurgulayarak iç savaş sonrası süre gelen modern köleliğin insanlığı yok eden bir güç istenci oluşunun ironik bir örneğidir.

Müzik, şarkı, gündelik yaşamın bir parçası gibi oyuna yerleştirilmiş "Juba dansı, conjurer man Bynum ve Bynum'ın Seth'in bahçesinde güvercinleri öldürmesi ve Parlayan Adam'ın hikayesiyle ilişkilendirmesi, Miss Mabel'in hayaletinin Reubena'ya görünmesi, Loomis'in atalarına götürdüğü Orta Geçiş görüntüsü deneyimini anlatması, bedene açılan yara"(Shannon, 2001, s. 156) ile örneklendirilebilecek bir mistisizm, Wilson'ın Afrika'yla olan bağlantıyı sağladığı iletişim araçlarıdır. Pansiyondaki herkesin dahil olduğu Afrika mirasına özgü "Afrikalı kölelerin Ring Shouts'unu anımsatan Juba dansını" (Wilson, 2007, s. 50) gerçekleştirdikleri sırada Loomis geçmişin bilinçsiz reddiyle içeri girerek gerçekleştirdikleri Juba dansını ve çağırdıkları ruhu öfkeyle aşağılar: "burada oturmuş Kutsal Hayaletle ilgili şarkılar söyleyip duruyorsunuz. Kutsal hayaleti bu kadar kutsal yapan ne? Şarkı söylüyorsunuz söylüyorsunuz. Geleceğini mi sanıyorsunuz? ... Ne yapacak?"(Wilson, 2007, s. 50) diyerek dışarı çıkar ve bir zihin çöküşü yaşar. Kendini keşfetmeye başladığı bu anda Bynum'la gördüğü görüntüler üzerine konuşmaya başlar:

"LOOMIS: suyun üzerine yükselen kemikler gördüm. Yükselen ve suyun üzerinde yürüyen. Kemikler suyun tepesinde yürüyorlar.

BYNUM: bana kemiklerden bahset Herald Loomis. Ne gördüğünü söyle bana.

LOOMIS: bu yere geldiğimde... tüm dünyadan daha büyük olan bu suya. Ve baktığımda kemiklerin suyun üzerinde yükseldiğini gördüm. Yükselip en yukarısına yürümeye başladılar.

LOOMIS: batmadan yürüyorlardı. Suyun en yukarısına yürüyorlardı.

BYNUM: bir sırada uygun adım yürür gibi.

LOOMIS: ... suyun üstüne çıktılar ve uygun adım yürümeye başladılar.

BYNUM: batmadan suyun üzerinde yürüyorlardı. Sadece yürüyorlar yürüyorlardı. Ve sonra... ne oldu Herald Loomis?

LOOMIS: Sadece suyun karşısına yürüyorlardı.

BYNUM: Ne oldu Herald Loomis? Kemiklere ne oldu?

LOOMIS: Sadece suyun karşısına yürüyorlardı... ve sonra...battılar.

BYNUM: Kemikler suya battı. Hepsi battı.

LOOMIS: Hepsi aynı anda! Öylece aynı anda suya düştüler.

BYNUM: Herhangi biri gibi battılar.

LOOMIS: battıklarında, büyük bir sıçratma oldu, burada dalgaları çıkıp geldi

BYNUM: büyük bir dalga, Herald Loomis. Büyük bir dalga landi yıkadı.

LOOMIS: suyun üzerinden karayı yıkadılar. Sadece...sadece...

BYNUM: Sadece artık kemik değillerdi.

LOOMIS: Etten bedenleri vardı! Tıpkı senin ve benim gibi!

LOOMIS: Siyahlar. Tıpkı senin ve benim gibi. Hiçbir farkları yok.

BYNUM: orada öylece uzanıyorsun. Ne bekliyorsun Herald Loomis?

LOOMIS: Rüzgar bedenime nefes getiriyor. Hissedebiliyorum. Yeniden nefes almaya başlıyorum.

BYNUM: ne yapacaksın, Herald Loomis?

LOOMIS: ayağa kalmam lazım. Ayağa kalkmak zorundayım. Burda öylece uzanamam artık. Nefes bedenime doğru geliyor ayağa kalmam lazım.

BYNUM: herkes aynı anda ayağa kalkar.

LOOMIS: Yer sallanmaya başlıyor. ... Dünya ikiye bölünüyor. Gökyüzü yarılıyor. Ayağa kalmam lazım. (Kalkmaya çalışır) Bacaklarım...Bacaklarım kalkmıyor!

LOOMIS: Bacaklarım kalkmıyor!

BYNUM: el sıkışıyorlarbve birbirlerine hoşça kal diyorlar. ...

LOOMIS: Ayağa kalkmam lazım.

BYNUM: şuanda etrafta yürüyorlar. Adamlar. Tıpkı senin ve benim gibi. Suyun üzerindenden geiyorlar.

LOOMIS: Ayağa kalkmam lazım.

BYNUM: Hadi Herald Loomis.

(Loomis kalmaya çalışır)

LOOMIS: Bacaklarım kalkmıyor! Bacaklarım kalkmıyor!

(Işık kararırken Loomis yere düşer)" (Wilson, 2007, ss. 51-53)

Suyun üzerinden yükselen kemikler, Orta Geçiş'le Amerika'ya insan yığınları şeklinde getirilen ve bu geçiş sırasında ölen köleler yani Loomis'in Afrikalı atalarıdır. Geçmişinin ve kültürünün zorunlu bir parçası haline gelen Orta Geçiş ve kölelik, Loomis'i ailesinden ve kendi benliğinden ayırmıştır. Loomis'in savaşımı, kölelik geçmişi ve atalarının Orta Geçiş deneyimi içerisinde kaybettiği kendi öz benliğini arayışıdır. Loomis, evlerinden, yurdundan, ailesinden ve öz benliklerinden koparılan milyonlarca kölenin temsilcisi olarak, kaygılarının bile bastırıldığı bir geçmişin içerisinde sıkışıp kalır. Atalarının çağrısına kulak vermeye başladığı an geçmişle yüzleşmeye başlar. Diğer tüm siyahlar gibi Loomis'in de öncelikli olarak atalarının kanlı hafızasını acıyı hissedilmek için aklında tutması gerekir. Çünkü acıyı tanımlayamadığı takdirde acı hafızanın bir hayaleti olarak peşinden gelecek ve kanlı hafızanın içerisinde var olabilen benliğini parçalara ayıracaktır. Bu nedenle, Bynum Loomis'in ilk seferde başaramadığı şeyi yeniden denemesi için itici güç olarak Joe Turner's Come and Gone isimli şarkıyı söyler. Bynum şarkıyı söylemeye başladığında Loomis tepki verir ve başta Bynum'un sorularından kaçmaya çalışır. Bynum, Loomis gibi herkesin bir şeyler aradığından bahseder ve plantasyon deneyimini hatırlatmak için çiftçilik yapıp yapmadığını sorar. Son olarak, Bynum bir **conjurer** olarak yedi yıllık esaretinde karısını ve özgürlüğünü adım adım kaybettiğini ve Joe Turner'ın kölelerinden biri olduğunu söylediğinde, Loomis "yalan söylüyorsun! Nasıl görebiliyorsun? Damgam mı var üzerimde? Joe Turner senin görebileceğin bir yere damgaladı mı? Damgalı bir adam olduğumu söylüyorsun. Senin ne çeşit bir damgan var?" (Wilson, 2007, s. 68) şeklinde cevap verir. Bynum kendisinde olanı bir damga değil de geçmişinin silinemeyecek bir izi olarak kabul edip taşıyan biri olarak Loomis'in Joe Turner'ın istediği "kendisinde olmayan bir şeyi" (Wilson, 2007, s. 69) bulması konusunda yardımcı olmaya çalışır:

"BYNUM: anlaması zor olmasa gerek senden istediği şey şarkın. Şarkının kendisinin olmasını istiyor. Seni kaçırarak şarkıyı öğrenebileceğini sanıyor.

Şimdi de seni kendi şarkını söyleyemediğin yere bağlıyor. ... ama hala o senin. Sadece nasıl söyleyeceğini unutmuşsun

LOOMIS: kim olduğunu biliyorum. Sen onlardan birisin kemik insanlardan" (Wilson, 2007, s. 70)

Loomis, Joe Turner'ın istediğinin kimliği olduğunu anlamaya başlamasıyla birlikte benliğini bulması da Bynum'u atalarından biri olarak tanımlamasıyla başlar. Loomis'in "şuanını, atalarının Afrika'dan Amerikan esaretine uzanan yolculuğuna bağlayan saklı kalmış şarkısının kaybı" (Menson-Furr, 2007, s. 209)nı tamamlaması karısı Martha'yla yüz yüze gelmesiyle gerçekleşir. Martha'nın sonunda Hz. İsa'nın yardımıyla temizlenip inancına geri dönmesini istemesine karşı Loomis'in "benim tek gördüğüm yünlü kafaları sersemletilmiş bir grup zencilerdi. Ve Bay Hazreti İsa onların ortasında öylece sırıtarak duruyordu" (Wilson, 2007, s. 84) şeklindeki cevabında Loomis'in Hz. İsa'ya duyduğu öfke aslında yaşadıklarına ve beyaz kültürün temsilcisi Joe Turner'adır. Loomis'in "büyük beyaz adam... senin Bay Hazreti İsan. Orada bir elinde kırbaç ötekinde tote board öylece durup pamuk denizinde yüzen zencileri izliyordu. ... ne kadar da hoş bir adam Bay Hazreti İsa çünkü ölümden sonra ona kurtuluşunu verecek. Burada bir yanlışlık var" (Wilson, 2007, s. 85) şeklindeki isyanına Martha'nın kendine özgü bir biçimde Loomis'e yardım etme çabasıyla – çünkü Martha'nın Loomis'i "bir parça pamuk gibi arkamdan seni sürükleyemezdim" (Wilson, 2007, s. 82) diyerek içinde öldürmesi, kendi özünü yok saydığının göstergesidir – kanla temizlenmesi gerektiğini söylediğinde Loomis:

"kan seni temizleyecek mi? Sen kanla mı temizlendin?

Kimsenin benim için kan akıtmasına gerek yok. Ben kendim için akıtırım. ...

Kan mı istiyorsun? kan seni temizleyecek mi? Sen kanla mı temizlendin?" (Wilson, 2007, s. 85)der.

Didaskalide Loomis'in göğsünü kestiğini kanların yüzüne geldiğini ve bir farkına varmanın gerçekleştiği belirtilir. Ve ardından Loomis'le Bynum'un diyaloğu şu şekildedir:

"LOOMIS:Ayakta duruyorum! Ayakta duruyorum! Bacaklarım ayağa kalktı! Artık ayakta duruyorum! Hoşça kal Martha.

BYNUM: Herald Looomis, parlıyorsun! Yeni para gibi parlıyorsun!" (Wilson, 2007, s. 86).

Loomis bulduğu benliğiyle ayağa kalkmayı başarmış ve artık kemik insanlardan biridir. Loomis'in kendi kanını kendi akıtma isteği, özgür iradesinin bir seçimi ve varlığının göstergesi olarak bildirilir. Kölelik boyunca çekilen acının, zorla el koyulan bir mülkiyetin ve yitirilen kimliğin özgür kalması anlamına gelir. "Loomis ayağa kalktığını bildirdiğinde, bu aynı zamanda Loomis'in gücünü ve Afrikalı kimliğini bulduğunu söylemesi demektir" (Tyndall, 2004, s. 170). Dolayısıyla, Loomis'in Joe Turner'a olan esareti henüz sona ermiştir.

Derinliği, zorluğu ve mistisizmiyle oyun, döneminin hazır olmadığı bir oyundur. Kültürel farkındalığı yaratması için izleyicinin deneyimlemesine ihtiyacı vardır. Wilson'ın izleyicisinin/okuyucusunun oyun boyunca görüp, anlaması ve deneyimlemesi gerekecek oyunun sonunda ise değerlendirme yapacaktır; Afrikalı ritüellerini, batıl inançlarını müziği dansı ve bunların iletişimsel etkisini bilmeyen izleyici zorlanırken bir yandan da Afrikalı kültürünün içerisine girmeye başlayacaktır. Dans, konuşmalar, ruhsal şeyler, iletişim araçlarıdır. Oyun kişileri,

"Batılı düşünce mantığının dışında Afrikalı duyarlılığı içerisinde" (Shannon, 2001, s. 155) oluşturulmuş karakterlerdir. Kölelik oyunun merkezi değildir; köleliğin yarattığı travma ve Afrikalı kalabilme çabaları karakterleri güçlü kılar. Pansiyon sahibi Seth'in Loomis'e ve Bynum'a bakış açısı oyuna Afrikalı duyarlılığıyla yaklaşamayan izleyiciyle/okuyucuyla eşdeğerdir. Loomis'in kızgınlığı, arayışı, duruşu Seth'e göre onun ve çevresindekiler için bir tehdittir ya da Bertha ile Bynum'un rütelistik eylemleri üzerine tartışırken, Bynum'un eylemlerini ve uğraşılarını "kasvetli ve bunaltılı işler" (Wilson, 2007, s. 8)olarak nitelendirir ve "etrafta ne kadar dans ettiği umurumda değil. Sebzelerimden uzak dursun, yeter. Adam bahçemi mahvetti... yararsız şeyler ekiyor... güvercinleri, belli belirsiz şeyleri gömüyor"(Wilson, 2007, s. 8) diyerek Bynum'un Afrikalı mirasın bir ritüeli olan güvercinleri öldürüp gömerek evi ve çevresini koruduğuna inanmasının Seth için hiçbir önemi yoktur. Seth "bana göre Bynum'un hiçbir gizemi yok. Onun gibi yüzlerce zenci gördüm. ... Tek farkı Bynum bu kasvetli-bunaltı işlerini yanında getirmiş"(Wilson, 2007, s. 36)dediğinde artık onunda kaybolmuş ancak başka değerleri benimsemiş biri olduğu anlaşılır. Çünkü geçmiş unutulduğu takdirde varlığı da yok edecek bir geçmiştir; hafızayı akılda tutamayan kişi, yerine yerleştirilmesi istenen kimliği koymuş, asimile olmuş özünden kopmuştur. Oyundaki en açık örneği Seth'dir. Seth bir ayrıcalıkmış gibi kurduğu "ben hiçbir zaman pamuk toplamadım. Kuzeyde doğdum. Babam özgür bir adamdı. Pamuğu görmedim bile!" (Wilson, 2007, s. 67)cümlesiyle ait olduğu geçmişten ne kadar uzakta olduğunu ve bununda ötesinde hiçbir aidiyetsizlik duygusu hissetmeksizin ne kadar asimile olduğunu gösterir. Bu nedenle oyunda Bynum Bertha'yı kardeş olarak çağırırken Seth'e sadece ismiyle hitap eder.

Herald Loomis'i oyun boyunca bu kadar Afrikalı yapan sürekli olarak yaşadığı sürümcemedir. Yeni Afrikalı, Loomis gibi zihinsel karmaşalarının ve çatışmalarının sonucunda geçmiş travmalarıyla yüzleşmiş, geçmişini sırtına almış, izini taşıyan ancak yeni bir başlangıçla yoluna devam edebilendir. Bu bağlamda, Wilson'ın amacı "Afrikalı- Amerikalının kendine özgü kültürel mirasıyla Amerikan toplumu içerisinde nasıl güçleneceğini, nasıl öz olumlama yapacağını ve nasıl birlik olabileceğini bulmak adına verdiği savaşımı" (Beşe, 2012, s. 34) gösterebilmek olduğu söylenebilir. Oyunda "bir elinde İncillerini diğer elinde gitarlarını tutan insanların" (Wilson,2007,s.6) sembolize ettiği çifte mirasla *Joe Turner's Come and Gone*, siyahın yaşamından çıkarmaya çalıştığı beyaz adamın hayaletini bir gerçekliğe dönüştürerek bütünlük, benlik, toplu bilinç ve bir Afrikanizm arayışıdır.

Kaynakça

Beşe, A. (2012). "Southern Spiritual Memory Evoked by Conjure Characters in August Wilson's Dramas", *The Americanist Regionalism and American Studies, Warsaw Journal for the Study of the United States*, Vol. XXVII, Ed. William R. Glass, University of Warsaw, Warsaw.

Hatch, J.V. (1997). review of *Digging the Africanist Presence in American Performance*, Brenda Gottschild, *African Review* 3, Fall.

Menson-Furr, L. (2007). "The Ground on Which I Stand is I, too, Am America": African American Cycle Dramatists, Dramas, and the Voice of Inclusion,

Interrogating America through Theatre and Performance, ed. William W. Demastes and Iris Smith Fischer, Palgrave Macmillan, New York.

Moyers, B.1989). *A World of Ideas*, Double Day, New York, 1989.

Shannon, S.G. (2001). "Audience and Africanisms in August Wilson's Dramaturgy: A Case Study", *African American Performance and Theater History A Critical Reader*, Ed. Harry J. Elam, David Krasner.

Tyndall,C.P.(2004). Using Black Rage to Elucidate African and African American Identity in August Wilson's *Joe Turner's Come and Gone* (1911), *August Wilson and Black Aesthetics*, ed. Sandra Shannon and Dana Williams, Palgrave Macmillan, New York.

Wilson, A.(2007). *Joe Turner's Come and Gone*, theatre Communication Groups, New York.

Göçmen Bir Şair Şavkar Altınel Edebiyatında Kimlik

Fatih Özdemir *

1980 kuşağının önemli şairlerinden Şavkar Altınel, aynı zamanda gezi yazısı, anlatı, anı, eleştiri ve çeviri türündeki eserleriyle günümüz Türk edebiyatının önemli temsilcilerinden biridir. Uzun yıllardır Türkiye'de yaşamamasına rağmen eserleriyle her zaman edebiyat dünyasının gündeminde olmayı başarabilmiş; özellikle 1980 sonrası şiir içinde anlatımcı şiirleriyle öne çıkmıştır.(Asiltürk,2006, s.80)

1953 yılında İstanbul'da doğan Şavkar Altınel, Englısh High School ve Robert Koleji bitirir. Türko-Anglosakson kültürüyle yetişir. Daha sonra Chicago Üniversitesi'nde İngiliz Edebiyatı öğrenimi görür. Ancak Amerika'ya alışamaz, oradaki yaşamını can sıkıntısı ve bunalım dolu olarak görür. 1976 yılında doktora bursuyla Glasgow'a gider. 1989 yılından sonra ise önce Northamton'a sonra da halen yaşamakta olduğu Londra yakınlarındaki Berkshamted'e taşınır. (Yamaç,2015, s.52) Dolayısıyla hem edebiyat anlayışının hem de kimliğinin şekillenmesinde biyografisinin, ülke ve şehir değiştirmelerinin ve gezilerinin önemli bir rolü olmuştur. Sanat anlayışını yaşanmışlık ve deneyim üzerine kurar. Hem poetik yazılarında hem de söyleşilerinde İngiliz edebiyat geleneğinin etkisiyle anlatımcı şiire yöneldiğini belirtir. Eleştiri yazılarında değerlendirdiği Yahya Kemal, Eliot gibi yazarların yaşadıkları topluma sonradan giren ve sürekli bu toplumlara ait olduklarını kanıtlamaya çalışan şairler olması dikkat çekicidir. Batılı dünya görüşünün "hayat bir öyküdür" anlayışının üstünü sık sık çizer. Batı şiirinde dilin yalın ve anlatılanların saydam olduğunu, Doğu şiirinin ise anlamın soyutlamalarda aradığını, dünyayla doğrudan değil dolaylı bir ilişki kurduğunu düşünür. Batı'nın temelinde mantık, yaşanmışlık ve gerçekçilik olan şiirini kendine yakın bulur. (Altınel, 2013a, s.13) Şiir anlayışının oluşumunda Türkiye dışında yaşamış olmasını bir avantaj olarak görmektedir. Bu konuda şunları söyler: "...Üstümde herhangi bir çevre baskısı duymadan, başkalarına benzemek gibi bir kaygım olmadan, dilediğim, bildiğim gibi yazabildim. Bu dışarıda –benim gibi yurtdışında ya da diyelim ki günün edebiyatının üretildiği merkezlerden uzakta, taşrada- yaşayan bir şairin büyük avantajıdır." (Altınel, 2013a, s.124) Görüldüğü gibi Şavkar Altınel, Türkiye'den uzakta yaşamasını kendine özgü bir edebiyat anlayışı oluşturmasında önemli bir çıkış noktası olarak görmüştür. Herhangi bir şeye ancak dışından bakılabileceğini, "yabancı" olmanın yazabilmesini sağlayan temel öğe olduğu fikrindedir. Yahya Kemal'in şiir anlayışıyla kendi şiiri arasında çeşitli açılardan bağlantılar kuran şair, bunda hayatları arasındaki çarpıcı benzerliğin payı olduğunu söyler. O da Yahya Kemal gibi Batı'ya "maruz kaldığını", ülkeden ülkeye sürüklendiğini, şiirlerinin merkezinde dünyaya dışarıdan bakan bir yabancının yer aldığını belirtir. Ancak Yahya Kemal'in köksüzlüğünün ve göçebeliğinin daha derin olduğunu söyler. Yahya Kemal'in eve dönme isteğinin kendi köksüzlüğüne bir tepki olduğunu, oysa kendisinin sığınılabilecek bir ev kalmadığı görüşünde olduğunu söyler. (Öztunç, 2014,s.57)

Şavkar Altınel'in şiirlerinde yolculuk, zaman, hüzün temel meseleler olarak karşımıza çıkar. Yolda olmak, şehirler ve ülkeler gezmek, sürekli hareket halinde olmak, şehirlerden ayrılmak zorunda olmak şiirinin merkezinde yer alır. (Seval, 2014, 480) Şiir kitapları *Kraliçe Viktorya'nın Düşü* (1991), *Gece Geçilen Şehirler* (1992), *Donuk Işıklar* (1997), *Kış Güneşi* (1999) sevdiği sanatçılarla ilgili portre şiirlerini ve yolculuktaki yalnızlık, dinginlik, bir şeyleri geride bırakışın hüznü gibi duyguları anlatan şiirlerden oluşur. (Asiltürk, 2006, s.81) Örneğin *Gel-Git* şiirinde "Yedi yıl sonra İskoçya'da:/ Hala tanıdık ve yabancı her şey.../ Terminal bölgesinden çıktığımızda/ tenha yollar, taş evler, eski publar./ İnsanın burasını ya da başka bir yeri/ anayurdu olarak düşünmesinin nasıl olacağını merak ediyor bir an," diyerek yersiz-yurtsuzluğunu tasvir eder. *Yeni Cami'de* şiirinde "Ama bir içgüdü sanki bir yurt aramak kendimize,/ dünyanın bir köşesinin bizim olmasına çalışmak" diyerek bütün yolculuklarını özetler. Şiirlerinde İskoçya'dan Fransa'ya, Amerika'dan Türkiye'ye, Avustralya'dan İtalya'ya kadar gezip dolaştığı yerleri kendi benliğiyle birleştiren bir şair portresi karşımıza çıkar. Nabakov, Yahya Kemal, Goethe, Van Gogh Eliot, Turgenyev gibi kendi ruhuna yakın bulduğu, içinde yaşadığı topluma uyum sağlayamamış, kendi varoluşlarını başka yerlerde aramış sanatçılarla ilgili portre şiirler yazması dikkat çeker. (Kayıran, 2016, s.345) Örneğin *Ivan Turgenyev Sürgünde* şiiri şöyle bitmektedir: "Rus olduğuna inanmazdı hiç kimse:/ Ne olursa olsun yükseltmezdi sesini,/ Ama taşırdı kirli bir sır gibi içinde/ Gizlice, yoksul ve korkunç ülkesini." (Altınel, 2013c, s.63-78-26)

Gündelik hayatını gerçekçi, duru, betimleyici, dış dünyayı temsil eden bir anlatımla ele aldığı için yaşadığı ve gezdiği yerler, yaşam öyküsü, dolayısıyla da kendi ülkesinden uzakta yaşayan bir şairin kendi kimliğini inşa etme süreciyle karşılaşırız. Şavkar Altınel'in aidiyetlik, kimlik, yerleşiklik ve mekan gibi olguları sorguladığını belirten Yücel Kayıran, modern hayat tarzının olumsuzluklarına modernizmin içinden baktığını, Batı coğrafyasındaki modern hayat tarzından hareket ederek gelişmişlik-geri kalmışlık, konfor, doğal olanın öne çıkması gibi durumları ele alarak, Türk şiirinde olmayan bir modernizm eleştirisi izleği geliştirdiğini söyler ve şunları belirtir: "Belli bir yerin koşullarında varolabilecek bir ruh haline sahip değildir. Bu nedenle kendini belli bir yere ait hissetmez... Şavkar Altınel'in anlatıcı beni, kendini bu evrene ait hissetmemekte, bu evrendeki kurumlara, eşya hukukuna, yerleşikliğe tahammül edememekte, dolayısıyla yolda olmayı bir varoluş tarzına dönüştürmektedir." (Kayıran, 2016, s.341)

Gezi yazısı ve anlatılarında da şiirlerindekine benzer bir gerçekçilikle yaşanan anı yakalamaya çalışır, yolculuklara çıkarak bireysel kimliğini oluşturma ve varoluşsal olarak dünyaya yabancı olma izleklerinden ayrılmadığı görülür. *Güneydeki Ülke* kitabında Avustralya gezisini anlatır. Onun gezi yazılarında görsellik, akıcılık ve canlılık karşımıza çıkar. Gezdiği yerleri tarihiyle, güncelliğiyle ve kimliğiyle ele alıp hüzün ve nostalji duygusu yüksek metinler ortaya koyar.

Şavkar Altınel'e göre Avustralya'nın tarihi büyük bir göç tarihidir. Kıtanın kendisinin ve en eski sakinleri aborjinlerin bile başka kıtalardan göç ederek şimdiki yerine geldiğini söyler. Daha sonra modern dönemlerde zengin yer altı kaynakları sebebiyle önce İngilizler ve daha sonra başka milletlerden insanlar buraya göçmüştür. Yazara göre Avustralya'ya göçü diğer göçlerden ayıran en önemli özelliği Avustralya'nın "korkunç uzaklığı"dır. Kültürel ve siyasi kimlik olarak da Avustralya hem İngiltere'ye kuşkuyla bakmakta hem de özelliksiz bir İngiliz tarzı hayat sürmeye devam etmektedir. Şavkar Altınel, Avustralya'nın göçler sonucunda oluşan kimliğinin kendisini etkileyen yönünü şu şekilde anlatır: "Bambaşkalıkla sıradanlık, kaçmakla geri dönmek, gelecek düşüyle geçmişe özlem arasında kalmış bir ülke de, hayatının ortasına gelmiş, iki yöne birden bakan birisinin bir süre dolaşması için ideal bir yer belki de." (Altınel, 2014a, 38)

Sidney'i, Melbourne'ü ve Adelaide'i gezdikten sonra Avustralya'nın ortasındaki çölü geçip kuzey kıyılarına ulaşır. Bu şehirlerin günlük hayatıyla, sosyal ve kültürel tarihiyle ilgili önemli, bulduğu noktaları paylaşır. Bu sırada göçmenlerin kıtası Avustralya'nın önemli şehirlerinden Sidney'de rastladığı Türk göçmenler onu göçmenlik üzerine düşünmeye sevk eder. "İki yüz yıl önceki tutsakların bu uzak ülkenin alışık olmadıkları bitkileri arasında duydukları garipliği, şaşkınlığı, çaresizliği hâlâ çağrıştırabilecek bir şey varsa, olsa olsa bu yaşlı Türk göçmenlerin hali olabilir. Başka kimin için olursa olsun, onlar için Avustralya'da mutlu bir son olabileceğine inanmak zor. Gene de, sonraki kuşaklar için durumun değişecek ve dedesinin uydurduğu farelerden korkan bu küçük kızın burada büyüyüp buralı olacak olması bir teselli belki de." (Altınel, 2014a, 45) Ayrıca Adelaide şehrindeki Göç Müzesi de yazarın ilgisini çeker.

Şavkar Altınel, *Kvangvamun Kavşağı* isimli gezi kitabını 2004 yılında yayımlamıştır. Malezya, Hong Kong, Kore, Japonya yolculuklarını anlatır. Örneğin, Kuala Lumpur'da mimarisinden yola çıkarak şehir kimliği hakkında gözlemler yaptıktan sonra, sık sık başvurduğu bir yöntemle kendini başkasının yerine koyar. Bu sefer 1947 yılında kendisinin şimdi oturduğu yerde oturan bir kauçuk tüccarının yerine geçer ve o günün şartlarını hayal eder. Ondan sonra da kendi edebi ve kişisel kimliğiyle ilgili şu değerlendirmeyi yapar: "… bunca değişik tür insanın hayatını bilmeme ya da bildiğimi sanmama rağmen, kendimin neden, yaşadığım bu köksüz, göçebe hayattan başkasını yaşayamadığımı merak ederek çayımı bitirdim…" (Altınel, 2013b, 35) Şavkar Altınel'in, kendisinin de burada üzerinde durduğu gibi göçebe olması, herhangi bir kültüre ya da yere aitlik hissiyle bağlı olmaması edebiyatının merkezinde yer almaktadır. Gezdiği şehirlerde ve ülkelerde kimlik değişimleri, kültürel farklılıklar ve bir yere sonradan gelmenin yarattığı sonuçlarla ilgili gözlemlerle sık sık karşılaşırız. Örneğin *Kvangvamun Kavşağı*'nda Malezya Müslümanlığınında inandırıcı olamayan bir yan görür. Tıpkı ülkede etkisi hissedilen İngiliz izleri ya da Amerikan etkisi gibi İslamiyetin ülkeye sonradan geldiğini söyler. İslamiyet, onlar için Çinlilerden faklılıklarını ortaya koyan bir kimlik olarak yaşamaktadır. Başka bir bölümde de Hong Kong'da Çinlilerin "Portekizlilerin getirdiği tanrıya dua ettiklerini" gözlemler. hissetmektedir.

Kitabın ismi de Seul'deki kimliksiz ve özelliksiz bir dört yol ağzından gelmektedir. Yine kitabında Japonya'nın taşra şehri Matsue'de göçmen yazar Lafcadio Hearn'un izini takip eder. İrlandalı bir babayla Yunanlı bir annenin oğlu olan yazar, Dublin, Fransa ve İngiltere'de yaşamış, Amerika'ya göç etmiş, Karayipler'de taşınmış, en son ise bir görevle geldiği Japonya'ya yerleşmiştir. Buralarda gezi yazıları ve hikayelerinde çok kültürlü kimliğinin etkileri öne çıkar. Hearn, Şavkar Altınel'e eserin sonundaki hayali karşılaşmalarında, kendisi gibi yaşayanların, her şeye yabancılaştıklarını, yalnızca bir yolcuya dönüştüklerini, oradan oraya gitmekten başka bir şey yapmadıklarını söyler. Yazar ise yabancılaşmanın, ait olamamanın ölümden ve başarısızlıktan kaçış yollarından biri olduğunu, bir yere yerleşilince ve bir kimliğe sahip olunca ölümün ve başarısızlığın gelebileceğinden korku duyulması gerektiğini söyler. "Şavkar Altınel"in sık sık seyahatlere çıkmasının arka planında onun ikili bir kültürel yapının odağında olmasının etkisi vardır. Altınel"in henüz on dokuz yaşındayken ülkesinden ayrılışı ve bundan sonra yaşamını yurt dışında sürdürmesi onun zihniyetine etki etmiş, Doğulu bir kökten gelmiş olsa da uzun süre içinde kaldığı Batı kültürü hayata dair bakışını biçimlendirmiştir. Sanatçı kimliğinin oluşumunda içinde bulunulan coğrafya mühim yer teşkil etmektedir; zira coğrafya insanların hayatı duyumsayış tarzları ve yaşama biçimleri üzerinde etkilidir... Söz konusu olan Altınel"in hayatında mevcut olduğu üzere ikili bir coğrafi yapı ve bilinç olduğunda da bunu sanat formunun dışında değerlendirmek mümkün olmamaktadır. Ancak Altınel"de var olacak olan Doğu-Batı arasında kalmış bir zihnin arayışlarından ziyade belli bir mekâna ait olmayış kavramı çerçevesinde hareket eden bir bilinçtir." (Yamaç, 2015, s. 56)

Şavkar Altınel'in anı kitabı *Tepedeki Yabancı* yazarın düzensiz anılarının kendine özgü bir kurguyla ele alınmasından oluşur. Şavkar Altınel, Britanya'da kendi yaşadığı ve gezdiği yerleri anlatır. Kitaptaki bölümleri ve dağınık anı parçalarını bir araya getiren temel izleklerden en önemlileri hayat ve sanat arasındaki ilişki, yabancılaşma, aitlik gibi izleklerdir. Kitabının başında yaşadığı uzun yıllardır yaşadığı Londra'ya yakın Berkhasted kasabasını değerlendirirken etrafındaki herşeyin hem alabildiğine tanıdık hem de aynı oranda yabancı olduğunu söyler. Bütün yazarlık yaşamını da bu çelişkiye bağlar. Sık sık dile getirdiği bir yere dışarıdan bakma, belli bir mesafeden anlatacaklarını izleme, hiçbir şeyle özdeşleşmeden bir yabancı gibi anlatma metaforuna bu eserinde sık sık değinir Şavkar Altınel. "Yıllardır her yere yabancı olmasaydım, her şeyin ne kadar çarpıcı olduğunu göremez ve dolayısıyla da tek kelime yazamazdım. Yazının başladığı bir nokta varsa bu, dünyada bir yabancıya dönüştüğümüz nokta." (Altınel, 2009, s.11) diyerek eserlerindeki bakış açısını ve yaratıcılığının merkezindeki gerilimi açıklar. Yıllardır yaşadığı bu küçük kasabada ve küçük evde doğayla ve ölümle başbaşa olduğunu ve tek özgürlüğünün bunları değerlendirebilecek kadar yabancı olması olduğunu belirtir.

Şavkar Altınel, kitabın ikinci bölümünde İstanbul'da ortaokula başladığı İngiliz okulunu hatırlar ve yabancı dille ilk karşılaşmasının kendisinde yarattığı izlenimlere değinir. Bölümün isminin "İki Ruhlu Adam" olması tesadüf değildir. Bu okulda İngiliz kültürünü yakından tanımaya başladığı gibi bundan sonraki kimliğinde ve kişiliğinde etkili olacak İngilizceyle tanışır. Yabancı dil öğrenmenin o güne kadar alıştığı dünyayla kişi arasındaki temel bağın kopup her şeye yabancılaşmanın başlangıcı olduğunu düşünür.

Tepedeki Yabancı'da dikkat çeken unsurlardan biri de Şavkar Altınel'in Britanya'da dolaşırken takip ettiği rotaların ve oralarla ilgili anılarının temel meselesi göçmenlik-yazı ve yabancılaşmadır. Örneğin göçmen yazar Joseph Conrad'ın İngiltere'de yaşadığı yerleri gezerken Conrad'ın biyografisini anlatır, onunla kendisi arasındaki benzerliğe değinir. "...gerçekte ne İngiltere'ye, ne de başka bir yere ait olan bu adamla aramda belli bir benzerlik olduğunu, ona baktığımda biraz da kendimi gördüğümü kavramam garip bir şekilde yıllar sürmüştü dediği" (Altınel, 2009, s.18) Conrad'ın göçmenliğine bağlı olarak gelişen yazarlık serüvenini uzun uzun anlatır. Conrad'ın bütün temalarının, insanların hayatlarını yabancı bir gözle süzen birisinin gördükleri olduğunu düşünür ve onun ait olmakla kaçmak arasında bir yerden seslendiğini söyler. Kendisini Conrad'ın yaşadığı yere götüren Pakistan göçmeni taksicinin vatanının bu taksi olduğunu düşünür; tıpkı Conrad'ın hikâye kahramanının ülkesinin teknesi olması gibi.

Şavkar Altınel, kendisini İngiltere'de yaşayan, doğduğu ülkeden ve gezdiği ülkelerden anılar ve imalar barındıran bir yabancı olarak tanımlar. Türkçeyle yazmasının kendisi için bir anlamı yoktur. Türkçe yazmasının sebebi bu dilin ana dili olması değil artık Türkçeye yabancılaştığı için içindeki yabancılaşmayı, algıladığı yabancı dünyayı anlatmak için uygun olduğunu düşünmesidir. (Altınel, 2009, s.32) Conrad'ın kahramanları gibi, önce ülkesine, sonra dünyaya sonra da kendimize yabancılaştığımız bir açık deniz yolculuğuna benzetir yaşamı. Bize ait olmayan şeyleri kendimize bağlamanın tek yolu ise ona göre yazmaktır. Eliot'un yaşamını ve göçmenlik serüvenini de benzer bir duyarlılıkla ele alır. Kendisinde sürekli olarak "yerleşik yabancı" diye söz eden Eliot da, yaşadığı yerin dışında durup ona bakan ve onu yazan bir yabancıdır.

Gezdiği yerlerle ilgili anılarında Hint, İngiliz, İskoç kimliği ile ilgili gözlemlerini anlatan Şavkar Altınel, aslında kendi kimliğinin peşindedir. Dolaştığı yerler kendine uygun olarak kimliksiz ve kişiliksiz yerlerdir; yersiz, yurtsuz, özelliksiz ve adsız olmayı arar buralarda.

Mavi Defter, Şavkar Altınel'in, gezi notlarından oluşturduğu bir anlatıdır. Bu kitapta çeşitli Avrupa şehirlerini dolaşır ve Avrupalı kimliğinin peşine düşer. Amsterdam, Berlin, Bremen, Varşova, Gdansk, Venedik gibi şehirlerin günlük yaşamıyla, mimarisiyle ve tarihiyle ilgili ayrıntılardan yola çıkarak yabancı bir gözlemcinin Avrupa imajını sergiler. İkinci Dünya Savaşı'nın yol açtığı göçmenlik ve yıkımlarla savaş sonrasının yeni Avrupası eserde bir leitmotiv olarak karşımıza çıkar. Ayrıca Şavkar Altınel, gittiği şehirlerin göçlerle değişen kimlik yapısına sık sık vurgu yapar. Örneğin Almanya'nın kuzey limanlarından olan Bremerhaven'de Göç Müzesi'ni ziyaret eder. 1830'lu yıllardan itibaren Alman göçmenlerin ülkelerinden ayrıldığı, yedi milyondan fazla göçmenin kullandığı bu liman kenti ilgisini çeker. Kendisiyle göçmenler arasında çeşitli yakınlıklar bulur onların göçlerini hayal ederken. Bremerhaven'de dolaşırken "Frisör Hayriye" isimli bir yer görür ve tüm göçleri bir arada düşünmesine sebep olur ve göç gerçeğini şu cümlelerle ifade eder: "... içeride önünde oturan müşterisinin sarı saçlarına bigudi saran, otuzlarındaki, Türk görünümlü kadın başka bir göç dalgasından kalan Hayriye olmalıydı. Bazılarını yıllar önce Amerika'ya ya da Yeni Zelanda'ya götüren büyük "yeni bir dünya" düşü bu kısa boylu, esmer kadını da yoksul bir şehirdeki bu küçük dükkâna getirmişti." (Altınel, 2012, s.68)

Bordeaux da hem şimdi barındırdığı göçmenlerle hem de tarihteki yolculuklarda, ticarette ve göçlerde oynadığı rollerle ilgisini çeker yazarın. Bordeaux'nun bir mahallesinde gördüğü resmi kıyafetli kişilerin bir süre sonra Şeker Bayramı'nı kutlayan Türkler olduğunu anlar; Toros, Anadolu, Merhaba gibi işyerlerinin isimlerine dikkat eder ve Yahya Kemal'e gönderme yaparak "Süleymaniye'de Bayram Sabahı değil; Bordeaux'da Bayram Sabahı" der. Bir zamanlar Yahya Kemal'in bir fotoğrafından yola çıkarak onun da Bordeaux'ya gelmiş olabileceğini hayal eder. Ancak kendisini Yahya Kemal'in "oruçsuz ve neşesiz" olarak tanımladığı kişiliğine katılmaz. Çünkü Yahya Kemal'in huzurlu olarak anlattığı insanların da herkes gibi huzursuz olduğunu, huzurun hiçbir yerde olmadığını düşünmektedir.

Tüm bu Avrupa şehirlerine yaptığı geziler temel bir düş kırıklığıyla noktalanır. İngiltere'de kendini bekleyen kışa ve rutin hayatına dönerken, tarihi kıyafetler içindeki satıcılarla, yeniden inşa edilmiş binalarla dolu taklit bir Avrupa'da dolaştığı hissine kapılır. Avrupa kimliği ile kendi yazarlık kimliği ve genel olarak yazı arasında şu bağlantıyı kurar: "En korkunç, en dayanılmaz şeyleri anlatırken bile her zaman güzel olmaya çalışan, ölümün yalnızca ölüm, acı çekmenin de yalnızca acı çekmek olduğunu, ikisinin de derin,ince, anlamlı hiçbir yanının bulunmadığını kabullenen yazı çirkin yıkıntıların yerini almak için inşa edilen zarif yapılardan farksızdı. Duygusal ve sahte olmaktan korktuğum için her zaman güçlükle yazmıştım, ama gerçeğin kendisiyle karşılaştırıldığında yazılan her şey duygusal ve sahteydi." (Altınel, 2012, s.104)

Şavkar Altınel'in son anlatı kitabı *Hotel Glasgow* 2014 yılında yayımlanmıştır. Şavkar isimli kahramanın yirmi beş yıldır gelmediği Glasgow'a gelip gençliğini, edebi kimliğinin oluşmasını, İskoç ve İngiliz kültürünü tanımasını anlattığı bölümden sonra; Paris'e gitmesi ve burada Hotel Glasgow'da geçen günleri anlatılmaktadır. Kitabın başında kendisini yaşadığı her hayattan kaçan, başını alıp gitmek isteyen, başka bir kimliğe bürünmek istemiş biri olarak tanımlar. (Altınel, 2014b, s.22)

Paris'i de kimlik, yolculuk, aitlik gibi kavramlar ışığında dolaşır. Yaşadığı düş kırıklıkları ya da çeşitli acılar sonunda bedel ödeyen ve yeni bir kimliğe sahip olmak isteyen, kendi ülkesinden, şehrinden uzaklaşmış kişilerin, kahramanların izini sürer. Paris'te Son Tango filminin kahramanlarıyla oyuncuları Marlon Brando'yla Maria Schneider'in gerçek yaşamları, yine Antonioni'nin Yolcu filminin kahramanları ve oyuncusu Jack Nicholson, Amerikalı siyahi kadın hakları savunucusu Angela Davis, Paris'e kaçıp gelen siyahi Amerikalı göçmen yazar Richard Wright, Jim Morrison, ve O. Wilde üzerinden geçmişle bağları kopartmak, kimlik değiştirmek, köklerine sadık kalıp kalmamak, yeniden bir yaşama başlamak ve ait olmak gibi kavramları sorgular. Örneğin bir yerde yabancı dil öğrenip yabancı bir yerde yaşamakla ilgili şunları söyler: "... bir yabancı dil, önemi o kadar vurgulanan "anadil"den her zaman çok daha önemliydi çünkü büyülü bir değişim geçirip başka bir dünyaya girmemiz için bize verilen bir fırsattı ve böyle bir dile istekle sarılan hiç kimse yeni bir kimliğe bürünmenin çekiciliğini duyduğunu yadsıyamazdı." (Altınel, 2014b, s.62) Kendi kültürünün dışına çıkıp her şeye yabancı bir gözle bakan kişilerle Şavkar Altınel kendisi arasında bir yakınlık bulur. Ancak yazarlar kaçmaya çalıştıkları insanları hep beraberinde götürmektedir. Bir söyleşide Hotel Glasgow'da kimlik meselesini ele alışını şöyle açıklar: "Ele aldığım kişilerin kaçmaya çalıştığı kimlikler bireysel kimlikleri. Ama ne tür bir kimlik söz konusu olursa olsun, kimliğimizden kaçamayacağımız ne kadar gerçekse sonuçta hiçbir kimliğin bize ait olamayacağı da o kadar gerçek. "Ben Fransız'ım," diyen birisi istese de istemese de "Ben Fransız değilim" de demiş olur; çünkü Fransız olduğunu kabullenen bir "ben"in olması bu "ben"i bir yandan da kabullendiği durumun dışına çıkartır. Aynaya baktığımızda her zaman bir yabancıyla karşılaşırız. Bundan nasıl kurtulabileceğimizi göremiyorum." (Öztunç, 2014,s.51)

Edebiyat anlayışında doğallık, yalınlık, gerçek duygu yüküne sahip olmak, rahatlık gibi ilkelerden hareket eden Şavkar Altınel'in, özellikle göç ve kimlik meselesine eserlerinde yer vermesinin sebebi biyografik olgularda aranabilir. Gezdiği yerlerde ya da şiirlerinde aitlik, göç, kimlik gibi sorunlara sıkça değinir. Bir kimliğe sahip olmanın verdiği güvenden ziyade bir yere ve bir şeylere ait olamamaktan, sanatçının kendini dünyaya yabancı hissetmesinden kaynaklanan gerilimden beslenmektedir. Kendi edebi kimliğiyle ilgili bir söyleşideki şu sözleri onun kimlik, aidiyet, çok kültürlülük gibi meselelere ve sanatçı kimliğine bakışını göstermektedir. "Şiir konusunda benimsediğim ölçüleri... şurada burada ya da geçerli oldukları için değil, bana doğru ve mantıklı geldikleri için benimsemiş durumdayım. Son yıllarda moda olduğu üzere, bir ucundan "geleneğe" bağlanıp kesinlikle "Türk şairi" olmak gibi bir kaygım yok, ama "İngiliz şairi" olarak görülmem için bir neden olduğunu da sanmıyorum." (Altınel, 2013a, s.121)

Türkiye dışında yaşayan bir göçmen şairin kendi ülkesine dil aracılığıyla bağlı olduğunu söyleyerek bu yazıyı bitirmek doğal görülebilir. Ancak Şavkar Altınel için dil de hayatındaki öğelerden yalnızca biridir ve dilin kimliğinin tamamını açıklayabileceğini düşünmez. Dolayısıyla onun yazıya yönelmesinin nedenleri yazı aracılığıyla bu dünyayı gerçekçi bir şekilde resmetmek, kimliksizleşme, bir şeylerden ve temelde ölümden kaçma olarak belirmektedir.

Kaynakça

Altınel, Ş. (2009). *Tepedeki Yabancı*. İstanbul: YKY

Altınel, Ş. (2012). *Mavi Defter*. İstanbul: YKY

Altınel, Ş. (2013a). *Soğuğa Açılan Kapı*. İstanbul: YKY.

Altınel, Ş. (2013b). *Kvangvamun Kavşağı*. İstanbul: YKY

Altınel, Ş. (2013c). *Yol Notları*. İstanbul: YKY

Altınel, Ş. (2014a). *Güneydeki Ülke*. İstanbul: YKY

Altınel, Ş. (2014b). *Hotel Glasgow*. İstanbul: YKY

Asiltürk, B. (2006). *1980 Kuşağı Türk Şiirinin Poetikası*. İstanbul: Toroslu Kitaplığı

Kayıran, Y. (2016). *Şiirimin Çeyrek Yüzyılı*. İstanbul: YKY

Öztunç, M. (2014). "Şavkar Altınel ile Söyleşi". Türk Dili. Cilt: CVII, s:755, Kasım 2014, s.49-60

Seval, H. (2014). "Şavkar Altınel'in 'Kensington Parkı'nda Sabah' Şiirinin Hermeneutik Fenemolojisi ve Zaman Sorunu". Ed. Mustafa Günay, Ali Osman Gündoğan, *Felsefe ve Edebiyat İçinde*, (s.477-493). Konya: Çizgi Yayınevi.

Yamaç, D. (2015). *Şavkar Altınel –Hayatı, Sanatı, Eserleri-*. Yayımlanmamış YL Tezi. Marmara Üniv, Türkiyat Araştırmaları Enstitüsü. İstanbul.

Bir Göçebe Ruh: Yahya Kemal Beyatlı

Haluk Öner[14]

Giriş

Mehmet Kaplan, Ahmet Hamdi Tanpınar'ın *Yahya Kemal* kitabına yazdığı ön sözünde edebi eserlerin tecrübe, çevre, kültür gibi bileşenlerin birbirini tamamlayacak şekilde bir araya gelmesiyle oluştuğunu söyler: "Edebi eser, yazarın şahsi hayat tecrübesi ile beraber, onun yaşadığı tarihi anı, çevresini sahip olduğu kültürü, beslendiği kaynakları, irsiyet ve mizacından gelen anlaşılması güç çok çeşitli unsurları sanatkârane bir şekilde ifade eder." (Tanpınar 1995: 5). Bu bileşenler, eser kadar sanatçıların ve sanat anlayışlarının oluşmasında da etkilidir. Edebiyat tarihinde bir sanatçı ya da eseri; çevre, kültür, tecrübe unsurlarından birinin eksik olduğu metotlarla anlamak güçtür. (postmodern etkilerle yapılandırılmış eser ve bu çizgide ilerleyen sanatçılar kısmen istisna tutulabilir ki bu ayrımı kabul etmeyen kuram ve yaklaşımlar da mevcuttur.)

Yahya Kemal Beyatlı, çevre, kültür, tecrübe birlikteliğini hem sanatını hem şahsiyetini oluştururken bir araya getirmiştir. Bu birliktelikler kimi zaman ortaya tezatlık çıkarmış olsa da bu tezatlık onun sanat ve tecrübesini besleyen bir bütünlüğün çift kutuplu parçaları biçiminde değerlendirilmelidir. Yahya Kemal'in tecrübeleri (biyografisi), düşünceleri ve sanatı, değişim sürecini eş zamanlı yaşarken şahsiyetine; eser, tecrübe ve düşüncenin birleştiği birbirlerini besleyen tamamlayıcı unsurlar olarak yerleşmiştir.

Yahya Kemal'in, düşünce ve sanatını anlamlandırma sürecinde geçirdiği tecrübelerin pek çok mekânı, sanat anlayışının pek çok kaynağı ve düşüncelerinin gezindiği sayıca fazla durakları vardır. Bütün bunlar onun bir bütün olarak oluşturduğu ruhun göçebeliğine işaret eder. Onun göçebe ruhu; arayış, aidiyet hissine duyulan özlem, kendisinde ve ait olduğu toplumda eksik olanı, elde edilemeyeni bulma arzusunun yansımaları biçiminde düşünülmelidir. Bu bakımdan Yahya Kemal'in göçebe ruhunu oluşturan yapıyı bileşenlerine ayırmak, onu bütünlüklü olarak anlamak için yerinde olacaktır.

Tecrübeler ve Göçebelik

2 Aralık 1884'te Üsküp'te doğan Yahya Kemal, Ali Naci Bey ile Nakıye Hanım'ın oğludur. 1892'de Üsküp İdadisi'ne girer. Aynı zamanda İshak Bey Cami Medresesinde Arapça ve Farsça dersleri alır. 1897'de ailesiyle Selanik'e taşınır. Annesini kaybettikten sonra babasının ikinci kez evlenmesi aile içi sorunlara yol açar. Bu sorunlar nedeniyle kısa bir süreliğine Üsküp'e gitse de Selanik'e geri döner. 1902 yılında İstanbul'a gelene kadar Selanik'te yaşar. Yahya Kemal'in Üsküp yılları, onun hayatında bir daha sahip olamayacağı ve sanatında bir metafora dönüşen 'ev'e dair hatırlamalarla örülüdür. "Salonları vardı. Tavanları nakışlıydı. Döşeme, koltuk ve kanepe takımları alafrangaydı. Yemek masasında, firenk usulü iskemlelerde oturup o şekilde yemek yiyorduk" (Banarlı 1997: 23). Balkanlarda savaşlar sonrası

[14] Yrd. Doç. Dr. Bartın Üniversitesi Edebiyat Fakültesi, Türk Dili ve Edebiyatı Bölümü, El-mek: honer@bartin.edu.tr

yaşanan göç dalgası, bu dalganın beraberinde sürüklediği kimlik, aidiyet gibi sorunsallar Yahya Kemal'in hayatı boyunca devam etmiştir. Hatıralarında ve bazı şiirlerinde Üsküp yıllarına -insan yaşamının ilk evi olarak görülebilecek çocukluğuna- dönüşler yapan Yahya Kemal'in bütün hayatı boyunca çocukluk yıllarındaki 'ev'e dönme arzusu satır aralarında hissedilir. Çocukluğunda yitirdiği ve bütün hayatı boyunca bir daha bulamadığı 'ev' arayış ve yerleşme arzusu ile birleşerek sanatına da yansır. Bu bakımdan ev metaforu onun nezdinde ülke, tarih, aile, geçmiş ve bütün öncelikli unsurların mahfazasıdır. Yahya Kemal'in hayatı bu sığınağa duyduğu özlem ve bu özlemin yarattığı göçebe ruhla birlikte yaşayarak geçmiştir: "Bir çatı altında birleşememek" Yahya Kemâl'in ev ile ilgili imgeler dünyasının ne kadar derinlere indiğini gösteren önemli bir ipucudur. Önce Üsküp'ten Selanik'e göç ile "insan yaşamında kazanılmış şeylerin korunmasını sağlayan" ilk evini kaybeder, sonra İstanbul'dan Paris'e kaçışla da büyük anlamda ev rolünü oynayan ülkesini geride bırakır. Artık onu "gökten inen fırtınalara karşı olduğu gibi, yaşamında yaşadığı fırtınalara karşı da ayakta tut[acak]" bir ev yoktur. Theodor W. Adorno'nun 20. yüzyıl insanın tedirginliğini ve mekânla olan kopuşunu anlattığı cümlelerinde olduğu gibi "ev" artık "geçmişte kalmıştır" İşte bu noktada tarih bir nevi ev rolünü üstlenir ya da eve dönüşün en kestirme ancak en sağlam ve bütünlüklü/bütünleştirici yolu olarak tercih edilir. Buna klasik edebiyatı da eklersek hem Türk tarihi hem klasik Türk edebiyatı, Yahya Kemâl'de evi bir nesne olmanın ötesine taşır. Ev artık bir metafor olarak hem kendisiyle, hem tarihiyle hem de vatanıyla ile ilgili zengin imgeler üretmenin bir aracına dönüşür. Ev, Yahya Kemal'in kendi varlığı ve tarihi ile ilgili meseleleri ontolojik bir düzlemde çözebilmesi için bir başlangıç noktası olur. Bütünlüğünü yitirmiş modern zamanlarda "imkânsızlaşan" ev, artık tarih ve edebiyat dolayısıyla kurgulanabilir olmanın yanında mümkün bir geleceğin imgelerini taşıyan zengin bir içeriğe de sahiptir." (Ağır 2010: 234).

Balkan şehirlerinde geçerken çocukluğum;
Her lâhza bir alev gibi hasretti duyduğum.

mısralarıyla başlayan otobiyografik şiiri 'Açık Deniz'de de Üsküp yıllarını hüzünlü bir şiir atmosferinde hatırlarken o yılları 'bitmeyen bir susuzluğa benzetir:

Rûhunla karşı karşıya kaldım o med günü,
Şekvânı dinledim, ezelî muztarip deniz!
Duydum ki rûhumuzla bu gurbette sendeniz,
Dindirmez anladım bunu hiç bir güzel kıyı;
Bir bitmeyen susuzluğa benzer bu ağrıyı. (Beyatlı 1997: 14-16)

1902 yılında İstanbul'a gelen ve bir süre Vefa Lisesine devam eden Yahya Kemal'in arayış tecrübeleri ivme kazanır. İstanbul'a geldikten bir yıl sonra Paris'e kaçar. Paris'te bir yıl Meaux okuluna devam ettikten sonra 1904'te Siyasal Bilgiler Yüksek Okuluna girer. Ancak bu okuldan mezun ol(a)maz. Jön Türklerle ilişki kurar. Ahmet Rıza, Abdullah Cevdet, Sami Paşazade Sezai, Prens Sabahattin gibi isimleri tanır. Paris yıllarında gerek mektep gerekse kaldığı yerler konusunda bir istikrar sağlayamayan Yahya Kemal'in babasına yazdığı mektuplarda Paris yıllarının sürekli değişiklik arayışıyla geçtiği anlaşılır. Örneğin babasına Paris'in gürültülü ortamından uzaklaşmak istediğinden bahseder: "Biraz daha rahat çalışmak için tatilde Paris'in gürültülü sokaklarından tebaüden İsviçre'ye gitmek emelindeyim. Zaten tedbil-i havaya da çok ihtiyacım var." (Beyatlı 1990: 73). Yine babasına yazdığı mektupta Paris'te ikamet ettiği oteller ve bu otellerde kalma konusunda yaşadığı sıkıntıları anlatır: "Eski istikametgahımı taht-ı isticare alan yeni otelci pek münasebetsiz bir herif olduğundan haksız bir vesile yüzünden evi terke mecbur oldum... Hem bu herife hem bir hafta ikamet ettiğim Careme Sokağı Oteli'ne hem de şimdiki odama ödemek belasıyle param kalmadıysa de, sabredeceğim." (Beyatlı 1990: 76).

1912 yılında yeniden İstanbul'a dönen Yahya Kemal, kendisine ait bir evde oturmadan yaşamını devam ettirmiştir. İstanbul'a döndüğü ilk zamanlarda Yakup Kadri Karaosmanoğlu'nun annesiyle birlikte İstanbul Kızıltoprak'ta yaşadığı eve misafir olan sanatçı, 1913'te Darüşşafaka'da edebiyat ve tarih öğretmenliği yapar. Medresetü'l-Vaizin'de uygarlık tarihi dersi verir. Mütarekeden sonra 'Âti, İleri, Tevhid-i Efkâr, Hâkimiyet-i Milliye' dergilerinde yazılar yazar. "Dergâh" dergisinin kurucuları arasında yer alır. Yazılarıyla Milli Mücadele'yi destekledi. 1922'de barış anlaşması için Lozan'a giden kurulda danışman olarak yer alır. 1923'te Urfa milletvekilliği yapar. Ortaelçilik görevleriyle Varşova ve Madrid'te bulunur. Bütün tecrübe ve yer değiştirmeler, Yahya Kemal'in hayatı boyunca 'bir göçebe' gibi yaşadığına işaret eder. İspanya'da bulunduğu yıllarda yazdığı mektuplarda bu göçebelik halinin bütün insanlık için geçerli olduğunu 'ruh istirahatimiz yoktur' cümleleriyle savunur. Modernizm ile ilişkilendirilebilecek bu düşünceler, arayış ve huzursuzluk göndermelerini de içermektedir: "Biz bu asrın adamları her türlü temizlik ve istirahat esbabına malikiz. Giyeceğimiz, yiyeceğimiz, içeceğimiz var. Banyomuz var, sabunumuz var. Lakin ruh istirahatimiz yoktur." (Beyatlı 1990: 22)

Yozgat, Tekirdağ ve İstanbul milletvekillikleri de yapan sanatçı, Halkevleri Sanat Danışmanlığından sonra Pakistan Büyükelçisi iken emekli olur. 1957'de vefatına kadar Beyoğlu'nda Pera Palas'ta yaşar.

Sırasıyla Üsküp-Selanik-Üsküp-Selanik-İstanbul-Paris-Varşova-Madrid-İstanbul-Pakistan-İstanbul 'da yaşayan Yahya Kemal'in Üsküp'ten sonra kendisine ait bir eve sahip olamayışı, sürekli yer değiştirmesi, hiç evlenmemiş ve aile kurmamış olması onun biyografisinde göçebe sıfatının ne denli önemli olduğunu gösterir. Kendi sanatı ve tecrübeleri ile Yahya Kemal arasında sıkı bir bağ kuran Şavkar Altınel de şairin göçebe ve monodrama benzeyen yaşamını sıkça vurgular: "Yahya Kemal'in şiirinde "tenha sokakta oruçsuz ve neşesiz" kalan şair ile tam bir karşıtlık oluşturan "gelenek ve değerleriyle uyum içinde yaşayan" bir toplum varken, yabancılaşmanın bu defa acılı yanını vurgulamaya kararlı olan benim şiirimde herkes köklerinden kopmuş olarak sergileniyor. Vaiz cemaate hitap ederken "prensip" gibi yabancı bir kelime kullanıyor, Yahya Kemal'in gerçekte hiçbir yere ait olmayan bir göçebe olduğu ileri sürülüyor, şiirin sonunda "İstanbul hatırası" olarak satın alınan çakı bile Belçika malı çıkıyor." (Öztunç 2014: 56).

Düşüncelerde Göçebelik:

Sanatını besleyen en kuvvetli damar olan düşünceleri de keskin dönüşler biçiminde değişmese de olgunlaşarak oluşmuştur. Ahmet Hamdi Tanpınar, onun düşüncelerinin dönüşüm ve terkiblerle bazen dağınık bazen düzenli birlikteliklerle oluştuğunu söyler: "Yahya Kemal'in düşüncesi mekân gibi zaman da tanımıyordu. Daima terkibin peşinde koştuğu için bütün milli tarih insan evolution'u ile beraber oradaydı. Malazgirt Muharebesi İstanbul fethiyle, milli mücadele Fransız İhtilaliyle omuz omuzaydılar." (Tanpınar 1995: 13).

Sanat ve düşünce anlamında Avrupa tecrübesiyle İstanbul'a dönen Yahya Kemal'in, Yakup Kadri Karaosmanoğlu'yla birlikte geliştirmeye çalıştığı Nev-Yunanilik anlayışı onun coğrafya-insan-tarih münasebetine dayanan düşüncelerinin de temeli olmuştur: "Mesela Türk zevkini asırlarca almış olduğumuz Arap ve Acem tesirlerinden uzaklaştırarak doğrudan doğruya Latin ve Yunan edebi terbiyesine bağlamak ve nihayet bütün Avrupa milletlerinde olduğu gibi bizde de sırf Yunan ve Latinlerden gelen edebi miras çerçevesinde bir şiir vücuda getirmek hulyasına kapılmıştım." (Banarlı 1997: 95) Bir heves olarak gördüğü Nev-Yunanilik düşüncesinden sonra insan ve coğrafya (vatan) ile bütünleştirdiği aidiyet hissini tarihsellik anlayışıyla yoğuran Yahya Kemal, 1071'i Türk tarihinin miladı olarak görür. Michelet'in "Fransız toprağı on asırda Fransız milletini yarattı"(Tanpınar 1995: 24) sözünün adaptasyonu olarak algılanabilecek bu düşünce Yahya Kemal'in göçebe ruhuna bir yurt bulma arayışının vücud bulmuş şekli olarak da görülebilir.

Charles Maurras, Jules Michelet, Henri Bergson, Albert Sorel, Jose Maria de Heredia vb. pek çok batılı düşünürde gezinen Yahya Kemal göçebe ruhuna uygun biçimde hepsinden kendi özgünlüğünü oluşturma noktasında ve 'kendi'lik anlayışının bir parçası olarak yararlanmıştır. Örneğin Neo-klasisizme Maurras'la; tarih ve vatan birleşimine Michlet'le Tarih içinde Türklüğü yazma düşüncelerine de Sorel'le ulaşmıştır. Hasan Bülent Kahraman, sanatçı ve düşünürlerden etkilenme biçiminin onun göçebe ruhuna uygun olduğunun altını çizer: "Yahya Kemal'in serüvenindeki beslenme havzaları, onun kendi değerlendirmesi ve tercihi doğrultusunda döşediği, işlettiği kanallarla anlam kazanmaktadır. Ne Baudealiare, ne Mallarme, Yahya Kemal'de 'kendileri' olarak yer alırlar. Tersine Yahya Kemal onları dilediği biçimde keser, biçer ve onlardan işine yarayacak olanı seçer ve alır." (Kahraman 1997: 40).

Düşüncelerinde İstanbul'un Türk ve Müslüman kimliğini sıkça vurgulayan Yahya Kemal 'Ezansız Semtler' adlı yazısında ezan sesini duyamadığı Moda gibi semtlerin yerli olmaktan uzak bir atmosfere sahip oluşundan duyduğu rahatsızlığı dile getirir. Düşüncelerinde bu rahatsızlığını dile getiren şairin İstanbul yaşamı boyunca Moda, Beyoğlu gibi ezansız semtlerde yaşaması da 'ev' özlemi ve ruhundaki göçebeliğin yarattığı ironinin bir parçası olarak görülebilir.

Sanatta Göçebelik:

Düşüncelerinin etkisiyle oluşan sanat anlayışının da bir tekâmül sürecinden geçtiği söylenebilir. Nev-yunanilik anlayışının etkisiyle kaleme aldığı şiirlerinde Avrupa düşüncesi, sanatı ve mimarisinin izlek olarak kullanıldığı görülür. 'Biblos Kadınları' şiirinde (Heredia etkisinin yanında) bu anlayışın etkileri görülür:

Mermerden na'şı hâreli bir tülle örtülü
Biblos ilâhı genç adonis bekliyor ölü,
Mâtem şeritleriyle sarılmış alınları
Mevkible çıktı lâhdine biblos kadınları (Beyatlı 1976: 29)

Nev-yunanilik anlayışından uzaklaşmayla şiir anlayışı da değişmeye başlayan Yahya Kemal'in tarih düşüncesinin yerleşmesiyle şiirde Klasik zevk anlayışını yakalaması eş zamanlıdır. Klasik şiir zevkini deruni ahenkle, gazellerle yakalayan

Yahya Kemal tam da bu noktada modern şiirin başladığı şairlerden biri olur. Çünkü onun Klasik anlayışı, dilin, imajların eskiyle bütünleşmediği, yenilendiği bir zevktir. Aruzun bu noktada şairin sanatının yerleşik mekânı, hatta evi olduğu görülebilir. Yahya Kemal'in göçebeliği, Klasik zevki yakaladığı nokta olan rindlik anlayışı ile devam eder.

Etkilendiği düşünürler gibi esinlendiği sanatçılara da göçebe ruhuyla dokunan Yahya Kemal; Fuzuli, Karacaoğlan, Itri, Abdülhak Hamid Tarhan, Tevfik Fikret, Paul Valery, Rembaud, Baudelaire gibi yerli ve batılı pek çok sanatçıdan kendi kompozisyonunu oluşturma bağlamında esinlenmiştir. Sanatında tekâmül sürecini tamamlayana kadar konargöçer gezinen şair, bilhassa İstanbul'u anlattığı şiirlerinde daha yerleşik bir anlayış ve yaşamın izlerini de yansıtır. İstanbul şiirlerinde İstanbul'un yerli olduğunu gösteren İslam mimarisi üzerinde durması da buna işarettir.

Sonuç

Yahya Kemal Beyatlı, tecrübelerinden düşüncelerine; düşüncelerinden sanatına uzanan bütünlük bakışın göçebe ruhlu şairidir. Sanatının oturaklı, deruni ahenk, musiki, aruz, gelenek ve yerli klasiklerle zenginleşen demine ulaşmak için gezinip durmuştur. Yahya Kemal Beyatlı'nın hem gerçek anlamıyla göç tecrübesinin hem de soyut anlamda göçebe bir ruha sahip oluşunun sanatına doğrudan etkileri olmuştur. Biyografisinde hayata göçle başlayan Yahya Kemal, hem yaşantısında hem de düşünce ve sanatında bu terkibi daima yaşatmış, göçebelikten beslenerek Türk şiirinin zirve şahsiyetlerinden biri olmuştur.

Kaynakça

Ağır, A. (2010). "Yahya Kemâl ve Ev İmgesi", *Mustafa Kemal Üniversitesi Sosyal Bilimler Enstitüsü Dergisi*, Cilt 7, Sayı:14, s. 229 -236.

Banarlı, N. S. (1997). *Yahya Kemal'in Hatırları*, İstanbul: İstanbul Fetih Cemiyeti Yayınları.

Beyatlı, Yahya K. (1976). *Bitmemiş Şiirler*, İstanbul: Yahya Kemal Enstitüsü Neşriyatı.

Beyatlı, Y. K. (1990). *Mektuplar Makaleler*, İstanbul: İstanbul Fetih Cemiyeti Yayınları.

Beyatlı, Y. K. (1997). *Kendi Gök Kubbemiz*, İstanbul: İstanbul Fetih Cemiyeti Yayınları.

Kahraman, H. B. (1997). *Yahya Kemal Rimbaud'yu Okudu mu?* Yapı Kredi Yayınları.

Öztunç, M. (2014). "*Şavkar Altınel ile Söyleşi*", *Türk Dili Dergisi,* Cilt CVII, Sayı 755, s. 48-60.

Tanpınar, A. H. (1995). *Yahya Kemal*, İstanbul: Dergâh Yayınları.

"Minör Sinema" Olarak *"Duvara Karşı"*

Kıvanç Türkgeldi[15]

Giriş

Deleuze ve Guattari, Franz Kafka üzerine yaptıkları incelemede *"minör edebiyat nedir?"* sorusuna *"minör edebiyat, minör bir dilin edebiyatı değil, daha ziyade bir azınlığın majör dilde yaptığı edebiyattır; ama temel özelliği, dilin güçlü yersizyurtsuzlaşma katsayısından her koşulda etkilenmiş olmasıdır"*(2015: 45) şeklinde cevap verir. Majör sözcüğü köken olarak büyük, temel ve önemli gibi anlamlara gelirken, minör sözcüğünün küçük olan gibi anlamlara geldiğini söyleyebiliriz (Nişanyan: 2016). Bu noktada felsefi açıdan bakıldığında minör kavramının neden önemli olduğunu postmodern düşünce bağlamında görmek önem arz eder. Batı düşüncesinin 20. Yüzyıla kadar genel anlamda bir "aşkınsallık" temelinde şekillendiğini söyleyebiliyoruz. Descartes *"düşünüyorum o halde varım"* dediğinde her şeyden önce düşünen aşkınsal bir özne olduğunu varsaymıştır. Bir anlamda hakikate ulaşmanın yolunu insanın kendi aklı olarak görmüştür. Descartes'ın felsefesinde insanın aklı yeniden evrenin merkezi haline gelmiştir (Gökberk 2013: 234). Hume ve Locke gibi ampiristler modern düşüncenin bilimsel paradigmasına taban oluşturacak bir epistemoloji anlayışı ile kesin bilginin ancak deneyim yoluyla kazanılabileceğini öne sürmüşlerdir. Kant fenomenal olan ile numenal olan arasına bir çizgi çekerken insanın akıl yoluyla elde edebileceği bilginin sınırlarını belirlemiştir. Kısaca modern düşünce her şeyden aşkın olan statik bir özneyi varsaymıştır. Postmodern düşüncenin temelinin kökleri ise modern düşüncenin bu aşkınsal öznesinin ciddi eleştirisi Nietzche'den gelmiştir. Nietzche'nin eleştirisi her şeyi kapsayan ve içine alan her şeye temel olan bir tabanın üzerine inşa edilmiş Batı düşüncesinin aşkınsallık fikrine yöneliktir. Nietzche'ye göre bütün hakikat iddialarımız, tüm söylem biçimlerimiz bir anlatıdır ve aşkınsal bir özne anlayışı olmamalıdır. Modernizmin herşeyin üstünde aşkın bir akla sahip olan özne anlayışına karşı Nietzche "insan şeylerin ölçüsüdür" (2016: 8) demiştir. Lyotard ise "Postmodern Durum"da postmodernizmi "büyük anlatının"(meta-narrative) çöküşü olarak tanımlar (Lyotard, 1979: 12). Bunu bir manada hep aynı perspektifin içerisinde özneleşmiş modern insanın eleştirisi olarak düşünebiliriz. Ampirik ve nesnel olanın rasyonalite ile olan kopmaz ilişkisini açıklamaya çalışan ve bu açıklamayı majör kılan modernizme, zamana ve mekana bağlı olan yorumun hatırlatılmaya çalışılmasıdır. Hakikatin tek yansıması gibi görünen majör anlatıların karşısına "bağlamsallığı" koyarak minör olan küçük anlatının, irrasyonelin, şansın ve tesadüfiyetin gösterilmesidir. Majör ve minörün postmodern düşünceyle ilişkisi de bu noktadan düşünülebilir. Aşkınsal olana bağlamsallığı geri getirmek ve statik yapısını sarsmak. Deleuze'ün fark ve tekrar felsefesinin temelinin bu aşkınsallık eleştirisinden yola çıktığını söyleyebiliriz. Deleuze ve Guattari'nin postmodern düşünce ile olan bu ilişkisini, onları bir kategorizasyona tabi tutup kesin bir şekilde postmodernizmin içine dahil etmek

---

[15] Arş. Gör., Akdeniz Üniversitesi İletişim Fakültesi Antalya / Türkiye. Elmek: kturkgeldi@gmail.com

hatalı olabilir. Ancak söylemlerinin böyle bir yorumu doğrulayabilen anlamlar taşıdığını söylemek de mümkündür (Hardt 2012: 27). Buradan minör kavramına dönmek gerekirse; minör ve majör ilişkisini siyasal bağlamdaki kimlik meselesi ve bir mücadele olarak ele aldıklarını söylememiz mümkündür. Ulus-devlet ile bütünleşen kimlik bir anlamda modernizmin bir büyük-anlatısıdır. Bu bağlamda ulus devletlerin ana dilleri majör yapıların bir parçası, onları inşa eden kurucu bir söylem olarak karşımıza çıkmaktadır. Dünyada gelinen duruma bakıldığında ise ulus ve ulus-ötesilik kavramlarının tartışılmasını gerektiren bir eğilim de görebiliriz.

Deleuze ve Guattari minör kavramını ne için kullanmıştır sorusuna yanıt aradığımızda ise edebiyat alanında Kafka üzerine yaptıkları inceleme kritik bir başlangıç olarak düşünülebilir. Deleuze ve Guattari'ye göre "minör, insanlığı temsil etme iddiasını taşımaz. Halihazırda farkedilmeyeni üretir" (Colebrook 2013: 138). Deleuze ve Guattari'ye göre Kafka Prag'da yaşayan Yahudi asıllı ve Çek ulusuna mensup bir yazar olduğu için minör kavramının izlerini onun edebiyatında bulmak mümkündür. Bu durumu Kafka açısından şu şekilde açıklarlar;

"Yazmamak olanaksızdır, çünkü ulusal bilinç, ister belirsiz olsun ister baskı altında, zorunlu olarak edebiyattan geçer. Almancadan başka bir dilde yazma olanaksızlığı, Pragdaki Yahudiler için başta çek yerliyurtluluğu ile ortadan kaldırılamaz bir uzaklık duygusu anlamına gelmektedir (Deleuze&Guattari, 2015: 46).

Burada altı çizilmesi gereken nokta Kafka'nın standart bir halk kavramı olmamasıdır (Colebrook, 2013: 139). Statik bir insan imgesi bunun yanında statik bir ulus imgesini de yaratmaktadır. Ancak mesele majör yapının yerliyurtlulaştırıcı tabanını sarsan ve sallayan ancak bunu yaparken majör olanın dilini kullanarak onu kekeleten bir dili kullanabilmektir. Bu majör bir dilin karşısında ona muhalif bir minör dil konumlandırmak değil, minör dilin, majör bir dili alıp yersizyurtsuzlaştırarak başka bir şey olmaya zorlaması demektir (Sutton&Martin-Jones, 2014: 72). Bir anlamda Deleuze ve Guattari'nin "köksap" (*rhizome*) kavramı ile de ilişki içindedir. Köksaplar ağaç gibi dikey ve hiyerarşik büyüyen değil, parçaları herhangi bir unsurun herhangi bir unsurla bağlanabileceği rastlantısal düzensiz ağlar oluşturan, birleşik bir yapı içinde sınıflandırılamayacak hiyerarşik olmayan yatay çokluklardır (Bogue 2013: 159). Kafka'nın yazma stili de yabani otlar gibi merkezsiz ve dolambaçlı bir büyüme , bir tavşan yuvası gibi karmaşık, rastlantısal patikalar ağıdır (2013: 159). Köksap kavramının bu noktada Deleuze ve Guattari'nin Batı felsefesinin ağaçsı yapısına karşı düşündüğü kendi felsefi projelerinin kilit bir kavramı olduğunu söyleyebiliriz. Majör düşünme biçimleri kendi içlerinde nedenselliği inşa etme biçimleri ile ağacımsı bir anatomiye sahiptir. Minör ise farklı olanın yeni olanaklar yaratabileceği farklı düşünme tarzlarını da olumlamaktır.

Yersizyurtsuzluk Kavramı ve Göç Olgusu

Majör ve minör kavramları bağlamında yersizyurtsuzluk kavramının göç olgusu ile nasıl bir ilişkisi olduğu sorusu önem kazanmaktadır. "İnsan doğum eylemiyle birlikte ön ayağını yurtsuzlaştırır, onu bir el haline getirmek üzere topraktan koparır ve onu dallar ve aletler üzerinde yeni baştan yurtlandırır. Bu kez bir sopa, yurtsuzlaştırılmış bir daldır" (Deleuze&Guattari, 2015: 71). Göç olgusu da bir yersizyurtsuzlaşma ve yeniden yeryurt edinme halidir. Yersizyurtsuzluk sadece mekânsal değil kültürel anlamda da bir kodsuzlaşmayı içerir (Zourabichvilli, 2011: 170). Kodsuzlaşmayı farklı iki kültürün karşılaşması neticesinde standart kodların sarsılması ve yeni olanakların ortaya çıkması şeklinde düşünebiliriz. Yersizyurtsuzlaşma göçün tamamlanmasıyla göç edenler için mekânsal olarak sona erer ancak bu noktadan sonra karşı karşıya gelen kültürel kodların yaşam biçimlerinin, birbirini yersizyurtsuzlaştırıcı, standartlardan koparan, karmaşık bir yapıya evrildiğini söyleyebiliriz. Bu noktada yersizyurtsuzluk kavramını göç edenler açısından sadece coğrafi değil daha çok psikolojik ve sosyolojik anlamda düşünmekte fayda vardır. Zira bedenler mekânsal konumunu hemen belirlese de tinsel olarak yersizyurtsuzluk hissi devam eder. Bu yeni durumun kendisi de bir yeryurda dönüşme potansiyelliğini her zaman taşımaktadır. Ancak "oluş" halinde her kuşak belki bir öncekinin alışkanlıklarını, düşüncelerini yukarıda da bahsedildiği gibi kodlarını yersizyurtsuzlaştırma eğilimi taşır. Her kuşak yeniden bir çizgi çekerek kendini kaostan korurken bir sonraki kuşak o çizgiyi karalar ve biraz öteye bir başka çizgi çeker. Çünkü korunacak kaosun anlamı ve sınırları değişmektedir. Dolayısıyla yersizyurtsuzluk kavramını sadece göçün mekânsal yer değişikliği ile ilgili, bir başlayıp ardından tamamlanan bir süreç gibi değil; hep olmakta olan, değişmekte olan, kendi kodlarını yıkıp yenilerini koyarak tekrar yeryurt edinen, sonra tekrar bozan ve tekrar kuran ve yine bozan, böyle sürmekte olan bir süreç gibi düşünebiliriz. O zaman, zamanın bağlamı değiştiren etkisini de kavramla birlikte düşünmüş oluruz.

Transnasyonal göçmenlerin hem orada hem burada süren yaşam dünyaları ve dolayısıyla onların çoklu kültürel yapıları, çok dillilikleri, farklı eğitim deneyimleri ve mesleki birikimleriyle içinde bulundukları çoğunluk toplumlarında nasıl yer bulmaktadırlar sorusu önem taşımaktadır. Bir diğer ifade ile onların bu yeterlilikleri içinde bulundukları toplumlarda bir sorun ya da bir olanak olarak mı değerlendirilmektedir? (İlbuğa: 2015). Burada "olanak" sözcüğü önemli bir tartışmayı içinde taşır. Her yeni durum elbet içinde çözülmesi ve tartışılması gereken yeni sorunlarda (kültürel uyum sorunu, sosyal ve ekonomik sorunlar vb.) taşımaktadır.

Biz minör kavramını -yaratıcı bir olanak[16]- olarak tahayyül edebiliriz. Deleuze ve Guattari'nin ontolojik temelinden yola çıkarak minör dilin majör dili kullanarak

---

[16] Olanaklılığı kendi içinde düşündüğümüzde yersizyurtsuzluk kavramına ve minör olma durumuna yaklaşabiliriz. "Aristotales'in sonsuzun sonludaki olanağını, 'hep oluş ya da yok oluş' halinde, 'başka biçimde değil hep böyle, yani olanak halinde' kabul edilebileceğimizi söylediği gibi, olanak halinde, henüz değil halinde mevcudiyete geliştir" (Camcı, 2015: 46). Örneğin bulutlu bir günde yağmur yağma olasılığı bir olanak olarak havada mevcuttur. Gökyüzüne bakar ve ampirik verilerden yola çıkarak bir tahminde bulunuruz. Fakat günün sonuna geldiğimizde yağmur yağmamış olabilir. Dolayısıyla olanak aktüel hale gelmemiştir ama bir mevcudiyete gelişten de söz edemeyiz. Ama olanak zamansal olarak varlığın içerisinde kalmaya devam eder. Bu Deleuze'ün Bergson'un "süre" kavramından etkilenerek düşündüğü virtüellik, potansiyellik ve aktüellik kavramlarına da bir noktada bakabiliriz. Potansiyellik bir anlamda önsel olanaklılıktır. Yukarıda da bahsettiğimize benzer şekilde zarın her bir yüzü potansiyellik olarak bir yüzde ile hesaplanabilir. Her bir yüz zarın atıldığında altı adet gelme olasılığından birisidir. Zar atılmadan önce olanak olarak varolur. Atıldıktan sonra ise olanaklardan biri aktüel hale gelir. Dolayısıyla burada bir hesaplanabilirlik söz konusudur. Bergson bu noktada "virtüel" kavramını devreye sokar. Virtüel, olanaklılıktan farklıdır. İçinde yaratıcı bir güç taşır. Hesaplanamaz, öngörülemez ve kestirilemezdir. Virtüel, herhangi bir eksikliği kapatmaz ya da yoksunluğu gidermek için aktüel hale gelmez. Virtüel, aktüel hale gelmiş bulunur. Zarın yere atıldığında altı yüzünün birinin

98

kekeletmesi ve yeni ve yaratıcı bir üslubun oluşmasını olumladıkları düşünülebilir. Bu bağlamda majörün yanında minör olanakları olumlamak politik bir duruştur; çokluğu yutan bir "birlikten" ziyade her farkı kendi bağlamında düşünerek hiyerarşik ve dikey bir dizilimin değil, daha çok köksapsı(*rhizomatic*) ve yatay bir yayılımın önünü açmaktır. Yersizyurtsuzluk kavramıyla birlikte düşünüldüğünde ise göç olgusu ile ortaya çıkan sürtüşme ve etkileşim yeni olanakların kapısını aralar. Göç, kültürel açıdan bakıldığında da göç edenlerin kendi taşıdıkları kültür ile içine girdikleri majör kültür arasında yaşadıkları gerilimi taşır. Bu gerilim, göç sonucunda toplulukların daha muhafazakar ve etkileşime kapalı kalmaya eğilim göstermeleri şeklinde de sonuçlanabilmektedir. Göçmenlik bu noktada majör olanın içerisinde var kalabilmek için böyle pasif bir mücadeleyi de sorun olarak içerisinde barındırır. Ancak bu çalışmanın meseleye bakışı daha çok bu kültürel etkileşimlerin yaratabileceği yeni kavramlar ve yersizyurtsuzlaşmalarla ilgili kısmıdır. Bu noktada sanat, bu sürecin içinde yaşamış olan insanların hikayelerinden beslenecek ve duyumsal olarak dışavurulan bir sonuç olacaktır. Siyasal fikirler, siyasal alanda sesini çok duyuramadığında da imgeler yoluyla bir şeyler anlatabilecektir. Sinema bu noktada bu çalışmanın odak noktası haline gelecektir.

Minör Kavramı ve "Duvara Karşı"

Her şeyden önce minörü sinema bağlamında nasıl düşünmeliyiz sorusu oldukça önemlidir. Zira çoğu zaman bir film, bir edebi metin gibi düşünmez. Dolayısıyla minör kavramını Kafka'nın edebiyatında olduğu gibi görmeye çalışmak sonuçsuz kalabilir. Bu noktada minörlüğün izini hikaye ve hikayeyi anlatan imgeler üzerinde aramak faydalı olacaktır. Rodowick, minör kavramını "Borom Sarret" (Ousmane Sembene-1963) filmi üzerinden düşünür. Filmin hikayesini Güney Afrika'nın sözlü hikaye anlatıcılığı geleneğine dayanarak seslendirme şeklinde aktarılması, sinema üzerindeki majör anlayışa ters gelen bir hissiyatı oluşturur (Rodowick, 1997: 162). Sembene imgelerin ve seslerin birbirinden kopuk olduğu bir film yaratmıştır ve sinematik imgelerin bir hikayeyi anlattığı normal deneyim, yönetmenin minör edimi nedeniyle birdenbire kekelemeye başlar (Sutton&Martin Jones 2014: 77). Fatih Akın filmlerindeki minör olabileceğini düşündüğümüz imgeler ise yine filmin kendi bağlamında düşünülmelidir. Yani yukarıdaki örneğin aynısını aramak yerine sinematografik olarak minörlüğün etkisini hissettiren imgeler hangileridir bunun üzerine yoğunlaşmak faydalı olabilir.

Fatih Akın'ın *"Duvara Karşı"* (*Gegen Die Wand – 2004*) filminin hikayesi arada kalmış, yersizyurtsuz kimliklerin hikayesidir. Bu yersizyurtsuzluk hayatı zorlaştıran, kaotik bir boşluk yaratmaktadır. Bu noktada iki karakterin de rehabilitasyon merkezinde karşılaşmaları ikisinin de kendi varoluşlarına karşı yıkıcı tutumlarının olması ve yaşamaya dair motivasyonlarının düşük olması gibi bir gerçeklik ile film başlar. Türkiyeli göçmenlerin statik ve standart düşünülen ve

---

gelmesi olasılığının olanaklılık dahilinde olduğunu söylemiştik. Deleuze'ün "Bergsonculuk" kitabının önsözünde Hakan Yücefer bunu bir hikaye ile özetler. Virtüel yukarıda yere attığımız zarın yerde kırılıp bir yüzünün "altı" bir yüzünün "bir" gelme durumudur. Yani altı yüzü olan zarın yedi gelmesidir (Bergsonculuk, 2014: 40). Deleuze'ün çokluk felsefesi bir anlamda bu virtüellik düşüncesinden etkilenmiştir.

yorumlanan davranış normlarını yersiz-yurtsuzlaştıran iki karakter ve onların bu karmaşa içinde kendi arzularının peşinden koşmaları hikayenin odak noktasıdır. Filmde ikisi de toplumlarının kendilerinden beklenen tutumunu sergilememektedir. Cahit karakteri Türk asıllıdır ama Türklerden hoşlanmamaktadır. Bu oradaki göçmenler için pek kabul edilebilir bir tutum da değildir. Göçmen Türklerin bir kısmının sosyo-ekonomik koşullarının, kendi kültürleri ile çelişkiler yaratan batı kültürünün, ve öteki olma hissinin yarattığı güçlü bir arada olma duygusunun, muhafazakar ve bu standarda uymayana zaman zaman dışlayıcı ya da agresif tepkiler vermelerine neden olduğu söylenebilir. Bu durumla bağlantılı olarak bunu otobüsteki tartışma sahnesinde hissederiz. Bardaki kavga sahnesinin ardından Cahit'in "lanet Türkler" deyişi de buna bir örnektir. Sibel ise "niye ki sen de Türksün" der. Cahit kendini bir Türk gibi görmez ama bir Alman gibi de yaşadığı söylenemez. Bu durum kalıplaşmış karakter tiplerini yersizyurtsuzlaştıran bir durumun varlığına işaret eder. Zira oradaki yaşama da tutunamamıştır. Burada tüm hikaye boyunca karakterlerin davranışlarının aslında filmin fikrini yansıttığını söyleyebiliriz. Ancak her karakter kendi dünyasıyla filmin fikrine katkı yapar. Ancak bu fikre katkıyı yaparken film kendi imgelerini kullanarak düşünür. Bu imgeler minörlüğü hissedebileceğimiz noktalar olarak düşünülebilir. Frampton'a göre film kendi başına bir varlıktır, kendi tarzında düşünür. Dilin ötesindedir ve imgeler vasıtasıyla duygulara seslenir. Frampton filmler için "duygusal fikirlerdir, düşüncelerin hisleridir, kavramların parçalarıdır" der (2015: 159). *"Duvara Karşı"* filmine bakarken de böyle bakmak faydalı olabilir. Bu noktada en başta film içindeki ses-imgelerin kullanımı filmin düşünme tarzına katkı yapar diyebiliriz. Müziklerin filmin kurgusu ve hikayesi ile olan ilişkisi yersizyurtsuzluk fikrine dair bir hissiyat verir.

Filme daha makro bir çerçeveden bakmayı denediğimizde ise anlatının kendisinin yarattığı bir tıkanıklığın varlığını hissetmemiz mümkündür. Deleuze *"Hareket-İmge"* kitabında imgelerin bir taksonomisini yapmıştır: Algı-imge, duygulanım-imge, itki-imge ve eylem imge olarak dört grup oluşturmuştur. Bunlardan filmin anlatısı ile en çok ilgili olan eylem-imge olduğu söylenebilir. Eylem-imge grubunu ise kendi içinde "büyük biçim" ve "küçük biçim" olmak üzere ikiye ayırmıştır. Eylem-imgenin "büyük biçimi" Deleuze'e göre durum-eylem-yeni durum şeklinde ilerler. Karakter hikayenin başındaki durumun etkisiyle farkında olarak/olmadan bir eylemde bulunur ve bunun sonucunda durumu yeni bir duruma dönüştürür. Bunu ilk etapta klasik anlatı yapısının gözlemlenebildiği filmlerde görmek mümkündür. *"Duvara Karşı"* filmine bu yapıyı uyguladığımızda ise karşımıza çıkan şey; karakterlerin irade göstererek ya da mecbur kalarak duruma tepki koymaları, eylemelerinin sonucunda ortaya çıkan yeni durum sorunun çözümlendiği bir üst durum değildir. Eylemler sonucunda oluşan her yeni durumun kendisi, yeni bir sorun teşkil eder. Sibel ve Cahit, içinde bulundukları durumdan çıkabilmek için evlenmeye karar verirler ancak evlilik yeni sorunlar doğurur. Cahit'in hapse girmesinin ardından Sibel'in İstanbul'a kaçışı yeni bir durumdur fakat bu sefer Sibel'in oraya uyum sağlayamama gibi bir sorunu ortaya çıkar. Sibel'in İstanbul'da bir başkasıyla evlenmesi bile sorunlara çözüm değil, Sibel'in sistem içerisinde ayakta kalabilmesi için katlandığı bir esaret gibidir. Uyum sağlama çabası hep yeni bir sorun doğurur. Cahit, Sibel'i bulmak için İstanbul'a gelir ancak işler umduğu gibi olmaz ve kendisini Mersin otobüsünde yalnız başına yola çıkarken bulur. Her bir durum yeni bir sorunu ve buna getirilen çözüm ise bir başka sorunu doğurur. Bu aslında en çok romantik komedi filmlerinin gözlemlenen hikaye yapıları ile yan yana koyulduğunda belirginlik kazanır. Sibel ile Cahit'in hikayesi bir aşk hikayesidir. Böylelikle romantik komedilerin temasına benzer. Bu anlamda iki insanın bir araya gelmesi ve birbirini sevmesi gibi majör bir hikaye biçiminin çatışmasını içinde barındırır. Ancak yukarıda bahsedildiği gibi hikayenin karakterlerinin çevre ile olan gerilimi, bu çatışmanın çözülmesine izin vermez. Cahit'in geçmişine dair çok şey bilinmese de tutunmakta güçlük çeken bir karakter olduğu söylenebilir. Bunun yanında Sibel'in Almanya'da Türk aile gelenekleri ile yetişmiş ancak ailesi dışındaki sosyal çevresinde Alman gençlerinin yaşamını merak eden ve bunu deneyimlemek isteyen bir kadın olması onu da sıkışmış bir kimliğin içerisine hapsetmektedir. Tüm bunlar bir araya geldiğinde hikaye majör bir aşk hikayesi gibi ve altta yatan sorun da yan tema gibi de görünse minör olmanın getirdiği tıkanıklıklara işaret etmektedir. Dolayısıyla minör olanın sorunları, majör bir kalıp içerisinde aktarılmaktadır yorumunu yapmak mümkündür. Ancak majör kalıbın durum-eylem-yeni durum yapısı, minörün sorunları yüzünden sürekli teklemekte ve sürekli yeni bir sorunun oluşumuna sebep olmaktadır. Standartlaşmış kimlik kalıplarının içerisindeki yaşam arzusu ve tekillikler, zamansal ve mekânsal açıdan tekrar düşünülmediği taktirde hep sızıntı yapacak, başka çatlaklar arayacaktır. Bu arayışlardan biri olarak filmdeki aşk hikayesi iki insanın hayatında sonu belirsiz, karamsar ve trajik bir hikayeye dönüşmüştür.

Sonuç ve Değerlendirme

Fatih Akın filmlerinin hepsinden birer minör sinema örneği olarak bahsetmek mümkün değildir. Ancak Fatih Akın'ın filmlerinin minör motifler barındırdığını söyleyebiliriz. Deleuze, "*Sinema - 2' Zaman İmge*"de modern siyasal sinemanın gelecek için gelmesi beklenen bir halk ve yeni bir kimlik duygusu yaratmaya çalıştığını söyler (Sutton& Martin-Jones 2014: 74). Fatih Akın'ın filmleri göçmenlik meselesini ve bunun sorunlarını Dardenne Kardeşlerin "*La Promesse* " filmindeki gibi işlemez. Sorun ortaya koymak ya da çözüm sunmaktan çok yeni gelen neslin, bu çatışan kültürler arasında travmatik gel-gitler yaşadığını ve gelecek çözümün kendisinin yine bu neslin travmalarından doğacağını hissettirir. Bunu en çok hissettirdiği filmlerinden bir tanesi "*Duvara Karşı*"dır. Ancak diğer filmlerinde de bazen karakterlerle, bazen bazı diyaloglarla ve en çok da müzikle bunu hissettirir. Örneğin müzik kullanımlarının Fatih Akın'ın evrenselliği ve evrenselliğin duygulanımlarını en çok hissettirdiği imgelerden biri olduğu söylenebilir. "*İstanbul Hatırası*" belgeselinde de müziğin duygulanımının birleştiriciliğini görmek mümkündür. Müziğin duygulanımının birleştiriciliği dünyanın neresinde olursa olsun hep etkileyici olmuştur.

Genel olarak yersizyurtsuz olma hissini Fatih Akın'ın standart halk motivasyonlarına göre hareket etmeyen ancak bunun çatışmasını da yaşayarak onları esneten karakterlerinde ve onların ilişkilerinde görmek mümkündür. Bu açıdan başa dönecek olursak "*Duvara Karşı*" filminin minör olana yer açtığı, onun varlığını ve sorunlarını hissettirdiği söylenebilir. Majör kalıplı bu hikaye, arka temada minör sorunların işlendiği bir hikayeye dönüşmüştür.

Sonuç olarak sinema, empatinin kurulması noktasında Sibel'in yerinde olmayı ya da Cahit'in yerinde olmayı mümkün kılmaktadır. Bu durum filmi izleyene standartlaşmış kimlik tanımlarının hatta standart bir insan algısının ne olduğunu sormaktadır. Örneğin, ulus kavramı göçmenlik olgusunu bağlamında nasıl düşünülmelidir? Kültürler arası karşılaşmalar ne gibi olanaklar ve sorunlar doğurmaktadır? Aidiyetlik duygusu göçmenlerin psikolojisini hangi yönlerde etkilemektedir? Bu doğrultuda kimlikler değişmez, sarsılmaz kalıplar mıdır yoksa zamana ve mekana göre devamlı yeniden yorumlanmak durumunda mıdır?

İçinde bulunduğumuz zaman diliminin diğer zaman dilimlerine oranla geçirdiği hızlı değişim bizlerin tanımlarını sürekli tekrar düşünmeye zorlamaktadır. Bu doğrultuda Deleuze ve Guattari'nin "köksap" kavramıyla konuya bakarsak hiyerarşik değil tüm tekillikleri gözeten bir teorinin bir düşünme biçiminin kimlikler ve göç bağlamında da düşünülmesine ihtiyaç olabilir. *"Duvara Karşı"* en azından bu noktada bu sorunların yarattığı boşluklara ve açmazlara işaret etmektedir.

Kaynakça

Bogue, R. (2013). *Deleuze ve Guattari.* (Çev.: İsmail Öğretir, Ali Utku) İstanbul: Otonom Yayınları.

Camcı, C. (2015). *Heidegger'de Zaman ve Varoluş.* Ankara: Bibliotech Yayınları.

Colebrook, C. (2013). *Gilles Deleuze.* (Çev.: Cem Soydemir). İstanbul: Doğu Batı Yayınları.

Deleuze G. ve Guattari F. (2015). *Kafka: Minör Bir Edebiyat İçin.* (Çev.: Işık Ergüden). İstanbul: Dedalus Yayınları.

Deleuze, G. (2014). *Bergsonculuk.* (Çev.: Hakan Yücefer). İstanbul: Otonom Yayınları.

Frampton, D. (2015). *Filmozofi.* (Çev.: Cem Soydemir. İstanbul: Metis Yayınları.

Gökberk, M. (2013). *Felsefe Tarihi.* İstanbul: Remzi Kitapevi.

Hardt, M. (2012). *Gilles Deleuze: Felsefede Bir Çıraklık.* (Çev.: İsmail Öğretir, Ali Utku). İstanbul: Otonom Yayınları.

Lyotard, J.-F. (1979): *Postmodern Durum: Bilgi Üzerine Bir Rapor.* (Çev: Ahmet Çiğdem). Vadi Yayınları.

Nietzsche, F. (2016), *İyinin ve Kötünün Ötesinde.* (Çev.: Mustafa Tüzel). İstanbul: Türkiye İş Bankası Kültür Yayınları.

Rodowick D.N. (1997). *Gilles Deleuze's Time Machine.* London: Duke Universty Press.

Sutton, D. ve Jones, D.-M. (2014). *Yeni Bir Bakışla Deleuze.* (Çev.: Murat Özbenk- Yetkin Başkavak). İstanbul: Kolektif Yayınları.

Zourabichvili, F. (2011). *Deleuze Sözlüğü.* (Çev.: Aziz Ufuk Kılıç). Ankara: Say Yayınları.

İlbuğa, U., E. (2015). "Fatih Akın Sinemasında Ulusötesilik", http://emineucarilbuga.blogspot.com.tr/2015/10/fatih-akn-sinemasnda-ulusotesilik.html, Erişim tarihi: 04.05.2016

Nişanyan, S. (2016). *Nişanyan Sözlük.* ® Copyright 2002-2016 Sevan Nişanyan. http://www.nisanyansozluk.com/?k=majör&lnk=1, Erişim tarihi: 15.05.2016:

Anayurt'tan Göç Anlatısında Etnometodolojik Yaklaşımla Bir Çeviri Çözümlemesi

Seda TAŞ[17]

Giriş

Bir edebiyat ürünü ve hem özyaşam öyküsel hem de göç konulu bir roman olarak *Anayurt* (2009) kendi tarihimizde yer alan ve geçmişlerindeki belirsizlikleri anlamlandırmaya çalışan arada kalmış yaşamlara tanıklık etmemizi sağlamaktadır. Roman, yayınlandıktan bir yıl sonra Niran Elçi tarafından Türkçeye çevrilerek suyun öteki yakasına ulaşmış ve Türk okuru ile buluşmuştur. Romanda yer alan mübadele gerçeğinin aktarılmasına, iki yakın ama bir o kadar uzak ülke arasında yaşananların görünür kılınmasına çevirinin aracılık ettiği söylenebilir. Bu bağlamda disiplinlerarası bir bakış açısından çeviri ve edebiyat ilişkisi odağında bir toplum gerçekliğinin yansıtılmaya çalışıldığı bu çalışmada, eylemlerin oluşumunu ve gündelik yaşam dünyasının nasıl ortaya çıktığını sorgulayan etnometodolojiden çözümleme amaçlı olarak yararlanılmaktadır. Öncelikli olarak çalışmaya çerçeve oluşturan etnometodolojik yaklaşım ve temel ilkeleri irdelenecek ve ardından bir çeviri çözümlemesi gerçekleştirilecektir.

Etnometodolojik Çerçeve ve Temel İlkeleri

Harold Garfinkel'in kurucusu olduğu etnometodolojik yaklaşım Talcott Parsons, Aron Gurwitsch, Edmund Husserl ve Alfred Schutz'un fenomenolojik çalışmaları üzerine temellenmiş ve 1960'lı yıllarda fenomelojinin bir türü olarak ortaya çıkmıştır. Özellikle Garfinkel'in 1967 yılında yayınlamış olduğu *Etnometodolojide Araştırmalar (Studies in Etnmethodology)* adlı kitabı ile etnometodoloji ayrı bir disiplin olarak görünürlük kazanmıştır. Etnometodoloji insanların yaşadıkları toplumsal olayları anlamlandırmada ve birbirleriyle iletişim kurmada ve etkileşimlerinde kullandıkları yöntemleri inceler ve şu şekilde tanımlanabilir: Etnometodoloji, bireylerin gerçekliği kavrarken veya zihinlerinde yeniden kurarken, çok sıradan ve rutin hale gelmiş günlük ilişkilerde bile sorgulamadan, çoğunlukla da bilinçsiz olarak kabul ettikleri kural, inanç ve değerleri çözümlemeyi konu edinen disiplindir. (Demir ve Acar, 1993, s.125) Buna göre, etnometodoloji insanların koşulları nasıl adlandırdıkları, ona göre nasıl davrandıkları ile ilgilenir ve şöyle sorulardan yola çıkar: "İnsanlar toplumsal durumları nasıl anlar ve çözümleme yaparlar?" "Bu toplumsal dünyada nasıl hareket ederler? Bu soruların amacı, insanların günlük yaşamlarını sürdürmek için kullandıkları açıklama ve davranışları belirlemek ve çözümlemektir. (Larson, 1986, s.156)

Garfinkel'in etnometodoloji anlayışı geleneksel sosyolojiden farklı olarak bireylerin kendi yöntemlerinin ve rasyonalitesinin varlığına işaret ederek bunların

---

[17] Yrd. Doç. Dr., Trakya Üniversitesi, Edebiyat Fakültesi, Mütercim Tercümanlık (İngilizce) Ana bilim Dalı. El-mek: sedatas@trakya.edu.tr

fenomenolojik olguları anlamlandırmada önemli etkenler olduğuna dikkat çeker. Garfinkel'e göre toplumsal düzen, bireylerin belli ortamlarda gerçekleştirdikleri pratikler yolu ile oluşmaktadır. Gündelik hayatın ve toplumsal düzenin temelini insanların kendilerini ve diğerlerini anlamak için başvurdukları kurallar ve kabuller oluşturur. Bunlar göründüğü kadar basit, olağan ve otomatik gerçekleşen teamüller değildir. Aslında her birey toplumsal düzenin işleyişine dair bilgilere sahiptir ve bu bilgiler toplumsal düzeni veya kabulleri doğurur. Örneğin karşılıklı yapılan bir konuşmada, insanların takındıkları tavırlar, söyleyiş biçimleri ya da verdikleri tepkiler bireyin içine doğup büyüdüğü toplumda şekillenen düzenin bir parçasıdır. Birey zaman içerisinde bunları öğrenir ve çoğu zaman sorgulamadan uygulamayı sürdürür. Bu yüzdendir ki, belli bir iletişim şekli o toplumda veya o bağlamda anlamlı olabilir. Etnometodoloji günlük yaşamın bu kesinlikli sorgulanmayan kurallarını ve planlı doğasını açığa çıkarmaya yönelir çünkü "günlük yaşam, özgül bir çerçeveye bağlı olan bir dizi anlamları somutlaştıran yansımalı toplumsal eylemlerden oluşur." (Swingewood/ Akınhay (çev.), 1998, s.274-275). Öyleyse gerçek yaşantıları oluşturan bu eylemler öncelikli olarak incelenmelidir. Bu anlamda, Garfinkel'in fenomenolojik yaklaşımının pratik eylemler üzerine odaklanan bir sosyoloji olduğunu söylemek gerekir. Garfinkel çalışmalarında, bu sorgulanmadan kabullenilen bilgileri ve insan eylemlerini anlamak adına birçok deney yapmıştır. Bu sayede gündelik davranışların temelini oluşturan kabuller ve ilkeleri açığa çıkarmaya çalışmıştır.

Etnometodolojinin yöntemleri, başkalarını anlamada bireylerin gösterdikleri sürekli çaba ve toplumsal durumları açıklama yollarını kapsar. Bu doğrultuda etnometodoloji, bireylerin pratik eylemlerine odaklanırken, kullandıkları bireysel ifadeleri inceler. Bu eylemler gerçekleştirilirken kullanılan ifadelerin, öznelliği/ nesnelliği ile pratik eylemdeki karşılıklılığı ve eylemin gündelik hayat bağlamında çözümlenebilirliği problemleri, etnometodolojinin temel içeriğini teşkil eder. (Poloma/Erbaş (çev.), 1993, s. 244). Bireyin toplumsal durumları açıklamak ve anlatmak için kullandığı ifadelerin (expressions) belli bağlamlarda oluşarak toplumsal düzeni veya ona kılavuzluk etmelerini (index) sağladığı yönündeki görüş Garfinkel'in etnometodolojik yaklaşımının birinci ilkesine "bağlama-gönderimlilik ya da diğer bir ifadeyle "indekssel doğaya" işaret eder. Garfinkel'e göre toplumsal etkileşim yalnızca bulunduğu bağlamda açıklanabilir ve bağlamsal ilişki etnometodolojinin ilgi odağıdır (Akt: Wallace ve Wolf/ Elburuz ve Ayas (çev.), 2004, s. 310-311). Buna göre, anlam kullanıldığı özel bağlamla ilişkilidir. İnsanlar günlük yaşamı anlayabilmek için bağlamlara bağlı olarak öznel ifadeler (indekssel ifadeler) kullanırlar. Etnometodolojinin yöntemi de sunulan nesnel bilgilerin kabulü değil ancak her şeyi kendi bağlamında değerlendirmektir. Çünkü tüm değerler duruma bağlı değerler, tüm anlamlar duruma bağlı anlamlardır. (Swingewood/ Akınhay (çev.), 1998, s. 321) Öyleyse bağlamsal kaynaklar da "öznel ifadelerin kim tarafından, kime yöneltildiği, ne için, ne şekilde, hangi koşullarda ve zamanda" yapıldığı gibi etmenlerden oluşmaktadır. Bağlama gönderimlilik olarak tanımlanan bu etmenlerin farkında olmak, anlamın ve eylemin anlaşılmasında son derece önemlidir.

Garfinkel'in etnometodojisinin ikinci ilkesi "refleksif" bir özellik taşır. "Refleksivite" ("yansıma-yorumlama") olarak adlandırılabilecek bu ilke, eylem ve anlamın özel bağlamlarla ilişkili olduğunu ve etkileşimin düzenli devam edebilmesinin bireylerin belli durumlardaki icrası olduğunu gösterir. Refleksivite, insanların bilinçli ya da kasıtlı olmadan davranışları hakkında sundukları açıklamaları içerir. Başka bir değişle, insanların belli durumlarda pratik eylemlerini nasıl betimlemekte ve açıklamakta oldukları ya da bu durumlarda kullandıkları yöntemlerin belirlenmesi Garfinkel'in etnometodoloji anlayışında refleksivite ya da yansıtma ve yorumlama ilkesini oluşturur.

Garfinkel'in çalışmalarının bir diğer anahtar kavramı da "aktarılabilirlik" veya "açıklanabilirlik" ("accountability") ilkesidir. Birey tarafından algılanan bir toplumsal durumun ifade edilmesi onun anlaşılabilir olması ile ilişkilidir. Bireyin idrak edebildiği (anlayabildiği) bir eylemin, adlandırılabilir, tanımlanabilir ve ayırt edilebilmesi, onun aktarılabilir olma özelliğini gösterir. Buradan hareketle, toplumun bireyleri tarafından fark edilmeyen veya gözlemlenmeyen davranışların betimlenebilmesi, özetlenebilmesi ve aktarılabilmesi beklenemez.

Garfinkel'in etnometodoloji anlayışına temel oluşturan bu kavramlar, etnometodolojinin gerçek olarak kabul ettiği günlük yaşantıların anlamlandırılma sürecinde kullanılan sorgulama yöntemlerine ya da yollarına işaret eder. Çalışmada bu üç temel ilkeden hareketle, toplumsal süreçlerin çeviri sürecinde aktarımına ve pratik eylemlere odaklanılarak bir çeviri çözümlemesi gerçekleştirilmiş ve çevirmenin çeviri kararları incelenmiştir.

Özyaşamöyküsel Bir Roman Aracılığıyla *Anayurt*'tan Göç Anlatısı

Dimitri Kakmikoğlu 1969-1971 yılları arasındaki Tenedos'u ya da bugün bilinen adıyla Bozcaada'yı anlattığı *Anayurt* adlı romanında hem kendi yaşam yolculuğunu hem de göç etmek zorunda kalmanın yarattığı yıkıcı etkileri betimlemektedir. Ege Denizi'nin her iki yakasında köklü değişimlere yol açan tarihi ve politik olayları, farklı kimlikleri ve toplumsal yaşamları, göçe zorlanmanın kendisinde bıraktığı izleri özyaşam öyküsünde buluşturmaktadır. Üç bölümden oluşan anlatıda, uzun yıllar Türk yönetimi altında toplumsal ve kültürel nitelikleri koruyarak varlıklarını sürdürmüş olan Rumlar, yurtlarında artık yabancı olarak nitelendirilmeleri sonucunda yoksulluk, ihmal edilmişlik, dışlanma, gelecek belirsizliği, yaşamsal kaygıyla daha fazla mücadele edemeyerek Tenedos'u terk etmektedirler. Anlatının ilk bölümü 2002 yılında geri gelen Dimitri'nin ada ile ilgili gözlemlerini ve ikinci bölümü 1969-1971 yıllarına, geçmişe dönerek Tenedos'un o günkü doğal güzelliğini, mevsimlerini, gündelik yaşamın renkliliğini ve iç içe geçmiş kültürün yansımalarını barındırmaktadır. İki kültürün birbiriyle kaynaşmasının büyüklüğünü küçük Dimitri hangi dili konuştuğundan bile emin olamayarak şu sözlerle ifade etmektedir: Yunanca Türkçe'ye, Türkçe Yunanca'ya dönüşüyor. Dilimde çiftleşen kelimeler ağzımı köpürtüyor. İşte bu yüzden benim konuştuğum dilin alfabesi yok (Kakmikoğlu/Elçi (çev.), 2009, s.38). Ayrıca, özyaşam öyküsünü gerçeklere dayandırırken, ana yurdundan koparılmış olmasının acısını, yurt ve Türkçe sevgisini ve özlemini hala derinden hissetmektedir. Türkçe Yunanca'ya hiç benzemiyor. Ama bazen iki dilde de aynı sözcükler çıkıyor. Türkçe konuşmak, insanın ayaklarını Tenedos'u kuşatan denize sokması gibi (Kakmikoğlu/Elçi (çev.), 2009, s.39).

İkinci bölümün sonuna doğru, her ne kadar kendi aralarında büyük sorunları olmasa da, ülke genelinde iki toplum arasında başlayan gerginlikler ve karmaşa

Rumların dışlanmasına ve hayatlarını yeniden inşa etmek için istemeyerek göç etmelerine neden olur. Bu olumsuz ortamda bile, iki tarafta bir yandan geleneklerini sürdürmeye ve geçmişle bağlarını koparmamaya çalışırken bir yandan da sahip oldukları kardeşliği, dostluğu ve saygıyı korumanın yollarını aramaktadırlar. Dimitri'nin gözlerinden bu iki ayrı toplumun ortak ve samimi yaşamı anlatı içerisinde şöyle ifade edilmektedir: Babamın Türk arkadaşı Ezet karıncaların Türk mezarlarında iskambil oynamak için Rum saçlarını yolun karşısına taşıdığını söylüyor. Solucanlar da Türkler'in göz yuvarlarını duvarın altından yuvarlayıp, Rumlar'a tavlada meydan okuyorlarmış." Bütün gün ve bütün gece" diyor, "ölüler gizlice ve insanoğlunun yasalarına meydan okuyarak birbirlerini ziyaret ediyorlar (Kakmikoğlu/Elçi (çev.), 2009, s.54). 1971 yılı geldiğinde ve huzur ortamı alt üst olduğunda Dimitri 10 yaşına basmasından bir hafta önce ailesiyle birlikte, evinden, komşularından, arkadaşlarından, koşturduğu sokaklardan, çok sevdiği eşeği Tren ve köpeği Byron'dan ayrılarak Avustralya'ya gider.

Anlatının son bölümünde Dimitri 30 yıl sonra, bu defa, bir Türk olan arkadaşı Sinan ile birlikte ve hala içinde, derinlerde bir yerlerde bir Türk'e karşı belli belirsiz kuşkular taşıyarak ölmemiş, geçmemiş bir geçmişin peşinde 2002 yılında Tenedos'a (Bozcaada'ya) döner. Dönme nedeni şöyle açıklar: Orta yaşıma yaklaşıyorum ve geçmişimi huzura kavuşturmak istiyorum, bu yüzden Rum-Türk mirasımla yeni bir bağ kurmak gibi çaresiz bir misyon üstlenmişim; ama hiçbir şey bu kadar kolay değil. Rasyonel zihnim bizi reddeden Türkiye'yi affetmek istese de, yüreğim böyle bir uzlaşmaya isyan ediyor (Kakmikoğlu/Elçi (çev.), 2009, s.188). Görülüyor ki affetme ve uzlaşma arasında kalmışlık, göç nedeniyle edinilen farklı kimlikler, göçün kendisi üzerinde bıraktığı travmatik izler yazarda bu özyaşam öyküsel serüveni anlatma ihtiyacını doğurmuştur. Yazarın verdiği bir röportajdaki kendi sözleriyle: Hikâyemde de vurgulamak istediğim, kişisel yolculuğum. Tüm Anadolu Rumları için konuşmuyorum. Türkiye'de bir Rum'dum. Avustralya'da Yunan'dım. Şimdi Türklük dokunuşları olan Avustralyalı bir Rum'um. (Çuhadar, 2009)

Bir Göç Anlatısının Çevirmeni: Niran Elçi

Niran Elçi genellikle fantastik edebiyat türünde çeviriler yaparak dilimize pek çok eser kazandırmış bir çevirmendir. Çevirdiği yazarlar arasında Bram Stoker, George Orwell, Joseph Heller, J. R. R. Tolkien, Neil Gaiman, Robert Jordan, Terry Pratchett gibi isimler bulunmaktadır. Ayrıca, *Anayurt* dışında, Moris Farhi'nin *Genç Türk* (2005) adlı romanını da çevirmenin dilimize kazandırdığı göç konulu bir başka eser olarak belirtmek gerekir. Elçi çevirmenliğinin yanı sıra yazarlığı ve editörlüğü ile de tanınırlık kazanmıştır. Buradan hareketle, çevirmenin deneyimli ve üretken bir çevirmen olduğu açıkça görülebilir.

Hala çeviriler yaparak hayatını sürdüren Elçi, bir çevirmen olarak çeviri yaparken izlediği amaçlarını verdiği bir röportajda şöyle açıklamaktadır: Çeviri yaparken iki amacım var. Birincisi ve en önemlisi, rahat okunur bir metin ortaya çıkarmak. Kitabın İngilizce'de sahip olduğu akıcılığı Türkçe'de de vermek. İkincisi de, bu işi kitabın özüne saygı göstererek yapmak (2009, http://www.kayiprihtim. org/ portal/roportajlar/niran-elci-ile-roportaj/). Dolayısıyla, çevirmenin erek metnin okunabilirliğini ön plana koyduğu ve aynı zamanda kaynak metne sadık kalmaya çalıştığı söylenebilir.

İnceleme

Çalışmanın bu bölümünde, Garfinkel tarafından ileri sürülen etnometodolojinin "bağlama gönderimlilik", "refleksivite", "aktarılabilirlik" ilkelerinden yararlanılarak erek metin üzerinde bir çeviri çözümlemesi gerçekleştirilecektir. Bu çözümleme, göç gibi hassas bir konu merkezinde oluşturulan bir özyaşam anlatısında, çevirmenin aldığı kararların erek metni nasıl etkilediğini ve şekillendirdiğini ortaya koyabilmeyi amaçlamaktadır.

Bağlama gönderimlilik

KM: The drunks in the tavern reckon that it's impossible for Greeks and Turks to live together. These cynics exist on both sides (Kakmi, 2008, s.23).

EM: Meyhanedeki sarhoşlar Rumlar'la Türkler'in bir arada yaşayamayacağına dair yemin ediyorlar. Bu şüpheci insanlar her iki tarafta da var (Kakmioğlu/Elçi (çev.), 2009, s.16).

Kaynak metinde (KM) küçük Dimitri, meyhanede içmekte olan sarhoşların iki toplum hakkındaki düşüncelerini belirtmektedir. Çevirmen *reckon* sözcüğünü *yemin etmek* olarak çevirerek, bağlama uygun bir çeviri yapmaya çalışmış görünmektedir. Bununla birlikte, *sanmak, tahmin etmek, farz etmek* gibi ifadelerin sözcüğün anlamını karşılamada ve erek metinde (EM) bağlamı yansıtmada daha yerinde olacağı düşünülebilir. Benzer şekilde, ikinci cümle de yer alan *cynics* sözcüğü, *şüpheci* olarak çevrilerek hem bağlama oturmayan hem de farklı bir anlam ortaya çıkarılmış gibidir. Çünkü bu sözcük sarhoşların *bencil, alaycı* ya da *kötümser* olduğuna göndermede bulunmaktadır.

KM: Modernity has obviously made inroads here as well. As late as 1971, there was no electricity or running water on Tenedos- at least not in most private homes (Kakmi, 2008, s.13).

EM: Belli ki modern dünya burada da gedik açmış. Daha 1971'de, Tenedos'ta ne elektrik, ne su şebekesi vardı – en azından evlerin çoğunda (Kakmioğlu/Elçi (çev.), 2009, s.9-10).

Anlatın başlarında Dimitri, yıllar sonra döndüğü adada kendi yaşadığı dönemde bulunmayan yol, elektrik, su ve güzel evler gibi yenilikleri görerek modernliğin Tenedos'u değiştirmiş olduğunu ifade eder. Bu ifade de geçen *make inroads* hem *gedik açmak* olarak bir olumsuzluk ile hem de *başarı elde etmek* veya *ilerleme kaydetmek* olarak olumlu bir anlam ile çevrilebilir. Bağlam düşünüldüğünde, Dimitri'nin gördüğü modernlik karşısında *gedik açmaktan* ziyade *ilerleme kaydetmek* olarak bir anlam vermek istediği düşünülebilir.

KM: He's a nomad worker, you idiot, from the mainland (Kakmi, 2008, s. 49).

EM: O anakaradan gelmiş gezgin bir işçi (Kakmioğlu/Elçi (çev.), 2009, s.42).

Anlatıda küçük çocukların oyunlar oynadıkları sırada, konargöçer yaşam tarzına sahip göçebe işçilerin aniden çocukların karşısına çıkarak onları korkutması betimlenmektedir. KM'de yer alan *a nomad worker* ifadesi *gezgin bir işçi* olarak EM'ye aktarılmıştır. Bu çeviri tercihi anlamı taşımakla birlikte, bir göç anlatısının bağlamında *göçebe işçi* ifadesinin kullanımı da tercih edilebilir.

Refleksivite

KM: Three islets sit low on the water. I hold my breath (Kakmi, 2008, s.11).

EM: Esas adanın gölgesinde, üç küçük ada suda büzülmüş, oturuyor. Nefesimi tutuyorum (Kakmioğlu/Elçi (çev.), 2009, s. 8).

Anlatıda yer almayan esas adanın gölgesinde şeklindeki bir ifadenin çevirmen tarafından metne eklendiği görülmektedir. Çevirmenin olayın geçtiği yere ilişkin bilgiyi çevirisine dâhil ederek yorumsama yoluna gittiği söylenebilir.

KM: The Young Turks took over the running of the country, and sent our enemies, the English, the French, the Russsions, and the Italians, scurrying back to their holes (Kakmi, 2008, s.31).

EM: Genç Türkler ülkenin yönetimini ele geçirmişler ve düşmanlarımızı, İngilizler'i, Fransızlar'ı, Ruslar'ı ve İtalyanlar'ı çıktıkları cehennem deliklerine geri yollamışlar (Kakmioğlu/Elçi (çev.), 2009, s. 24).

Yukarıda KM'den alıntılanan cümlede, Türk topraklarının yabancı ülkelerin işgalinden kurtuluşu anlatılmaktadır. Çevirmenin "scurry back to their holes" ifadesini güçlendirerek ve belki de biraz da olsa milli duyguları devreye sokarak geldikleri yere, limana, kovuğa ya da çukura hızlıca geri göndermek gibi ifadeler yerine çıktıkları cehenneme geri yollamışlar şeklinde çevirmeyi tercih ettiği görülmekte ve yorumsamaya başvurduğu düşünülmektedir.

Aktarılabilirlik

KM: As Australians say, I did not know him from a bar of soap (Kakmi, 2008, s.200).

EM: Avustralyalıların dediği gibi, onunla bir kalıp sabun arasındaki farkı bile bilemiyorum (Kakmioğlu/Elçi (çev.), 2009, s.188).

Anlatıda anayurt olarak benimsediği yere yıllar sonra dönen Dimitri, Türk arkadaşı Sinan'ı da yanına alarak Bozcaada'ya gider. Fakat bir Türk olduğu için, Sinan'a karşı şüpheci bir tavır sergiler ve aslında hiç tanımamak, tanışmamak, hakkında bilgiye sahip olmamak anlamındaki not know somebody from a bar of soap deyimini kullanır. Bu ifadenin çevirmen için aktarılabilir ya da betimlenebilir olmadığı söylenebilir. Nitekim çevirmenin sözcüğü sözcüğüne bir çeviri yapmayı tercih ederek, bağlama uymayan ve anlamı yansıtmayan bir çeviri örneği gerçekleştirdiği düşünülebilir.

KM: And here am I now, gazing from across the water at Tenedos, the birthplace I have not set foot on for more than three decades. Strange how the line never really breaks; strange how one is reeled back, easy as fish (Kakmi, 2008, s.12).

EM: Ve işte, şimdi yine buradayım, denizin karşı yakasından Tenedos'a, neredeyse otuz yıldır ayak basmadığım adaya bakıyorum. Tuhaf, bağ hiç kopmuyor aslında; insan, misinanın ucundaki balık gibi hep aynı yere sürükleniyor (Kakmioğlu/Elçi (çev.), 2009, s.8).

Yukarıdaki örnekte görüleceği üzere, KM'de yer alan reeled back, easy as fish ifadesi çevirmen tarafından hem bağlamı yansıtacak hem de yorumsamaya imkân sağlayacak bir şekilde misinanın ucundaki balık gibi hep aynı yere sürüklenmek olarak çevrilmiştir. Bu durumun çevirmen için betimlenebilir ve açıklanabilir olması nedeniyle yaratıcı bir çeviri örneği oluşmasına yardımcı olduğu söylenebilir.

Sonuç

Bu çalışmada, bir yandan bir özyaşam serüveni ve göç anlatısı ön plana çıkarılmaya çalışılırken öte yandan da etnometodolojik bir yaklaşımla çeviri çözümlemesi gerçekleştirilmesi amaçlanmıştır. Etnometodolojik çözümleme ile bağlama gönderimlilik, refleksivite ve aktarılabilirlik ilkeleri doğrultusunda erek metin değerlendirilerek çevirmenin çeviri pratiğine ilişkin tespitlerde bulunulmaya çalışılmıştır. Buna göre, çevirmenin verdiği röportajda çeviri amaçlarına ilişkin yaptığı açıklamalarla doğrultulu olarak erek metnin okunabilirliğini ve özgün metne bağlı kalmayı hedeflemiş ve akıcı bir çeviri ortaya koymuş olduğu görülebilir. Bu doğrultuda, çevirmenin anlatıyı oluşturan aynı yurdun havasını solumalarına rağmen farklı bir kimlik vurgusunu mahalleden, çocukların iletişiminden, evlerin düzeninden kullanımına kadar hisseden farklı iki toplumun, özellikle Rumların, tarihi ve politik olaylar sonucunda geçirdiği yaşamsal süreçleri erek metne taşırken hassasiyet ve özen gerektiren bir çeviri pratiğini gerçekleştirdiği söylenebilir. Bununla birlikte, çevirmen zaman zaman yorumsama yoluna gitmiş, bağlamı ve aktarılabilirliği etkileyen çeviri tercihlerinde de bulunmuştur. Böylelikle kaynak metni erek okur için yeniden yaratan çevirmenin aldığı kararlarla ilişkili olarak metinde ister istemez izler bıraktığı ve kendi sesine yer verdiği tespit edilmiştir. Söz konusu metnin göç, tarih, toplumsal gerçeklik, özyaşam gibi bir konu çoğulluğu barındırmasının bunda etkili olduğu düşünülebilir. Sonuç olarak, bu çalışmanın da örneklendirdiği gibi, edebiyat, etnometodoloji ve çeviri gibi farklı disiplinler birbiriyle ilişkilendirilerek ve tekil bakış açılarındansa çoğul ve farklı yaklaşımlardan beslenerek disiplinlerarası boyutlar içeren çalışmalarla çeviribilime ve çeviribilimin gelişimine katkı sunulması gerektiği vurgulanmaya çalışılmıştır.

Kaynakça

Çuhadar, B. (2009). http://www.radikal.com.tr/hayat/tenedos-diye-bir-yer-varmis-928443/ 7.05.2016

Demir, Ö. & Acar, M. (1993). Sosyal Bilimler Sözlüğü, Ağaç Yayıncılık, İstanbul .

Garfinkel, Harol. (1967). Studies in Ethnomethodology . Englewood Cliffs, NJ: Prentice-Hall.

Kakmi, D. (2008). Mother land. London : Eland.

Kakmikoğlu, D. (2009). Anayurt. (Çev. Niran Elçi). İstanbul : E Yayınları.

Larson, C.J. (1986). Sociological Theory from Enlightment to the Present. Nwe York: General Hall.

Poloma, M. (1993). Çağdaş Sosyoloji Kuramları, (Çev. H. Erbaş), Gündoğan Yayıncılık, Ankara

Swingewood, A. (1998). Sosyolojik Düşüncenin Kısa Tarihi (Çev. O. Akınhay). Ankara: Bilim ve Sanat Yayınları

Wallace, R & Wolf, A. (2004). Çağdaş Sosyoloji Kuramları, (Çev. L. Elburuz ve M. R. Ayas), Punto Yayıncılık, İzmir.

http://www.kayiprihtim.org/portal/roportajlar/niran-elci-ile-roportaj/ 7.05.2016.